教育部哲学社会科学系列发展报告
MOE Serial Reports on Developments in Humanities and Social Sciences

中国中小企业发展报告2019

China Small and Medium Enterprises
Development Report 2019

主　编　林汉川　秦志辉　池仁勇　陈衍泰
副主编　王黎萤　吴　宝

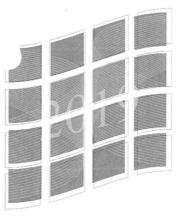

北京大学出版社
PEKING UNIVERSITY PRESS

图书在版编目(CIP)数据

中国中小企业发展报告.2019/林汉川等主编.—北京:北京大学出版社,2020.7
(教育部哲学社会科学系列发展报告)
ISBN 978-7-301-31324-4

Ⅰ.①中⋯　Ⅱ.①林⋯　Ⅲ.①中小企业—经济发展—研究报告—中国—2019
Ⅳ.①F279.243

中国版本图书馆CIP数据核字(2020)第093911号

书　　　名	中国中小企业发展报告2019 ZHONGGUO ZHONGXIAO QIYE FAZHAN BAOGAO 2019
著作责任者	林汉川　等主编
责任编辑	任京雪　徐　冰
标准书号	ISBN 978-7-301-31324-4
出版发行	北京大学出版社
地　　　址	北京市海淀区成府路205号　100871
网　　　址	http://www.pup.cn
微信公众号	北京大学经管书苑(pupembook)
电子信箱	em@pup.cn　　QQ:552063295
电　　　话	邮购部 010-62752015　发行部 010-62750672　编辑部 010-62752926
印　刷　者	北京虎彩文化传播有限公司
经　销　者	新华书店
	720毫米×1020毫米　16开本　19.5印张　339千字 2020年7月第1版　2020年7月第1次印刷
定　　　价	72.00元

未经许可,不得以任何方式复制或抄袭本书之部分或全部内容。
版权所有,侵权必究
举报电话:010-62752024　电子信箱:fd@pup.pku.edu.cn
图书如有印装质量问题,请与出版部联系,电话:010-62756370

编辑委员会

主　　　编：林汉川　秦志辉　池仁勇　陈衍泰
副　主　编：王黎莹　吴　宝
常 务 编 委（以姓氏拼音为序）：

　　　　　　陈侃翔　陈衍泰　程宣梅　揭筱纹　刘道学　刘淑春
　　　　　　陶秋燕　王黎莹　肖　文　赵　敏
编辑部主任：蔡悦灵　尚会永　程宣梅
编 写 成 员（以姓氏拼音为序）：

　　　　　　陈　洁　陈　廉　陈畴镛　陈利华　陈衍泰
　　　　　　程　聪　程侃祥　程宣梅　池仁勇　傅　钰
　　　　　　郭元源　胡倩倩　金　珺　金陈飞　李　魁
　　　　　　李鸽翎　廖雅雅　林汉川　刘道学　刘淑春
　　　　　　王黎莹　文浩人　吴　宝　吴　瑛　吴巧玲
　　　　　　辛金国　颜铠晨　於　珺　张　迪　赵　敏

总　序

　　哲学社会科学的发展水平,体现着一个国家和民族的思维能力、精神状态与文明素质,反映了一个国家的综合国力和国际竞争力。在社会发展历史进程中,哲学社会科学往往是社会变革、制度创新的理论先导,特别是在社会发展的关键时期,哲学社会科学的地位和作用就更加突出。在中国从大国走向强国的过程中,繁荣发展哲学社会科学,不仅关系到中国经济、政治、文化、社会建设以及生态文明建设的全面协调发展,而且关系到社会主义核心价值体系的构建,关系到全民族的思想道德素质和科学文化素质的提高,关系到国家文化软实力的增强。

　　党的十六大以来,党中央高度重视哲学社会科学,从中国特色社会主义发展全局的战略高度,把繁荣发展哲学社会科学作为重大而紧迫的任务进行谋划部署。2004年,中共中央下发《关于进一步繁荣发展哲学社会科学的意见》,明确了21世纪繁荣发展哲学社会科学的指导方针、总体目标和主要任务。党的十七大报告明确指出:"繁荣发展哲学社会科学,推进学科体系、学术观点、科研方法创新,鼓励哲学社会科学界为党和人民事业发挥思想库作用,推动我国哲学社会科学优秀成果和优秀人才走向世界。"2011年,党的十七届六中全会审议通过的《中共中央关于深化文化体制改革、推动社会主义文化大发展大繁荣若干重大问题的决定》,把繁荣发展哲学社会科学作为推动社会主义文化大发展大繁荣、建设社会主义文化强国的一项重要内容,深刻阐述了繁荣发展哲学社会科学一系列带有方向性、根本性、战略性的问题。这些重要思想和论断,集中体现了我们党对哲学社会科学工作的高度重视,为哲学社会科学繁荣发展指明了方向,提供了根本保证和强大动力。

　　为学习贯彻党的十七届六中全会精神,教育部于2011年11月17日在北京召开了全国高等学校哲学社会科学工作会议。中共中央办公厅、国务院办公厅转发

《教育部关于深入推进高等学校哲学社会科学繁荣发展的意见》,明确提出到2020年基本建成高校哲学社会科学创新体系的奋斗目标。教育部、财政部联合印发了《高等学校哲学社会科学繁荣计划(2011—2020年)》,教育部下发了《关于进一步改进高等学校哲学社会科学研究评价的意见》《高等学校哲学社会科学"走出去"计划》《高等学校人文社会科学重点研究基地建设计划》等系列文件,启动了新一轮"高校哲学社会科学繁荣计划"。未来十年,高校哲学社会科学将着力构建九大体系,即学科和教材体系、创新平台体系、科研项目体系、社会服务体系、条件支撑体系、人才队伍体系、现代科研管理体系和学风建设工作体系,同时,大力实施高校哲学社会科学"走出去"计划,提升国际学术影响力和话语权。

当今世界正处在大发展、大变革、大调整时期,中国已进入全面建设小康社会的关键时期和深化改革开放、加快转变经济发展方式的攻坚时期。站在新的历史起点上,高校哲学社会科学面临难得的发展机遇和有利的发展条件。高等学校作为中国哲学社会科学事业的主力军,必须充分发挥人才密集、力量雄厚、学科齐全等优势,坚持马克思主义的立场、观点和方法,以重大理论和实际问题为主攻方向,立足中国特色社会主义伟大实践进行新的理论创造,形成中国方案和中国建议,为国家发展提供战略性、前瞻性、全局性的政策咨询、理论依据和精神动力。

自2010年始,教育部启动哲学社会科学研究发展报告资助项目。发展报告项目以服务国家战略、满足社会需求为导向,以数据库建设为支撑,以推进协同创新为手段,通过组建跨学科研究团队,与各级政府部门、企事业单位、校内外科研机构等建立学术战略联盟,围绕改革开放和社会主义现代化建设的重点领域和重大问题开展长期跟踪研究,努力推出一批具有重要咨询作用的对策性、前瞻性研究成果。发展报告必须扎根社会实践、立足实际问题,对所研究对象的发展状况、发展趋势等进行持续研究,强化数据采集分析,重视定量研究,力求有总结、有分析、有预测。发展报告按照"统一标识、统一封面、统一版式、统一标准"纳入"教育部哲学社会科学系列发展报告"集中出版。计划经过五年左右,最终稳定支持百余种发展报告,有力支撑了"高校哲学社会科学社会服务体系"建设。

展望未来,夺取全面建设小康社会新胜利、谱写人民美好生活新篇章的宏伟目标和崇高使命,呼唤着每一位高校哲学社会科学工作者的热情和智慧。我们要不断增强使命感和责任感,立足新实践,适应新要求,以建设具有中国特色、中国风格、中国气派的哲学社会科学为根本任务,大力推进学科体系、学术观点、科研方法创新,加快建设高校哲学社会科学创新体系,更好地发挥哲学社会科学认识世界、传承文明、创新理论、咨政育人、服务社会的重要功能,为全面建设小康社会、推进社会主义现代化、实现中华民族伟大复兴做出新的更大的贡献。

教育部社会科学司

前　言

2018年，全国市场监管部门以机构改革为契机，强化机制创新，着力优化市场环境，维护市场秩序，坚守安全底线，保护消费者权益，市场环境总体平稳，延续了"放管服"改革以来持续改善的势头，为经济健康发展奠定了重要基础。国家市场监督管理总局的相关数据显示，2018年全年新登记市场主体2 149.5万户，平均每天新登记5.89万户。其中，企业670万户，个体工商户1 456.4万户，农民专业合作社23.1万户。截至2018年年底，全国实际拥有各类市场主体11 020.1万户，其中，企业3 474.2万户，个体工商户7 328.6万户，农民专业合作社217.3万户。全年市场准入环境持续优化，市场主体活力不断增强。按照"放管服"改革部署，2018年全面推进了企业准入、产品准入、药品和医疗器械准入、知识产权注册改革，进一步降低了市场准入门槛和制度性交易成本，提高了投资创业的便利化水平，得到了社会的高度评价。根据互联网大数据分析，网民对市场准入环境的正面评价占90.9%，同比提高4.7个百分点。其中，企业准入满意度94.2%，产品准入满意度81.6%，知识产权创造满意度84.8%。与此同时，随着竞争政策的全面实施，2018年全年市场竞争环境持续改善，企业对公平竞争市场环境的期望和依赖度不断提高，自2017年一季度的0.21，提高到了0.25，对市场竞争环境的正面评价为77.5%，总体保持平稳。

编写《中国中小企业发展报告2019》的目的，旨在加深对2018年中国中小企业的发展现状、变化趋势、政策取向的了解，并以2018年中国中小企业各种数据变化为基础，探讨2018年中国中小企业发展的总体态势、政策取向、营商环境、数字经济发展、景气指数等重点事件和热点问题，以促进中国中小企业的持续、健康、快速发展。在中国，以中小企业发展为重点展开系统地分析与评价的年度发展研究报告，在国内高校还是少有的。本报告正是为解决这些难题而设置的。

本报告由五篇二十二章内容组成。第一篇是2018年中国中小企业发展总体评述,包括2018年中小企业发展概况、2018年促进中小企业发展的政策与法规综述、供给侧结构性改革背景下中小微企业转型的调研报告、高质量发展中小微企业提升竞争力的调研报告——基于浙江省的现实考察。第二篇是优化中国中小企业营商环境专题调研报告,包括中小企业降成本的调研报告、优化企业投资项目审批中介服务的调研报告、要素市场化倒逼中小企业转型升级的调研报告、企业创新环境的调研报告、构筑政务生态系统的调研报告。第三篇是中国中小企业发展数字经济专题调研报告,包括关于数字经济"一号工程"若干建议的调研报告、关于培育数字经济"独角兽"和超级"独角兽"对策建议的调研报告、关于数字经济政策问题的调研报告、建设数字政府助推企业高质量发展的研究报告。第四篇是2018年中国中小企业热点问题专题调研报告,包括中小微企业征信体系建设调研报告、加强民营企业知识产权国际保护调研报告、四换四力提升中小企业竞争力调研报告、中小出版企业转型升级路径与特征调研报告、推进中小企业智能化转型发展调研报告。第五篇是2018年中国中小企业景气指数调研报告,包括中小企业景气指数的评价流程与方法、2018年中国中小企业景气指数测评结果分析、中国中小企业景气指数变动趋势分析、2018年中国主要城市中小企业综合景气指数测评结果分析。最后是2018年中国中小企业大事记等内容。

  本报告是教育部哲学社会科学发展报告资助项目(编号:13JBG001)、国家社会科学基金重大项目资助项目(编号:182DA056)、浙江工业大学中国中小企业研究院资助项目、工业和信息化部中小企业发展促进中心资助项目、对外经济贸易大学北京企业国际化经营研究基地资助项目的年度性研究成果。本年度研究报告由林汉川、秦志辉、池仁勇、陈衍泰任主编,王黎萤、吴宝任副主编,蔡悦灵、尚会永、程宣梅任编辑部主任。他们负责全书的设计、组织与统撰工作。具体参加本报告撰写的成员有(以章节为序):前言林汉川,第一章赵敏,第二章陈廉,第三章林汉川、刘淑春、程宣梅,第四章金陈飞、池仁勇、吴宝、郭元源、李鸽翎、刘道学、刘淑春、林汉川,第五章林汉川、刘淑春,第六章林汉川、刘淑春,第七章刘淑春、林汉川、程宣梅、程侃祥、李魁,第八章刘淑春、林汉川、程宣梅、程侃祥、李魁,第九章刘淑春,第十章林汉川、刘淑春、陈畴镛、辛金国,第十一章林汉川、刘淑春、陈畴镛、辛金国,第十二章刘淑春、林汉川、陈畴镛、辛金国,第十三章刘淑春,第十四章郭元源、池仁勇、陈利华、程聪,第十五章王黎萤、高鲜鑫、楼源、吴瑛、霍雨桐、杨妍、王雁,第十六章林汉川、刘淑春、程宣梅、李魁,第十七章李鸽翎、池仁勇,第十八章王黎萤、高鲜鑫、楼源、吴瑛、霍雨桐、杨妍、王雁,第十九章刘道学、颜铠晨,第二十章刘道学、金陈飞、池仁勇、陈洁、文浩人，第二十一章刘道学、金陈飞、池仁勇、廖雅雅、傅钰、於珺，第二十二章刘道学、金陈飞、胡倩倩、陈洁、廖雅雅、傅钰，大事记陈廉等同志。林汉川、池仁勇、蔡悦灵等同志对全书初稿进行了组织编辑。

依据教育部社科司对高校编写哲学社会科学发展报告的新精神，在撰写《中国中小企业发展报告2018》《中国中小企业发展报告2017》《中国中小企业发展报告2016》《中国中小企业发展报告2015》《中国中小企业发展报告2014》《中国中小企业发展研究报告2013》《中国中小企业发展研究报告2012》等七部研究报告的基础上，对外经济贸易大学中小企业研究中心、工信部中小企业发展促进中心、浙江工业大学中国中小企业研究院，联合中国社会科学院中小企业研究中心、四川大学、浙江大学、中南财经政法大学、暨南大学、武汉科技大学、安徽省社会科学院、河北大学、内蒙古财经大学、浙江大学宁波理工学院、安徽财经大学、西安邮电大学、温州大学、北京联合大学、河北省民营经济研究中心等高校（或研究所）中小企业研究的专家、学者以及北京市工商联课题组等相关组织，共同撰写完成了《中国中小企业发展报告2019》。可以说，本报告是全国许多高校中小企业组织的学者以及相关部门联合攻关的结晶。

本报告在研究和撰写过程中，一直得到教育部社科司、中国中小企业协会、工信部中小企业司、工信部中小企业发展促进中心、商务部中小企业办公室、浙江省中小企业局、北京市经济与信息化委员会中小企业处、湖北省市场监督管理局等有关部门与领导的指导与关怀，特别是中国中小企业协会李子彬会长、李鲁阳副秘书长，工信部中小企业司秦志辉司长、王建翔副司长，湖北省政协郭跃进副主席，浙江省中小企业局高鹰忠局长等同志，不仅给本报告的许多关键问题给予了大力支持与帮助，还欣然同意担任本报告的顾问，使得本报告内容充实、数据准确、资料丰富，在此一并表示诚挚的感谢！

尽管参加撰写本报告的专家、学者以及实际部门的工作者都对自己撰写的内容进行了专门的调查研究，但由于面临许多新问题，加之时间紧、水平有限，因此本报告难免有不妥之处，敬请各位读者批评指正。

编委会

2019年8月

目　录

第一篇　2018年中国中小企业发展总体评述

第一章　2018年中小企业发展概况 ········· 3
- 第一节　中小企业实有情况 ········· 3
- 第二节　全国重要省份中小企业发展概况 ········· 10
- 第三节　新三板挂牌企业情况 ········· 20
- 第四节　中小企业指数变化情况 ········· 24

第二章　2018年促进中小企业发展的政策与法规综述 ········· 32
- 第一节　国家部委中小企业扶持政策 ········· 33
- 第二节　各地中小微企业扶持政策 ········· 39
- 第三节　《关于促进中小企业健康发展的指导意见》解读 ········· 58

第三章　供给侧结构性改革背景下中小微企业转型的调研报告 ········· 62
- 第一节　小型微型企业转型的意义 ········· 62
- 第二节　小型微型企业转型的五大瓶颈 ········· 63
- 第三节　对策与建议 ········· 65

第四章　高质量发展中小微企业提升竞争力的调研报告
　　　　——基于浙江省的现实考察 ········· 68
- 第一节　中小微企业高质量发展现状 ········· 69
- 第二节　中小微企业高质量发展痛点突出 ········· 75
- 第三节　高质量打造中小微企业最优"生态模式" ········· 76
- 第四节　对策与建议 ········· 79

第二篇 优化中国中小企业营商环境专题调研报告

第五章 中小企业降成本的调研报告 ·················· 85
- 第一节 企业税费负担重的基本情况 ·················· 85
- 第二节 企业降成本存在的主要问题 ·················· 87
- 第三节 企业降成本的实施路径 ·················· 88
- 第四节 对策与建议 ·················· 89

第六章 优化企业投资项目审批中介服务的调研报告 ·················· 92
- 第一节 企业审批中介服务存在的主要问题 ·················· 92
- 第二节 企业审批中介服务"慢、贵、繁"的成因 ·················· 94
- 第三节 对策与建议 ·················· 95

第七章 要素市场化倒逼中小企业转型升级的调研报告 ·················· 97
- 第一节 要素配置结构性扭曲的主要问题 ·················· 97
- 第二节 要素最优化配置的改革取向 ·················· 98
- 第三节 对策与建议 ·················· 99

第八章 企业创新环境的调研报告 ·················· 104
- 第一节 企业创新环境存在的突出问题 ·················· 104
- 第二节 企业创新环境的变革方向 ·················· 106
- 第三节 对策与建议 ·················· 108

第九章 构筑政务生态系统的调研报告 ·················· 112
- 第一节 政务生态系统的含义 ·················· 112
- 第二节 良好政务生态系统的特质 ·················· 112
- 第三节 对策与建议 ·················· 114

第三篇 中国中小企业发展数字经济专题调研报告

第十章 关于数字经济"一号工程"若干建议的调研报告 ·················· 121
- 第一节 实施数字经济"一号工程"的重大战略意义 ·················· 121
- 第二节 实施数字经济"一号工程"的突出问题 ·················· 123
- 第三节 对策与建议 ·················· 124

第十一章 关于培育数字经济"独角兽"和超级"独角兽"对策建议的调研报告 ················ 133
第一节 "独角兽"企业的主要特征 ················ 133
第二节 "独角兽"企业发展的主要问题 ················ 134
第三节 对策与建议 ················ 134

第十二章 关于数字经济政策问题的调研报告 ················ 138
第一节 数字经济政策供给的迫切性 ················ 138
第二节 数字经济政策供给的导向 ················ 139
第三节 对策与建议 ················ 140

第十三章 建设数字政府助推企业高质量发展的研究报告 ················ 144
第一节 数字政府建设的战略意义 ················ 145
第二节 数字政府"六位一体"构架与实施路径 ················ 147
第三节 数字政府"六位一体"构架的底层技术支撑 ················ 151
第四节 对策与建议 ················ 154

第四篇 2018年中国中小企业热点问题专题调研报告

第十四章 中小微企业征信体系建设调研报告 ················ 161
第一节 中小微企业发展迫切需要征信体系提供支撑 ················ 161
第二节 "先行先试"所取得的经验借鉴 ················ 162
第三节 对策与建议 ················ 163

第十五章 加强民营企业知识产权国际保护调研报告 ················ 165
第一节 民营企业知识产权国际保护的总体状况 ················ 165
第二节 "一带一路"倡议下民营企业面临的知识产权国际保护困境 ················ 167
第三节 对策与建议 ················ 168

第十六章 四换四力提升中小企业竞争力调研报告 ················ 171
第一节 企业"四换"存在的主要问题 ················ 171
第二节 企业"四换"的目标靶向 ················ 172
第三节 对策与建议 ················ 172

第十七章 中小出版企业转型升级路径与特征调研报告 ················ 178
第一节 中小出版企业转型升级路径 ················ 179

第二节 中小出版企业转型升级特征 ················· 181
  第三节 对策与建议 ····························· 183

第十八章 推进中小企业智能化转型发展调研报告 ············· 184
  第一节 中小企业智能化转型发展现状 ··············· 184
  第二节 推进中小企业智能化转型发展面临的突出问题 ····· 185
  第三节 对策与建议 ····························· 186

第五篇 2018 年中国中小企业景气指数调研报告

第十九章 中小企业景气指数的评价流程与方法 ············· 191
  第一节 国外景气指数研究动态 ····················· 191
  第二节 国内景气指数研究动态 ····················· 194
  第三节 中国中小企业景气指数研究的意义 ············· 199
  第四节 中小企业综合景气指数编制流程及评价方法 ······· 201

第二十章 2018 年中国中小企业景气指数测评结果分析 ········ 206
  第一节 2018 年中国工业中小企业景气指数测评 ········· 206
  第二节 2018 年中国上市中小企业景气指数测评 ········· 214
  第三节 2018 年中国中小企业比较景气指数测评 ········· 221
  第四节 2018 年中国中小企业综合景气指数测评 ········· 224

第二十一章 中国中小企业景气指数变动趋势分析 ············ 229
  第一节 中国省际中小企业景气指数变动趋势分析 ······· 229
  第二节 七大地区中小企业景气指数变动趋势分析 ······· 246
  第三节 中国中小企业景气状况综合分析 ············· 250

第二十二章 2018 年中国主要城市中小企业综合景气指数测评结果分析 ··· 255
  第一节 评价对象与评价方法 ····················· 255
  第二节 样本选取与指标体系 ····················· 255
  第三节 指数计算与测评结果 ····················· 256
  第四节 主要城市中小企业景气指数走势分析 ········· 259

2018 年中国中小企业大事记 ······························ 273

参考文献 ·· 283

第一篇
2018年中国中小企业发展总体评述

第一章　2018年中小企业发展概况

党的十八大以来,我国经济由高速增长转为中高速增长,进入高质量发展阶段,中小企业转型升级步伐加快,积极投身创新驱动、转型升级主战场,通过优化发展战略,加强技术创新、制度创新、管理创新、商业模式创新,信息化与工业化融合等多种方式推动转型升级。2018年,商事制度改革持续深化,我国围绕减环节、压时间、降成本,进一步放宽企业准入,压缩企业开办时间,有序推进"证照分离"改革,优化"多证合一"改革,市场主体数量激增,产业结构得到进一步优化。2018年11月1日,习近平总书记召开民营企业座谈会,充分肯定了民营企业的重要地位和作用,给民营企业吃了定心丸。之后,中央各部委从融资、税负、营商环境、市场准入等环节出台了一批政策措施,扶持企业投资与发展;地方政府也纷纷出台激发民营经济活力的政策措施,提振了民营企业发展的信心。

当前,中小企业面临的国内外形势依然严峻,不稳定、不确定因素依然较多,国内政策及营商环境虽进一步优化,但仍应做好充分的思想准备和政策储备。2018年是中小企业机遇与挑战并存的重要一年,在继续加强对小微企业政策扶持的同时,还要进一步深化改革,激发市场活力,促进中小企业健康发展。

第一节　中小企业实有情况

一、市场主体总体概况

商事制度改革取得突破性进展,市场准入环境持续改善,进一步激发了市场活力和创造力。国家市场监督管理总局数据显示,截至2018年年底,全国实有市场主体11 020.1万户,较2017年增长12.28%。其中,企业3 474.2万户(含内资企业、外商投资企业),个体工商户7 328.6万户,农民专业合作社217.3万户。在市场主体中,企业主体增长较快,较 2017 年增长 14.52%(见表 1-1)。

表 1-1　2018 年全国各类市场主体实有户数情况

项目	企业	个体工商户	农民专业合作社	市场主体总计
数量(万户)	3 474.2	7 328.6	217.3	11 020.1
同比增长(%)	14.52	11.39	7.73	12.28

资料来源:根据国家市场监督管理总局资料整理。

2013—2018 年全国市场主体实有户数基本情况如图 1-1 所示。

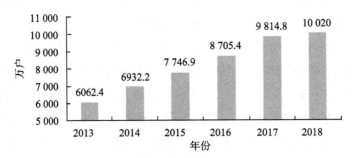

图 1-1　2013—2018 年全国市场主体实有户数基本情况

资料来源:根据国家市场监督管理总局资料整理。

从各类市场主体结构来看,个体工商户仍是第一大市场主体,占比 66.5%,较 2017 年的 67% 略有下降;企业占比 31.5%,较 2017 年的 30.9% 上升 0.6 个百分点;农民专业合作社占比 2.0%,与 2017 年基本持平(见图 1-2)。商事制度改革的深入推进提供助力,市场主体结构悄然发生变化,企业占比稳中有升。

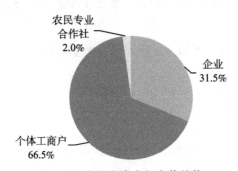

图 1-2　全国各类市场主体结构

资料来源:根据国家市场监督管理总局资料整理。

二、市场主体新增及注吊销情况

（一）市场主体新增情况

商事制度改革以来，我国市场主体已连续五年增长幅度在两位数以上。国家市场监督管理总局数据显示，2018年全国新设市场主体 2 149.6 万户，同比增长 11.67%。其中，新设企业 670 万户，同比增长 10.31%；新设个体工商户 1 456.4 万户，同比增长 12.92%；新设农民专业合作社 23.2 万户，同比下降 16.55%（见表 1-2）。

表 1-2 2018 年全国新设市场主体情况

项目	企业	个体工商户	农民专业合作社	市场主体总计
数量（万户）	670	1 456.4	23.2	2 149.6
同比增长（%）	10.31	12.92	-16.55	11.67

资料来源：根据国家市场监督管理总局资料整理。

2013—2018 年全国新设市场主体基本情况及新设企业基本情况如图 1-3、图 1-4 所示。

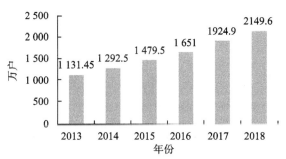

图 1-3 2013—2018 年全国新设市场主体基本情况

资料来源：根据国家市场监督管理总局资料整理。

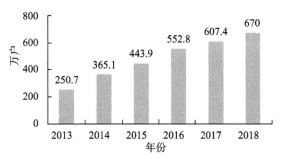

图 1-4 2013—2018 年新设企业基本情况

资料来源：根据国家市场监督管理总局资料整理。

2018年我国日均诞生市场主体5.89万户,12月份达到日均7.00万户;每日新设企业1.84万户,其中80%为服务业企业,90%以上为民营企业。大量新企业的产生,对推动稳就业、促税收、新旧动能转换起到了积极作用。创新创业热情的持续释放,反映出经济发展得到了基础性支撑,呈现出企稳向好的阶段性特征。

2018年新设企业中,第一、第二、第三产业分别占比2.6%、17.3%和80.1%,与2017年相比,第一产业与第二产业占比稍有下降,第三产业占比提升,产业结构得到进一步优化(见图1-5)。同时,随着农业产业化快速发展,农业企业数量和规模大幅提升;信息传输软件和信息技术服务、科学研究和技术服务、教育、文化等行业市场主体在整体数量较大的基础上,继续保持快速增长,通过进一步优化资源配置,培育经济发展新动力。

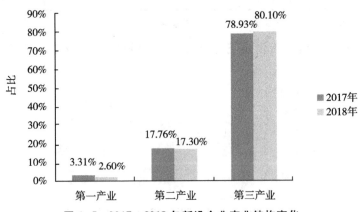

图1-5　2017—2018年新设企业产业结构变化

资料来源:根据国家市场监督管理总局资料整理。

同时,新设市场主体为就业提供了重要保障。2018年,新设民营企业再次成为就业强力"吸纳器",全国新设的627.62万户民营企业为3 410.02万人创造了就业,所有民营企业承接了全国2.14亿就业人口。在经济增长下行压力加大的背景下,民营企业有力稳定了就业,发挥了重要的社会效益。

(二)市场主体注吊销情况

商事制度改革实施以来,随着进入市场的主体量逐年攀升,注销企业数量也较改革前有所增长。2018年,注销企业数量为181.35万户,较2017年增长45.84%。与新设市场主体和新设企业的增长趋势相对应,注销企业的数量连续五年持续增长(见图1-6)。

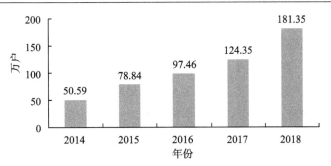

图 1-6 2014—2018 年注销企业基本情况

资料来源：根据国家市场监督管理总局资料整理。

2018年新设企业与注销企业的数量比为3.69∶1，平均每进入市场3.69户企业，就有1户企业通过注销退出市场，市场"新陈代谢"率保持在一个正常稳定的水平。

从行业分布来看，2018年注销数量最多的五个行业是：批发和零售业（67.39万户）、租赁和商务服务业（27.09万户）、制造业（17.43万户）、科学研究和技术服务业（12.50万户）、建筑业（10.26万户），分别占注销总量的37.2%、14.9%、9.6%、6.9%和5.7%。

三、营商环境情况

商事制度改革是党中央、国务院做出的重大决策，核心是转变政府职能，重点是放宽市场准入、创新市场监督管理、优化政府服务，目标从方便政府管理转向方便群众办事。自2012年广东等地试点、2014年全国实施商事制度改革以来，从中央到地方各级政府持续推进商事制度改革深化拓展，不断便捷市场准入，积极创新市场监督管理。中国营商环境明显优化，市场活力、潜力得到进一步激发。

（一）国际视角

世界银行《2019年营商环境报告》显示，我国营商便利度2018年排名跃升至全球第46位，较2017年提升32位，进入全球经济体排名前50。其中，"开办企业"指标与经济合作与发展组织高收入国家持平，全球排名由93位大幅提升至28位，是商事制度改革以来升幅最大的一年；"获得电力"指标排名从98位大幅跃升至14位；"执行合同"指标全球排名第6，也是我国排名最靠前的指标。同时，我国进入十大营商环境改进国，并成为《2019年营商环境报告》中东亚及太平洋地区唯一一个进入十大最佳改革者名单的经济体。

我国在2018年为中小企业改善营商环境实施的改革数量创纪录,在开办企业、办理施工许可证、获得电力、纳税、跨境贸易等类别的改革中取得了突出进展。在产品准入方面,产品准入的许可由38类减少到24类,许可时间由60天缩短至平均9天。其中,上海推出了一系列大力度营商环境改革专项行动,大幅提高了市场主体的营商便利度,开办企业的办事环节和耗时从2018年报告中的7个环节22天减少到2019年报告中认定的4个环节9天。北京同样在"开办企业""获得电力"等领域的改革中取得突破性进展,开办企业环节从原来的7个压缩为4个,办理时间从原来的24天压缩到8天;获得电力环节从原来的6个缩减为3个,平均用时从原来的141天大幅缩减到34天,小微用户获得电力接入成本由原来的19.2万元降为0。

(二) 国内视角

中山大学《深化商业制度改革研究》课题组的调研数据显示,商事制度改革5年来,我国营商环境得到改善,大众创业、万众创新红利不断释放,全国产业结构趋于优化,地区发展更加平衡。2018年,围绕减环节、压时间、降成本,国家市场监督管理总局进一步放宽企业准入,压缩企业开办时间,有序推进"证照分离"改革,优化"多证合一"改革。

1. 市场主体情况

市场主体办理登记注册所需时间从商事制度改革前的8.4天降至2018年的7.0天(见图1-7)。就全国平均而言,2014年以前,市场主体办理登记注册需要8.4天;商事制度改革后,办理登记注册所需时间逐年下降,到2018年已经下降至7.0天。分省来看,商事制度改革后,市场主体办理登记注册所需时间最短的省从5.7天下降至2018年的2.7天。就2018年登记注册的市场主体而言,19%的市场主体能够在1天内完成登记注册,61%的市场主体则需要超过3天才能完成登记注册。

市场主体办理登记注册所需交涉窗口数量从商事制度改革前的2.6个减少至2018年的1.9个(见图1-8)。就全国平均而言,2014年以前,登记注册一家企业平均需要与2.6个办事窗口打交道;商事制度改革后,登记注册所需交涉的窗口数量逐年减少,2014—2016年,所需交涉窗口数量减少至2.2个,2017年减少至2.0个,2018年则减少至1.9个。分省来看,全国范围内办理登记注册表现最好的省份由商事制度改革前平均需要与1.6个窗口交涉变为改革后只需要与1.1个窗口交涉,已接近实现一窗办理;全国范围内办理登记注册表现最差的省份也由商事制度改革前平均需要与4.2个窗口交涉变为改革后只需要与3.2个窗口交涉,也取得了明显的改善效果。2018年,46%的市场主体实现了一窗办理。其中,一窗办理率最高的省份是宁夏,为92%;最低的省份是云南,为13%。

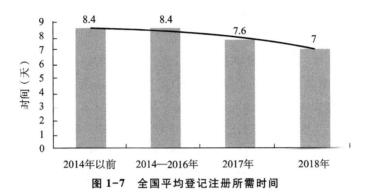

图1-7 全国平均登记注册所需时间

资料来源:根据中山大学《深化商事制度改革研究》课题组的调研数据整理。

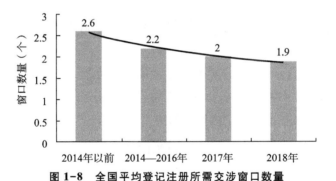

图1-8 全国平均登记注册所需交涉窗口数量

资料来源:根据中山大学《深化商事制度改革研究》课题组的调研数据整理。

市场主体所需办理证件数量从商事制度改革前的3.4个减少至2018年的2个。就全国平均而言,2014年以前,市场主体所需办理证件数量为3.4个;商事制度改革后,所需办理证件数量逐年减少,2014—2016年,所需办理证件数量迅速减少至2.6个,2017年减少至2.4个,2018年则减少至2.0个。分省来看,全国范围内办理登记注册表现最好的省份由商事制度改革前平均需要办理2.1个证件变为改革后只需要办理1.5个证件;全国范围内办理登记注册表现最差的省份也由商事制度改革前平均需要办理4.5个证件变为改革后只需要办理2.4个证件,也取得了积极的进展。2018年,就全国平均而言,45%的市场主体所需办理证件数量为

1个。其中,实现所需办理证件数量为1个比例最高的省份是北京,为75%;最低的是福建,为29%。办理最耗时证件从商事制度改革前的45.5天降至2018年的27.9天。从市场主体的反馈来看,最耗时的证件分别是与环保、消防、场地、税务、卫生、食品、外贸等相关的许可证,耗时从三个月到一个月不等。

2. 市场主体面临的主要困难从"旧三难"转向"新三难"

商事制度改革一直围绕着解决"办照难""办证难""退出难"等难点和痛点不断深化,而中山大学《深化商事制度改革研究》课题组的调研结果显示,这些问题已经不再是市场主体目前所面临的主要困难。从全国市场主体的反馈来看,提及开办企业难、办理许可证难和市场退出难的市场主体比重分别只有3%、7%和4%。这表明,"办照难""办证难""退出难"等难题已经不再是全国市场主体目前普遍面临的难点和痛点,成为"旧三难"。全国市场主体提及频率最高的三个困难分别是,市场竞争激烈、招工困难和成本高。这三个困难被提及的比重分别为26%、17%和15%,已经成为全国市场主体当下最普遍的难点和痛点,是"新三难"。

第二节 全国重要省份中小企业发展概况

随着商事制度改革的深入,我国市场主体持续发展,2018年达到11 020.1万户,企业数量高达3 474.2万户。其中,广东、江苏、山东、浙江、河南等地市场主体数量位居前列,我国各地市场主体情况如表1-3所示。

表1-3 2018年我国各地市场主体情况表　　　　　　　　　　单位:万户

排名	地区	各类实有主体数	其中:企业数量
	全国	11 020.1	3 474.2
1	广东	1 146.1	492.1
2	江苏	922.1	321.9
3	山东	905.6	261.3
4	浙江	654.2	224.5
5	河南	591.0	143.4
6	四川	560.9	112.9
7	河北	538.1	147.7

单位：万户（续表）

排名	地区	各类实有主体数	其中：企业数量
8	湖北	498.5	122.7
9	安徽	445.1	112.8
10	湖南	391.4	—
11	福建	381.9	123.7
12	辽宁	343.8	90.7
13	陕西	304.2	82.0
14	云南	295.7	—
15	江西	295.3	—
16	上海	274.0	214.0
17	贵州	268.2	67.8
18	重庆	252.7	80.5
19	山西	235.4	—
20	黑龙江	227.4	—
21	吉林	225.3	—
22	广西	216.5	—
23	北京	215.1	165.5
24	内蒙古	196.8	—
25	新疆	164.9	—
26	甘肃	131.7	—
27	天津	108.4	48.6
28	宁夏	85.1	—
29	海南	75.4	26.3
30	青海	41.8	—
31	西藏	27.5	—

资料来源：stopand，部分省市为预计值。

注：市场主体包括企业、个体工商户和农民专业合作社，其中企业包括内资（非民营）企业、民营企业和外商投资企业。另外，由于部分省（自治区、直辖市）数据缺失，全国企业数量并不等于各省（自治区、直辖市）企业数量合计。

受益于商事制度改革,我国各地营商环境有所改善。中山大学《深化商事制度改革研究》课题组的调研数据显示,所调研的 16 个省份(省、自治区、直辖市)、84 个市(地级市及副省级城市)中,3%进展良好,82%进展中等或及格,15%进展不及格,全国营商环境较好的三个省市分别是上海、广东和北京,具体排名情况如图 1-9 所示。

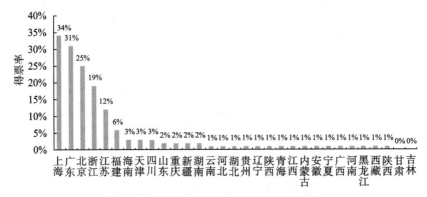

图 1-9 2018 年全国各省市营商环境排名

资料来源:根据中山大学《深化商事制度改革研究》课题组的调研数据整理。

一、广东省

(一)市场主体情况

2018 年,广东省实有各类市场主体 1 146.13 万户,较 2017 年增长 11.75%;注册资本 49.38 万亿元,同比增长 26.31%。其中,实有企业 492.10 万户,同比增长 17.12%,每千人拥有企业达 44 户,已超越中等发达经济体最高水平,具体来看:内资企业(非民营)27.93 万户,同比增长 11.70%,注册资本 7.20 万亿元,同比增长 23.53%;民营企业 447.07 万户,同比增长 17.16%,注册资本 36.36 万亿元,同比增长 26.44%;外商投资企业 17.10 万户,同比增长 25.83%,注册资本 7 964.06 亿美元,同比增长 23.82%。实有个体工商户 649.36 万户,同比增长 8.05%,注册资本 0.27 万亿元,同比增长 17.87%。实有农民专业合作社 4.67 万户,同比增长 3.8%,注册资本 0.07 万亿元,同比增长 7.50%。

表 1-4　2018 年广东省各类市场主体情况

项目	实有企业			个体工商户	农民专业合作社	市场主体总计
	内资(非民营)	民营企业	外商投资			
企业数量(万户)	27.93	447.07	17.10	649.36	4.67	1 146.13
注册资本(万亿元)	7.20	36.36	5.48	0.27	0.07	49.38

资料来源：根据广东省市场监督管理局数据整理。

2018 年，广东省新设市场主体 229.74 万户，较 2017 年增长 17.82%，注册资本 10.20 万亿元，同比下降 8.27%。新设各类企业 97.80 万户，同比增长 8.17%，注册资本 10.12 万亿元，同比下降 8.45%。日均登记企业 2 679 户，较 2017 年增长 8.20%。其中，新设内资(非民营)企业 3.96 万户，同比增长 7.90%；民营企业 89.73 万户，同比增长 6.37%；外商投资企业 4.11 万户，同比增长 72.21%。新设个体工商户 131.56 万户，新设农民专业合作社 3 874 户。

(二)营商环境情况

中山大学《深化商事制度改革研究》课题组的调研数据显示，2018 年广东省市场主体办理登记注册所需时间继续缩短。在 2014 年商事制度改革前，市场主体在广东省办理登记注册平均需要 9.4 天，比全国平均所需时间(8.4 天)多 1 天。商事制度改革后，在广东省办理登记注册所需时间大幅下降，2014—2016 年，迅速下降至 5.0 天，开始低于全国平均所需时间；2017 年下降至 4.5 天，2018 年则下降至 2.7 天，成为全国调查样本中所需时间最少的省份。广东省市场主体办理登记注册所需时间从商事制度改革前的 9.4 天下降至 2018 年的 2.7 天，目前处于全国最佳水平。

广东省市场主体办理登记注册所需交涉的窗口数量大幅减少。2014 年以前，在广东省登记注册一家市场主体平均需要与 3.5 个办事窗口打交道，比全国平均 2.6 个多了约 1 个窗口，明显落后于全国平均水平。商事制度改革后，在广东省办理登记注册所需交涉的窗口数量大幅减少，2014—2016 年，所需交涉窗口数量快速减少至 2.2 个，处于全国平均水平；2017 年减少至 2.0 个，处于全国平均水平；2018 年则减少至 1.6 个，开始优于全国平均水平。广东省市场主体办理登记注册所需交涉的窗口数量从商事制度改革前的 3.5 个减少至 2018 年的 1.6 个，接近全国最佳水平。

市场主体所需办理证件数量从商事制度改革前的 4.5 个减少至 2018 年的

1.8个,接近全国最佳水平。2018年,广东省超过40%的市场主体只需办理一个证件;市场主体平均只需要办理1.8个证件,接近全国最佳水平(1.5个证件);与商事制度改革前的4.5个相比,下降幅度达60%。

二、山东省

(一) 市场主体情况

2018年,山东省实有各类市场主体905.6万户,列广东、江苏之后,同比增长12.2%;注册资本20.5万亿元,同比增长23.0%。其中,实有企业261.3万户,同比增长15.7%,占市场主体总量的28.8%,占比提高0.8个百分点;实有企业注册资本19.5万亿元,同比增长23.4%。

2018年,山东省新设市场主体168.1万户,注册资本3.5万亿元,同比增长12.3%和1.3%,日均登记市场主体4 669户。其中,新设企业54.6万户,同比增长12.3%,日均登记企业1 514.2户,是商事制度改革前(2013年397.3户)的3.8倍。商事制度改革后,山东省市场主体结构不断优化,个体工商户占市场主体的比重逐渐下降;企业所占比重逐渐上升,由2013年的21.9%上升至2018年的28.8%,增长近7个百分点。公司制企业更受投资者青睐,在企业中占据主导地位,截至2018年年底,山东省实有公司制企业229.9万户,同比增长20.3%,比企业平均增幅高7个百分点,占企业总量的88.0%,占比提高3.3个百分点。山东省实有股份有限公司8 474户,同比增长19.4%,发展势头良好,其中上市公司196户(不含纯境外上市),主要分布在烟台、青岛、济南、淄博、潍坊5市。

从市场主体发展特点来看,第二、三产业快速发展,新旧动能转换重点行业投资活跃,三次产业新设企业分别占比2.4%、23.4%和74.2%。与2017年同期相比,第二、三产业企业分别增长10.7%和15.8%,保持稳定快速发展态势。到2018年年底,山东省三次产业企业占比调整为3.2∶24.4∶72.4,产业结构更趋优化,"四新"经济、新一代信息技术产业、高新技术服务业新设企业同比分别增长31.0%、53.2%、26.1%。同时,新设企业投资领域聚焦现代服务业,卫生、文化体育、教育增势迅猛,区域聚集效应明显。

(二) 营商环境情况

中山大学《深化商事制度改革研究》课题组的调研数据显示,山东省市场主体办理登记注册所需时间从商事制度改革前的9.1天下降至2018年的3.6天,相比2017年降幅超过50%,明显领先于全国平均水平。在压缩企业开办时间方面,山东省起步较晚，2017—2018年加速发力之后效果明显。2018年，山东省44%的市场主体办理登记注册只需1天，比全国平均水平高25%；平均只需3.6天，比全国平均所需的7天快了3.4天；与山东省商事制度改革前的9.1天相比，下降幅度超过60%。

山东省市场主体办理登记注册所需交涉的窗口数量从商事制度改革前的2.7个减少至2018年的1.6个，接近全国最佳水平。2018年，山东省59%的市场主体实现一窗办理，好于全国平均水平（46%），但和全国最好水平（92%）依然存在差距；市场主体平均只需与1.6个窗口交涉，接近全国最佳水平（1.1个窗口）；与山东省商事制度改革前的2.7个相比，下降幅度超过40%。

山东省市场主体所需办理证件数量从商事制度改革前的3.0个减少至2018年的1.9个，略优于全国平均水平。2018年，山东省39%的市场主体只需办理1个证件，低于全国平均水平（45%），和全国最佳水平（75%）差距较大；市场主体平均只需办理1个证件，与山东省商事制度改革前的3.0个相比，下降幅度达37%。

三、浙江省

（一）市场主体情况

2018年，浙江省各类市场主体总量达到653.69万户，同比增长10.26%，环比增长0.97%。各指标增长情况如下：在册企业224.46万户，同比增长14.38%，其中在册内资企业220.47万户，同比增长14.52%，注册资本总额40.17万亿元，同比增长107.37%（其中民营企业204.72万户，同比增长14.24%，注册资本总额35.16万亿元，同比增长125.68%）；在册外资企业3.99万户（其中分支机构10 777户），同比增长6.92%，注册资本总额2 841亿美元，同比增长24.35%。个体工商户422.63万户，同比增长8.46%，注册资本总额3 943亿元，同比增长18.76%；企业集团3 350户，同比增长5.08%；农民专业合作社62 580户，同比减少3.89%。

（二）营商环境情况

中山大学《深化商事制度改革研究》课题组的调研数据显示，浙江省市场主体办理登记注册所需时间从商事制度改革前的7.2天下降至2018年的2.9天，目前处于全国领先水平。2018年，浙江省超过50%的市场主体在1天内完成登记注册，平均只需2.9天，比全国平均所需的7天快了4.1天；与浙江省商事制度改革前的7.2天相比,下降幅度达到60%。

浙江省市场主体办理登记注册所需交涉的窗口数量从商事制度改革前的2.5个减少至2018年的1.8个,经历了波动反弹,略低于全国平均水平,降幅不大。2018年,浙江省71%的市场主体实现一窗办理;市场主体平均需要与1.8个窗口交涉,低于全国平均水平,与全国最佳水平(1.1个窗口)尚有差距;与浙江省商事制度改革前的2.5个相比,下降幅度为28%。

浙江省市场主体所需办理证件数量从商事制度改革前的3.3个减少至2017年的1.9个。2018年,浙江省超过36%的市场主体只需办理1个证件。虽然2018年平均需要办理2.3个证件,数量有所回升,但与商事制度改革前的3.3个相比,总体呈下降趋势。

四、河南省

(一) 市场主体情况

2018年,河南省各类市场主体总量达到591万户,同比增长17.4%,连续三年居全国第五位,稳居中部六省第一位,每千人拥有市场主体达到55户,企业活跃度指数达72.4,高于全国70的平均水平。

2018年,河南省新设市场主体132万户,其中企业34.3万户,分别增长18.9%和14.9%;日均新设市场主体3 616户,日均新设企业940户。

(二) 营商环境情况

中山大学《深化商事制度改革研究》课题组的调研数据显示,河南省市场主体办理登记注册所需时间从商事制度改革前的7.9天下降至2018年的7.8天,变化不明显。2018年,河南省受访的市场主体中没有在3天内完成登记注册的,办理登记注册所需时间平均为7.8天。河南省比全国平均水平的7天慢0.8天,比全国最佳实践的2.7天慢5天。

河南省市场主体办理登记注册所需交涉的窗口数量从商事制度改革前的3.8个减少至2018年的3.2个,市场主体办理登记注册所需交涉的窗口数量下降了约16%。2018年,河南省15%的市场主体实现一窗办理;市场主体平均需要与3.2个窗口交涉,远高于全国平均水平(1.9个),是全国最佳实践的3倍,仍需大幅精简。

河南省市场主体所需办理证件数量从商事制度改革前的4.3个减少至2018年的2.1个,接近全国平均水平,市场主体所需办理证件数量下降了51%。2018年,河南省超过40%的市场主体为完成登记注册只需办理1个证件;平均需要办理2.1个证件,接近全国平均水平(2个),与全国最佳实践(1.5个)相比,还有一定差距。

五、陕西省

(一) 市场主体情况

2018年,陕西省各类市场主体总量达到304.17万户,注册资本达到8.86万亿元,与2017年同期相比分别增长29.14%、23.93%。其中,内资(非民营)企业6.16万户、民营企业75.29万户、外资企业5 856户、个体工商户215.18万户、农民专业合作社6.96万户,与2017年同期相比分别增长14.46%、24.66%、4.03%、32.16%和9.25%。

2018年,陕西省新设各类市场主体90.52万户,与2017年同期相比增长64.01%。其中,新设内资(非私营)企业9 958户、私营企业19.30万户、外资企业905户、个体工商户69.28万户、农民专业合作社8 539户,与2017年同期相比分别增长30.41%、33.34%、39.23%、80.37%和-42.25%。日均登记市场主体3 621户,与2017年同期相比增加1 404户,每千人拥有市场主体79.30户,与2017年同期相比增加17.52户;日均登记企业816户,与2017年同期相比增加201户,每千人拥有企业21.39户,与2017年同期相比增加3.99户。

2018年,陕西省新设服务业市场主体79.16万户,与2017年同期相比增长67.48%,其中金融、文化体育和娱乐、卫生和社会工作、科学研究和技术服务、信息传输、软件和信息技术服务等新兴服务业领域市场主体增幅较大,分别新设市场主体2 519户、1.11万户、2 166户、1.21万户和3.07万户,与2017年同期相比分别增长45.52%、60.37%、67.26%、43.04%和143.59%。

2018年,陕西省新设第一产业市场主体4.94万户,与2017年同期相比增长53.90%;第二产业的整合优化深入推进,新设第二产业市场主体6.42万户,与2017年同期相比增长36.15%;文化、物流、金融、信息传输等新兴产业大力发展,促使第三产业比重进一步攀升,新设第三产业市场主体79.16万户,与2017年同期相比增长67.48%,占新设市场主体总量的87.45%。

2018年,陕西省新设民营企业、个体工商户共吸纳就业人员223.44万人,与2017年同期相比增长81.37%。其中,民营企业吸纳就业人员89.54万人,与2017年同期相比增长128.82%;个体工商户吸纳就业人员133.90万人,与2017年同期相比增长59.29%。民营企业累计吸纳就业人员318.04万人,与2017年同期相比增长54.19%;个体工商户累计吸纳就业人员455.72万人,与2017年同期相比增长26.30%。

(二)营商环境情况

中山大学《深化商事制度改革研究》课题组的调研数据显示,商事制度改革后,陕西省市场主体办理登记注册所需时间呈下降趋势。2018年,陕西省有14%的市场主体表示在1天内能完成登记注册,整体平均只需5.9天,比全国平均所需的7天快了1.1天。

陕西省市场主体办理登记注册所需交涉的窗口数量呈现出一定的波动性,波动范围在2.1个到2.8个窗口。总体来看,50%的市场主体表示可以实现一窗办理。

陕西省市场主体所需办理证件数量从商事制度改革前的3.5个减少至2018年的2.2个,始终多于全国平均水平。调研结果显示,陕西省仅有38%的市场主体反映登记注册时只需办理1个证件,说明陕西省市场主体在登记注册时"多证合一"的成效还不是很明显,需要再加强。

六、江苏省

2018年,江苏省各类市场主体总量突破900万户,成为继广东之后全国第二个市场主体突破900万户的省份。截至2018年年底,江苏省各类市场主体总量达到922.2万户,同比增长13.8%;注册资金总额27.6万亿元,同比增长18.3%。其中,企业321.9万户、个体工商户590.3万户、农民专业合作社10.0万户,分别增长11%、15.6%和1.8%。目前全省平均每千人拥有市场主体115户,平均每千人拥有企业40户。

2018年1—10月,江苏省日均新设市场主体4 444户,累计新设市场主体135.1万户,同比增长8.2%。其中,日均新设企业1 487户,累计新设企业45.2万户,同比增长2.7%;新设个体工商户89.8万户,同比增长11.7%。

七、四川省

2018年,四川省各类市场主体总量达到560.94万户,同比增长13.3%,较全国平均增速高出1个百分点;注册资本总额13.53万亿元。平均每万人拥有市场主体675.7户,同比增长13.3%。新设市场主体105.26万户,同比增长3.09%;日均新设市场主体2 884户,同比增长3.1%。实有民营市场主体545.25万户,同比增长

13.5%，占市场主体总量的 97.2%。

2018年，四川省服务业继续保持较快增长，实有服务业企业112.87万户，同比增长14.7%。服务业内部结构不断优化，批发零售等传统优势行业占比下降，信息科研等新兴行业占比提升，旅游等生活性服务业快速发展。实有旅游及相关产业企业32.54万户，同比增长20.4%，占服务业企业总量的28.8%。

八、河北省

2018年，河北省各类市场主体总量达到538.11万户，同比增长14.48%，位居全国第七位，比2017年净增68.07万户。其中，企业总量达到147.72万户，同比增长18.3%。民营市场主体达到525.77万户，注册资本达到7.54万亿元，分别占市场主体总量的97.71%、69.01%。

2018年，河北省新设市场主体净增68万户，其中新设民营市场主体111.18万户，注册资本1.19万亿元，分别占新设市场主体总量的98.76%、78.14%。新设民营企业和个体工商户新增从业人员236.25万人，同比增长2.18%。个体民营经济从业人员实有1 261.34万人，同比增长12.61%。

新设企业中，第三产业占72.82%，同比增长16.88%，占比最大，增速最快。截至2018年年底，三次产业企业户数比为3.84∶28.32∶67.84，相比2017年年底，第三产业户数占比增加0.57个百分点，第一产业和第二产业户数占比分别减少0.14、0.43个百分点，产业结构进一步优化。

2018年，从行业发展情况来看，新产业、新业态聚集的新兴服务业持续快速增长，为新旧动能转换提供了活力。民办教育机构纳入企业登记，教育业新设企业1 657户，同比增长302.18%，发展最快。卫生和社会工作、文化体育娱乐、科学研究和技术服务业，新设企业数量同比分别增长50.42%、35.25%、26.84%。清理整顿金融秩序效果明显，金融业新设企业1 559户，注册资本172.89亿元，同比分别减少24.87%、84.54%。

九、湖北省

2018年，湖北省各类市场主体总量达到498.53万户，注册资本总额9.94万亿元，同比分别增长10.89%、23.60%。实有企业122.71万户，注册资本9.35万亿元，同比分别增长15.79%、23.96%。企业占市场主体总量的24.61%，较2017年上升1.04个百分点（见图1-10），市场主体总体发展质量稳步提升。每万人拥有企业21户，比2017年年底增加3户。

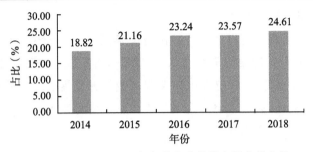

图1-10　2014—2018年湖北省企业类市场主体占比

资料来源：根据湖北省市场主体数据整理。

2018年，湖北省实有民营企业108.4万户，注册资本5.8万亿元，同比分别增长17.23%、23.29%；民营企业户数首次突破百万大关，创历史新高。实有外资企业1.18万户，注册资本767.45亿美元，同比分别增长7.29%、25.68%；其中，新设外资企业1 316户，注册资本114.47亿美元，同比分别增长23.22%、45.24%。实有农民专业合作社9.66万户，注册资本2 396.54亿元，同比分别增长15.03%、16.64%。实有家庭农场3.54万户，注册资本309.79亿元，同比分别增长41.04%、38.88%。

第三节　新三板挂牌企业情况

新三板，全国中小企业股份转让系统，是我国资本市场服务中小微企业、支持民营经济发展的主阵地。新三板数据能有效反映我国中小微企业经营情况、资本运作情况、活跃程度等。

一、总体概况

自2018年以来，新三板改革不断深入，着力推进市场精细化分层等四项工作及企业的两地挂牌问题。全国中小企业股份转让系统数据显示，截至2018年年底，新三板挂牌企业10 691家，总股本6 324.53亿股，总市值34 487.26亿元（见表1-5）。

表1-5　2014—2018年全国中小企业股份转让系统概况

项目	2018年	2017年	2016年	2015年	2014年
挂牌企业家数	10 691	11 630	10 163	5 129	1 572
总股本（亿股）	6 324.53	6 756.73	5 851.55	2 959.51	658.35

(续表)

项目	2018年	2017年	2016年	2015年	2014年
总市值(亿元)	34 487.26	49 404.56	40 558.11	24 584.42	4 591.42
发行股数(亿股)	123.83	239.26	294.61	230.79	26.6
融资金额(亿元)	604.43	1 336.25	1 390.89	1 216.17	134.08
市盈率(倍)	20.86	30.18	28.71	47.23	35.27

资料来源：全国中小企业股份转让系统网。

2018年全国中小企业股份转让系统各月统计情况如表1-6所示。

表1-6 2018年全国中小企业股份转让系统各月统计表

月份	月末企业家数	总股本(亿股)	总市值(亿元)	市盈率(倍)
01	11 606	6 733.60	45 135.2	27.48
02	11 630	6 723.92	44 508.3	27.14
03	11 559	6 705.37	42 604.8	25.65
04	11 382	6 575.38	40 471.4	22.46
05	11 309	6 585.63	39 405.7	22.32
06	11 243	6 590.22	38 773.7	22.07
07	11 108	6 546.24	38 052.5	21.93
08	11 011	6 436.78	36 931.2	21.56
09	10 946	6 411.09	36 166.9	21.12
10	10 892	6 395.65	35 735.9	21.15
11	10 786	6 359.60	35 206.5	21.15
12	10 691	6 324.53	34 487.3	20.86

资料来源：全国中小企业股份转让系统网。

二、行业分布情况

2018年新三板挂牌企业行业分布情况与2017年变化不大。制造业挂牌企业数量遥遥领先，占比为49.35%，较2017年下降0.56个百分点。信息传输、软件和信息技术服务业紧随其后，占比为19.49%。科学研究和技术服务业、批发和零售业、建筑业等行业占比略有提升（见表1-7）。

表 1-7　2017—2018 年新三板挂牌企业行业分布情况

行业分类	2018 年年末		2017 年年末	
	挂牌企业家数	占比(%)	挂牌企业家数	占比(%)
制造业	5 276	49.35	5 804	49.91
信息传输、软件和信息技术服务业	2 084	19.49	2 284	19.64
租赁和商务服务业	558	5.22	607	5.22
科学研究和技术服务业	506	4.73	509	4.38
批发和零售业	492	4.60	531	4.57
建筑业	356	3.33	379	3.26
文化、体育和娱乐业	240	2.24	261	2.24
农、林、牧、渔业	226	2.11	223	1.92
交通运输、仓储和邮政业	192	1.80	197	1.69
水利、环境和公共设施管理业	186	1.74	198	1.70
金融业	131	1.23	144	1.24
电力、热力、燃气及水生产和供应业	122	1.14	130	1.12
房地产业	88	0.82	97	0.83
教育	81	0.76	88	0.76
卫生和社会工作	47	0.44	55	0.47
采矿业	39	0.36	42	0.36
居民服务、修理和其他服务业	34	0.32	44	0.38
住宿和餐饮业	33	0.31	37	0.32
合计	10 691	100.00	11 630	100.00

资料来源:全国中小企业股份转让系统网。

三、地域分布情况

从地域分布情况来看,2018 年新三板挂牌企业主要分布在广东、北京、江苏地区,浙江、上海、山东紧随其后;而从占比来看,排名前 6 位地区的挂牌企业数量和占比较 2017 年略有回落(见表 1-8)。

表1-8 2017—2018年新三板挂牌企业地域分布情况

省（市）	2018年年末		2017年年末	
	挂牌企业家数	占比（%）	挂牌企业家数	占比（%）
广东	1 637	15.31	1 878	16.15
北京	1 440	13.47	1 618	13.91
江苏	1 273	11.91	1 390	11.95
浙江	933	8.73	1 032	8.87
上海	903	8.45	989	8.50
山东	624	5.84	636	5.47
福建	373	3.49	405	3.48
河南	371	3.47	378	3.25
湖北	358	3.35	404	3.47
安徽	340	3.18	358	3.08
四川	312	2.92	332	2.85
河北	243	2.27	241	2.07
湖南	223	2.09	239	2.06
辽宁	223	2.09	234	2.01
天津	195	1.82	205	1.76
陕西	158	1.48	164	1.41
江西	150	1.40	161	1.38
重庆	133	1.24	142	1.22
黑龙江	94	0.88	97	0.83
云南	94	0.88	92	0.79
山西	89	0.83	83	0.71
新疆	87	0.81	98	0.84
吉林	85	0.80	88	0.76
广西	75	0.70	72	0.62
内蒙古	66	0.62	66	0.57
宁夏	59	0.55	66	0.57
贵州	54	0.51	59	0.51

（续表）

省（市）	2018年年末		2017年年末	
	挂牌企业家数	占比（%）	挂牌企业家数	占比（%）
海南	39	0.36	43	0.37
甘肃	35	0.33	34	0.29
西藏	19	0.18	21	0.18
青海	6	0.06	5	0.04
合计	10 691	100.00	11 630	100.00

资料来源：全国中小企业股份转让系统网。

第四节　中小企业指数变化情况

一、中小企业发展指数

2018年中小企业发展指数总体平稳，波动不大，较2017年有小幅上扬，总体运行区间在93.0—93.2。

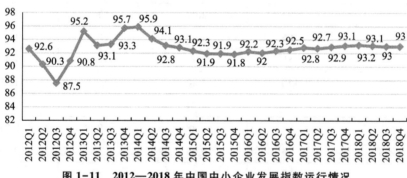

图1-11　2012—2018年中国中小企业发展指数运行情况

（一）一季度

2018年一季度中国中小企业发展指数为93.2，继续小幅上行，比上季度微升0.1点。分行业指数5升1持平2降，分项指数5升2持平1降，上升的面有所收窄，升幅有所放缓。预计中小企业生存发展环境依然严峻，生产经营压力和成本负担依然较大，投资信心不足。

1. 分行业指数 5 升 1 持平 2 降

分行业指数情况如表 1-9 所示。其中,房地产业指数一季度回升至景气临界值 100,其余七个分行业指数仍位于临界值以下。

表 1-9　2018 年一季度分行业指数情况

分行业	2018 年一季度	2017 年四季度	涨幅
总指数	93.2	93.1	↑ 0.1
工业	93.1	92.9	↑ 0.2
建筑业	97.0	97.0	→ 0.0
交通运输业	86.0	86.3	↓ -0.3
房地产业	100.0	99.9	↑ 0.1
批发零售业	93.1	93.0	↑ 0.1
社会服务业	95.4	95.5	↓ -0.1
信息传输软件业	93.1	93.0	↑ 0.1
住宿餐饮业	77.5	77.2	↑ 0.3

具体来看,工业指数继续上升;建筑业指数由升转平;交通运输业指数由升转降;房地产业指数连续三个季度上升,位于八个分行业指数的最高位;批发零售业指数连续三个季度上升;社会服务业指数由升转降;信息传输软件业指数由平转升;住宿餐饮业指数由降转升,但仍处于八个分行业指数的最低位。总体来看,一季度行业指数上升的面较上季度有所收窄。

2. 分项指数 5 升 2 持平 1 降

分项指数情况如表 1-10 所示。其中,宏观经济感受指数、综合经营指数、成本指数和劳动力指数处于景气临界值 100 以上。

表 1-10　2018 年一季度分项指数情况

分项指数	2018 年一季度	2017 年四季度	涨幅
总指数	93.2	93.1	↑ 0.1
宏观经济感受指数	106.4	106.2	↑ 0.2
综合经营指数	104.9	104.5	↑ 0.4
市场指数	90.7	90.7	→ 0.0
成本指数	101.3	101.0	↑ 0.3

（续表）

分项指数	2018年一季度	2017年四季度	涨幅
资金指数	99.5	99.3	↑ 0.2
劳动力指数	107.8	107.8	→ 0.0
投入指数	91.7	91.9	↓ -0.2
效益指数	72.1	72.0	↑ 0.1

具体来看，宏观经济感受指数连续三个季度上升；综合经营指数连续三个季度上升；市场指数由升转平；成本指数由降转升；资金指数由降转升；劳动力指数由降转平，继续处于八个分项指数的最高位；投入指数由升转降；效益指数连续七个季度上升，但仍处于八个分项指数的最低位。

一季度，东、中、西部和东北地区中小企业发展指数分别为96.3、90.6、88.8和90.4。从指数变动情况来看，一季度东部地区和东北地区中小企业发展指数均有所上升，中、西部地区均有所下降，西部地区下降幅度最大。

（二）二季度

2018年二季度中国中小企业发展指数为93.1，在连续三个季度上升后，二季度微降0.1点。分行业指数3升5降，分项指数8降，下降的面有所扩大。预计中小企业生存发展环境依然严峻，生产经营压力依然较大，成本和资金状况不佳，投资信心有待提高。

1. 分行业指数3升5降

分行业指数情况如表1-11所示。八个分行业指数均位于景气临界值100以下。

表1-11　2018年二季度分行业指数情况

分行业	2018年二季度	2018年一季度	涨幅
总指数	93.1	93.2	↓ -0.1
工业	92.8	93.1	↓ -0.3
建筑业	97.1	97.0	↑ 0.1
交通运输业	85.7	86.0	↓ -0.3
房地产业	99.8	100.0	↓ -0.2
批发零售业	93.0	93.1	↓ -0.1

(续表)

分行业	2018年二季度	2018年一季度	涨幅
社会服务业	95.5	95.4	↑ 0.1
信息传输软件业	92.9	93.1	↓ -0.2
住宿餐饮业	77.6	77.5	↑ 0.1

具体来看,工业指数在连续三个季度上升后,二季度下降0.3点;建筑业指数由平转升;交通运输业指数继续下降;房地产业指数连续三个季度上升后,二季度下降0.1点,跌至景气临界值100以下,仍位于八个分行业指数的最高位;批发零售业指数连续三个季度上升后,二季度下降0.1点;信息传输软件业指数由升转降;住宿餐饮业指数继续上升,但仍处于八个分行业指数的最低位。总体来看,二季度行业指数下降的面较上季度有所扩大。

2. 分项指数8降

分项指数情况如表1-12所示。其中,宏观经济感受指数、综合经营指数、成本指数和劳动力指数处于景气临界值100以上。

表1-12 2018年二季度分项指数情况

分项指数	2018年二季度	2018年一季度	涨幅
总指数	93.1	93.2	↓ -0.1
宏观经济感受指数	106.3	106.4	↓ -0.1
综合经营指数	104.8	104.9	↓ -0.1
市场指数	90.5	90.7	↓ -0.2
成本指数	101.2	101.3	↓ -0.1
资金指数	99.3	99.5	↓ -0.2
劳动力指数	107.7	107.8	↓ -0.1
投入指数	91.6	91.7	↓ -0.1
效益指数	71.9	72.1	↓ -0.2

具体来看,宏观经济感受指数连续三个季度上升,二季度下降0.1点;综合经营指数连续三个季度上升,二季度下降0.1点;市场指数由平转降;成本指数由升转降;资金指数由升转降;劳动力指数由平转降,仍处于八个分项指数的最高位;投入指数继续下降;效益指数由升转降,继续处于八个分项指数的最低位。

二季度东、中、西部和东北地区中小企业发展指数分别为96.3、91.2、92.8和86.0。从指数变动情况来看,二季度西部地区和中部地区指数均有所上升,东部地区持平,东北地区继续下降。

(三) 三季度

2018年三季度中国中小企业发展指数为93.0,连续两个季度微降0.1点。分行业指数2升2平4降,分项指数2升1平5降,下降的面比上季度有所收窄。预计四季度和2019年中小企业生存发展环境依然严峻,市场预期不稳、投入不足、资金紧张、效益缩水、发展信心仍待提振。

1. 分行业指数2升2平4降

分行业指数情况如表1-13所示。八个分行业指数均位于景气临界值100以下。

表1-13 2018年三季度分行业指数情况

分行业	2018年三季度	2018年二季度	涨幅
总指数	93.0	93.1	↓ -0.1
工业	92.6	92.8	↓ -0.2
建筑业	97.2	97.1	↑ 0.1
交通运输业	85.5	85.7	↓ -0.2
房地产业	99.8	99.8	→ 0.0
批发零售业	92.9	93.0	↓ -0.1
社会服务业	95.6	95.5	↑ 0.1
信息传输软件业	92.8	92.9	↓ -0.1
住宿餐饮业	77.6	77.6	→ 0.0

具体来看,工业指数继续下降0.2点;建筑业指数连续五个季度持平或上升;交通运输业指数连续三个季度下降;房地产业指数由降转平,继续处于景气临界值100以下,但仍位于八个分行业指数的最高位;批发零售业指数继续下降,三季度下降0.1点;社会服务业指数继续上升,三季度上升0.1点;信息传输软件业指数继续下降0.1点;住宿餐饮业指数由升转平,仍处于八个分行业指数的最低位。总体来看,三季度行业指数下降的面较上季度有所收窄。

2. 分项指数2升1平5降

分项指数情况如表1-14所示。其中,宏观经济感受指数、综合经营指数、成本指数和劳动力指数处于景气临界值 100 以上。

表 1-14　2018 年三季度分项指数情况

分项指数	2018 年三季度	2018 年二季度	涨幅
总指数	93.0	93.1	↓ -0.1
宏观经济感受指数	106.2	106.3	↓ -0.1
综合经营指数	104.8	104.8	→ 0.0
市场指数	90.4	90.5	↓ -0.1
成本指数	101.4	101.2	↑ 0.2
资金指数	99.4	99.3	↑ 0.1
劳动力指数	107.6	107.7	↓ -0.1
投入指数	91.5	91.6	↓ -0.1
效益指数	71.7	71.9	↓ -0.2

具体来看，宏观经济感受指数继续下降 0.1 点；综合经营指数由降转平；市场指数继续下降 0.1 点；成本指数由降转升，上升 0.2 点；资金指数由降转升，上升 0.1 点；劳动力指数继续下降 0.1 点，但仍处于八个分项指数的最高位；投入指数连续三个季度下降；效益指数继续下降 0.2 点，继续处于八个分项指数的最低位。

三季度东、中、西部和东北地区中小企业发展指数分别为 94.5、90.8、93.2 和 85.0，东北地区中小企业发展指数位于最低位。从指数变动情况来看，三季度西部地区中小企业发展指数有所上升，东部地区和东北地区下滑最为明显。

（四）四季度

2018 年四季度中国中小企业发展指数为 93.0，与上季度基本持平，继续低位运行。分行业指数 5 升 3 降，分项指数 3 升 2 平 3 降，下降的面比上季度有所收窄。2018 年 11 月 1 日，习近平总书记召开民营企业座谈会，给民营企业吃了"定心丸"。一系列利好政策的出台，提振了民营企业发展的信心，但考虑到政策落地尚需时日，且 2019 年国内外发展形势更加复杂严峻，不稳定、不确定因素增多，经济下行压力加大，因此中小企业发展状况的改善还需要一个过程。

1. 分行业指数 5 升 3 降

分行业指数情况如表 1-15 所示。八个分行业指数均位于景气临界值 100 以下。

表1-15 2018年四季度分行业指数情况

分行业	2018年四季度	2018年三季度	涨幅
总指数	93.0	93.0	→ 0.0
工业	92.7	92.6	↑ 0.1
建筑业	97.3	97.2	↑ 0.1
交通运输业	85.7	85.5	↑ 0.2
房地产业	99.5	99.8	↓ -0.3
批发零售业	93.1	92.9	↑ 0.2
社会服务业	95.5	95.6	↓ -0.1
信息传输软件业	92.7	92.8	↓ -0.1
住宿餐饮业	77.7	77.6	↑ 0.1

具体来看,工业指数在经过两个季度下降后回升0.1点;建筑业指数近半年来一直保持上升或持平的态势,四季度继续上升0.1点;交通运输业指数在连续三个季度下滑后,四季度上升0.2点;房地产业指数由平转降,下降0.3点,继续处于景气临界值100以下,但仍位于八个分行业指数的最高位;批发零售业指数由降转升,上升0.2点;社会服务业指数由升转降,下降0.1点;信息传输软件业指数连续三个季度下降,下降0.1点;住宿餐饮业指数由平转升0.1点,但仍处于八个分行业指数的最低位。总体来看,四季度行业指数下降的面较上季度有所收窄,但下降指数的降幅有所扩大。

2. 分项指数3升2平3降

分项指数情况如表1-16所示。其中,宏观经济感受指数、综合经营指数、成本指数和劳动力指数处于景气临界值100以上。

表1-16 2018年四季度分项指数情况

分项指数	2018年四季度	2018年三季度	涨幅
总指数	93.0	93.0	→ 0.0
宏观经济感受指数	106.3	106.2	↑ 0.1
综合经营指数	104.8	104.8	→ 0.0
市场指数	90.3	90.4	↓ -0.1
成本指数	101.6	101.4	↑ 0.2

（续表）

分项指数	2018年四季度	2018年三季度	涨幅
资金指数	99.5	99.4	↑ 0.1
劳动力指数	107.4	107.6	↓ -0.2
投入指数	91.4	91.5	↓ -0.1
效益指数	71.7	71.7	→ 0.0

具体来看，宏观经济感受指数比上季度上升0.1点；综合经营指数与上季度持平；市场指数下降0.1点；成本指数上升0.2点；资金指数上升0.1点；劳动力指数下降0.2点；投入指数下降0.1点；效益指数与上季度持平，为八个分项指数最低值。

四季度东、中、西部和东北地区中小企业发展指数分别为94.8、93.1、91.6和83.7。东部、中部地区中小企业发展指数有所上升，西部地区和东北地区下滑明显。

二、企业景气指数

《中国中小企业景气指数研究报告2018》显示，2018年中国中小企业综合景气指数持续回升，广东、浙江、江苏三省排全国前三名；华东和华南地区仍为中国中小企业发展最具活力的区域，苏州、杭州和广州三市蝉联全国16个主要城市中小企业景气指数排行榜前三强。报告认为，中国中小企业发展支撑实体经济稳中向好；普惠金融缓解中小企业融资困局，初步形成包容共生环境；智能制造推动中小企业创新发展，"专精特新"企业成长显著；数字经济助推中小企业转型发展，创新创业动能不断增强；特色小镇推动农村中小企业发展，区域发展差距不断缩小。但是，当前中国中小企业发展过程中还存在债务风险累积增大、产品竞争力薄弱、产业结构调整困难、高端人才匮乏等问题，随着当前中国大力支持民营企业发展的政策红利不断释放，中国中小企业发展将会进一步在国民经济及新一轮对外开放中发挥更重要的主力军作用，这也为"一带一路"沿线国家和地区提供了有益借鉴。

第二章　2018年促进中小企业发展的政策与法规综述

2018年是贯彻党的十九大精神的开局之年,是改革开放40周年,决胜全面建成小康社会、实施"十三五"规划承上启下的关键一年。近年来,国务院以及下属的工业和信息化部、国家发展和改革委员会、国家市场监督管理总局、中国银行保险监督管理委员会、科技部、中国人民银行等多部门出台了一系列促进中小企业发展的管理办法和实施意见等政策性文件,而与往年政策相比,2018年政策加大了对中小企业财政金融支持力度,着重优化中小企业营商环境,并在产业、涉外、创新科技、创业就业、服务体系、人力资源与社会保障、知识产权、财税方面提供政策支持。

为贯彻落实党中央、国务院关于改进小微企业等实体经济金融服务、推进降低小微企业融资成本的部署要求,强化考核激励,优化信贷结构,引导金融机构将更多资金投向小微企业等经济社会重点领域和薄弱环节,支持新动能培育和稳增长、保就业、促转型,加快大众创业万众创新,中国人民银行、中国银保监会、中国证监会、国家发展改革委和财政部五部门联合印发《关于进一步深化小微企业金融服务的意见》(银发〔2018〕162号)。该意见从货币政策、监督管理考核、内部管理、财税激励、优化环境等方面提出23条短期精准发力、长期标本兼治的具体措施,督促和引导金融机构加大对小微企业的金融支持力度,缓解小微企业融资难、融资贵问题,切实降低企业成本,促进经济转型升级和新旧动能转换。

2018年国家各部委共出台多项重要政策扶持中小企业发展,其中综合性政策8项,金融财税政策5项,产业政策4项,创新创业政策6项,充分说明国家扶持中小企业健康发展的决心之坚,行动力之强。

第一节　国家部委中小企业扶持政策

一、综合性政策

当前,我国中小企业发展支撑实体经济稳中向好;普惠金融缓解中小企业融资困局,初步形成包容共生环境;智能制造推动中小企业创新发展,专精特新企业成长显著;数字经济助推中小企业转型发展,创新创业动能不断增强;特色小镇推动农村中小企业发展,区域发展差距不断缩小,使得2018年我国中小企业综合景气指数持续回升。

为深入贯彻落实党的十九大、中央经济工作会议和全国金融工作会议精神,进一步发挥企业债券直接融资功能,增强金融服务实体经济能力,坚决打好防范化解重大风险攻坚战,严格防范地方债务风险,坚决遏制地方政府隐性债务增量,国家发展改革委和财政部于2018年2月8日联合发布《关于进一步增强企业债券服务实体经济能力　严格防范地方债务风险的通知》(发改办财金〔2018〕194号)。

为落实《国务院关于深化"互联网+先进制造业"发展工业互联网的指导意见》,推动工业互联网应用生态加快发展,工业和信息化部于2018年4月27日印发《工业互联网APP培育工程实施方案(2018—2020年)》(工信部信软〔2018〕79号)的通知。培育工业APP是通过工业技术软件化手段,借助互联网汇聚应用开发者、软件开发商、服务集成商和平台运营商等各方资源,提升用户黏性,打造资源富集、多方参与、合作共赢、协同演进的工业互联网平台应用生态,是推动工业互联网平台持续健康发展的重要路径。

为贯彻党中央、国务院关于促进数字经济发展的战略部署,加快培育发展新动能,促进互联网、大数据、物联网与实体经济融合发展,引导金融机构加大对数字经济的支持力度,2018年9月17日,国家发展改革委与国家开发银行签署了《全面支持数字经济发展开发性金融合作协议》。国家发展改革委与国家开发银行将建立促进数字经济发展的战略合作机制,发挥政策引导与开发性金融支持相结合的优势,拟在未来5年内投入1 000亿元,支持大数据、物联网、云计算、新型智慧城市等领域的建设,优先培育和支持一批数字经济领域重点项目,助力数字经济和数字丝绸之路建设。

2018年9月26日,经李克强总理签批,国务院印发《关于推动创新创业高质量发展打造"双创"升级版的意见》(国发〔2018〕32号)。该意见提出了打造"双创"升级版的八个方面的政策措施:一是深化放管服改革,二是加大财税政策支持力度,三是鼓励和支持科研人员积极投身科技创业,四是增强创新型企业引领带动作用,五是提升孵化机构和众创空间服务水平,六是引导金融机构有效服务创新创业融资需求,七是打造具有全球影响力的科技创新策源地,八是强化创新创业政策统筹。

为破解企业投资生产经营中的"堵点""痛点",加快打造市场化、法治化、国际化营商环境,增强企业发展信心和竞争力,2018年11月8日,国务院办公厅印发《关于聚焦企业关切进一步推动优化营商环境政策落实的通知》(国办发〔2018〕104号),降低企业负担,推动缓解中小微企业融资难、融资贵问题。

为进一步加强中国政企合作投资基金管理,更好地发挥引导规范增信作用,并落实好《国务院关于2017年度中央预算执行和其他财政收支的审计工作报告》中有关问题的整改,财政部于2018年11月8日发布《关于加强中国政企合作投资基金管理的通知》(财金函〔2018〕95号)。通知明确,要不断提高资金的利用效率,坚守投资规范PPP项目主业,尽可能地减少闲置资金规模,不能因规避风险而怠于推进PPP项目投资,不能为追求稳定回报而只开展低风险的固定收益类产品投资。

为进一步推动民营经济和中小企业高质量发展,提高企业专业化能力和水平,工业和信息化部决定在各省级中小企业主管部门认定的"专精特新"中小企业及产品基础上,培育一批专精特新"小巨人"企业,2018年11月26日,发布《关于开展专精特新"小巨人"企业培育工作的通知》(工信厅企业函〔2018〕381号)。

为深入贯彻习近平总书记关于民营经济发展的重要指示和党中央、国务院决策部署,发挥知识产权在创新驱动发展中的基本保障作用,大力支持民营经济提质增效、创新发展,2018年12月7日,国家知识产权局发布《关于知识产权服务民营企业创新发展若干措施的通知》(国知发管字〔2018〕32号)。

表2-1汇总了2018年国家部委颁布的综合性政策。

表2-1　2018年国家部委颁布的综合性政策

出台时间	政策措施	部门	文号
2月8日	《关于进一步增强企业债券服务实体经济能力 严格防范地方债务风险的通知》	国家发展改革委、财政部	发改办财金〔2018〕194号

（续表）

出台时间	政策措施	部门	文号
4月27日	《工业互联网APP培育工程实施方案（2018—2020年）》	工业和信息化部	工信部信软〔2018〕79号
9月17日	《全面支持数字经济发展开发性金融合作协议》	国家发展改革委、国家开发银行	——
9月26日	《关于推动创新创业高质量发展打造"双创"升级版的意见》	国务院	国发〔2018〕32号
11月8日	《关于聚焦企业关切进一步推动优化营商环境政策落实的通知》	国务院办公厅	国办发〔2018〕104号
11月8日	《关于加强中国政企合作投资基金管理的通知》	财政部	财金函〔2018〕95号
11月26日	《关于开展专精特新"小巨人"企业培育工作的通知》	工业和信息化部	工信厅企业函〔2018〕381号
12月7日	《关于知识产权服务民营企业创新发展若干措施的通知》	国家知识产权局	国知发管字〔2018〕32号

资料来源：根据中国中小企业信息网资料整理。

二、金融财税政策

为深入贯彻落实党的十九大、全国金融工作会议和中央经济工作会议精神，着力缓解小微企业金融服务供给不充分、结构不均衡的问题，推动银行业小微企业金融服务由高速增长转向高质量发展，中国银监会办公厅于2018年2月11日印发《关于2018年推动银行业小微企业金融服务高质量发展的通知》（银监办发〔2018〕29号）。

为抑制多头融资、过度融资行为，有效防控企业杠杆率上升引发的信用风险，中国银保监会于2018年5月22日印发《银行业金融机构联合授信管理办法（试行）》（银保监发〔2018〕24号）。

2018年7月11日，为进一步支持小型微利企业发展，财政部、税务总局发布《关于进一步扩大小型微利企业所得税优惠政策范围的通知》（财税〔2018〕77号）。

为深入贯彻党中央、国务院决策部署，把防范化解金融风险和服务实体经济更好地结合起来，在坚决打好防范化解金融风险攻坚战的同时，必须着力疏通货币信贷传导机制，提升金融服务实体经济质效，推动稳就业、稳金融、稳外贸、稳外资、稳投资、稳预期,实现金融与实体经济良性循环,2018年8月17日,中国银保监会办公厅下发《关于进一步做好信贷工作 提升服务实体经济质效的通知》(银保监办发〔2018〕76号)。

为进一步加大对小微企业的支持力度,2018年9月5日,财政部、税务总局联合下发《关于金融机构小微企业贷款利息收入免征增值税政策的通知》(财税〔2018〕91号)。

表2-2汇总了2018年国家部委颁布的金融财税政策。

表2-2 2018年国家部委颁布的金融财税政策

出台时间	政策措施	部门	文号
2月11日	《关于2018年推动银行业小微企业金融服务高质量发展的通知》	中国银监会办公厅	银监办发〔2018〕29号
5月22日	《银行业金融机构联合授信管理办法(试行)》	中国银保监会	银保监发〔2018〕24号
7月11日	《关于进一步扩大小型微利企业所得税优惠政策范围的通知》	财政部、税务总局	财税〔2018〕77号
8月17日	《关于进一步做好信贷工作 提升服务实体经济质效的通知》	中国银保监会办公厅	银保监办发〔2018〕76号
9月5日	《关于金融机构小微企业贷款利息收入免征增值税政策的通知》	财政部、税务总局	财税〔2018〕91号

资料来源:根据中国中小企业信息网资料整理。

三、产业政策

2018年1月15日,为加快推进智能制造综合标准化工作,加强顶层设计,构建智能制造综合标准体系,发挥智能制造标准的规范和引领作用,工业和信息化部、国家标准化管理委员会组织开展智能制造综合标准化体系建设研究工作,形成了《国家智能制造标准体系建设指南(2018年版)》(征求意见稿)。

为深入贯彻国务院关于减轻市场主体负担的有关要求,进一步规范可再生能源行业管理,减轻可再生能源企业(含其他机构和个人投资者)投资经营负担,促进可再生能源成本下降,支持可再生能源相关实体经济健康发展,2018年4月2日,国家能源局印发《关于减轻可再生能源领域企业负担有关事项的通知》(国能发新能〔2018〕34号)。

为进一步规范我国光伏产业发展,推动产业转型升级,促进我国光伏产业迈向全球价值链中高端,2018年4月19日,工业和信息化部、住房和城乡建设部、交通运输部、农业农村部、国家能源局、国务院扶贫办六部门联合印发《智能光伏产业发展行动计划(2018—2020年)》(工信部联电子〔2018〕68号)。

纺织工业作为我国传统支柱产业、重要民生产业和国际竞争优势产业,在中国特色社会主义进入新时代的大背景下,又被赋予了"创新驱动的科技产业、责任导向的绿色产业和文化引领的时尚产业"的新定位,工业和信息化部与中国纺织工业联合会于2018年12月1日指导制定了《纺织行业产融结合三年行动计划》,发布了重点培育拟上市企业名单等。

表2-3汇总了2018年国家部委颁布的产业政策。

表2-3 2018年国家部委颁布的产业政策

出台时间	政策措施	部门	文号
1月15日	《国家智能制造标准体系建设指南(2018年版)》(征求意见稿)	工业和信息化部、国家标准化管理委员会	——
4月2日	《关于减轻可再生能源领域企业负担有关事项的通知》	国家能源局	国能发新能〔2018〕34号
4月19日	《智能光伏产业发展行动计划(2018—2020年)》	工业和信息化部、住房和城乡建设部、交通运输部、农业农村部、国家能源局、国务院扶贫办	工信部联电子〔2018〕68号
12月1日	《纺织行业产融结合三年行动计划》	工业和信息化部、中国纺织工业联合会	——

资料来源:根据中国中小企业信息网资料整理。

四、创新创业政策

2018年1月31日,国家发展改革委、国家开发银行联合印发《关于加强政银企合作扎实推进返乡创业工作的通知》(发改就业〔2018〕143号),进一步指导各地加强政银企合作、搭建贷款承接平台体系、推动贷款项目更好落地,深入推进开发性金融支持返乡创业有关工作,助力脱贫攻坚,加快乡村振兴。

为进一步支持创业投资发展,2018年5月14日,财政部和税务总局联合发布

《关于创业投资企业和天使投资个人有关税收政策的通知》(财税〔2018〕55号)。

就业是最大的民生,也是经济发展最基本的支撑。近年来,各地区、各部门深入实施就业优先战略和积极就业政策,不断加强和改善以就业为底线的宏观调控,就业形势总体平稳、稳中向好。但同时也要看到,当前和今后一段时间,受产业结构转型升级及国际国内各种不确定不稳定因素的影响,结构性就业矛盾仍然存在。为此,要深入贯彻落实习近平新时代中国特色社会主义思想和党的十九大精神,按照中央经济工作会议和《政府工作报告》部署,加快建设实体经济与人力资源协同发展的产业体系,大力发展实体经济,着力稳定和促进就业,更好保障和改善民生,2018年7月10日,国家发展改革委、教育部、科技部、工业和信息化部、人力资源和社会保障部、商务部等17部门联合印发《关于大力发展实体经济积极稳定和促进就业的指导意见》(发改就业〔2018〕1008号)。

当前和今后一段时期,要深入贯彻落实党中央、国务院的决策部署,抢抓发展机遇,大力发展数字经济稳定并扩大就业,促进经济转型升级和就业提质扩面互促共进。为此,2018年9月18日,国家发展改革委、教育部、科技部、工业和信息化部等19部门联合发布《关于发展数字经济稳定并扩大就业的指导意见》(发改就业〔2018〕1363号)。

为进一步鼓励创新创业,2018年11月1日,财政部、税务总局、科技部、教育部就科技企业孵化器、大学科技园、众创空间有关税收政策发布《关于科技企业孵化器 大学科技园和众创空间税收政策的通知》(财税〔2018〕120号)。

为深入贯彻党的十九大精神和习近平总书记在全国教育大会上的重要讲话精神,全面落实国务院《关于大力推进大众创业万众创新若干政策措施的意见》(国发〔2015〕32号)和《关于做好当前和今后一个时期促进就业工作的若干意见》(国发〔2018〕39号)等政策要求,大力推进技工院校学生创业创新工作,促进实现更高质量就业,2018年12月18日,人力资源和社会保障部办公厅印发《关于推进技工院校学生创业创新工作的通知》(人社厅发〔2018〕138号)。

表2-4汇总了2018年国家部委颁布的创新创业政策。

表2-4 2018年国家部委颁布的创新创业政策

出台时间	政策措施	部门	文号
1月31日	《关于加强政银企合作扎实推进返乡创业工作的通知》	国家发展改革委、国家开发银行	发改就业〔2018〕143号

（续表）

出台时间	政策措施	部门	文号
5月14日	《关于创业投资企业和天使投资个人有关税收政策的通知》	财政部、税务总局	财税〔2018〕55号
7月10日	《关于大力发展实体经济积极稳定和促进就业的指导意见》	国家发展改革委、教育部、科技部、工业和信息化部、人力资源和社会保障部、商务部等17部门	发改就业〔2018〕1008号
9月18日	《关于发展数字经济稳定并扩大就业的指导意见》	国家发展改革委、教育部、科技部、工业和信息化部等19部门	发改就业〔2018〕1363号
11月1日	《关于科技企业孵化器 大学科技园和众创空间税收政策的通知》	财政部、税务总局、科技部、教育部	财税〔2018〕120号
12月18日	《关于推进技工院校学生创业创新工作的通知》	人力资源和社会保障部办公厅	人社厅发〔2018〕138号

资料来源：根据中国中小企业信息网资料整理。

第二节　各地中小微企业扶持政策

2018年国家各部委针对中小微企业发展连出政策组合拳，多层面、全方位推动中小微企业健康发展。为了贯彻中央精神，落实中央扶助中小微企业的各项政策，各地纷纷落实扶持工作，在支持民营经济发展、融资担保、创新创业、优化营商环境、支持上市、信用体系建设等方面出台多项条例、意见、通知、管理办法等条文、规章制度，多举措、系统化推动中小微企业发展。

一、中小微企业综合扶持措施

在中小微企业综合扶持措施方面，各地争相出台规章制度、政策措施，与国家部委各项扶持政策相呼应（见表2-5）。

表 2-5　2018 年各地法规扶持中小微企业政策汇总

地区	扶持举措
陕西	《支持实体经济发展若干财税措施的意见》 《中小企业融资渠道拓展行动计划》
山东	《日照市人民政府办公室关于政府采购促进企业发展的实施意见》 青岛市出台《2018 全市扶助小微企业专项行动计划》
海南	《海南省中小企业公共服务示范平台认定管理办法(暂行)》
重庆	《关于进一步支持中小微企业发展政策措施》
甘肃	《甘肃省 2018 年扶助小微企业专项行动实施方案》 《甘肃省推动中小企业"专精特新"高质量发展实施方案(2018—2020 年)》
福建	《三明市小微企业科技成果购买补助管理办法(试行)》
河北	《邯郸市科技型中小企业研发经费投入补助实施办法》 《关于进一步支持全省中小企业发展十条措施的通知》 中小企业"1+N"服务计划
山西	《关于进一步深化小微企业金融服务缓解融资难融资贵的意见》
辽宁	《大连市建立中小企业新产品推动应用保险补偿机制》
北京	《关于进一步深化北京民营和小微企业金融服务的实施意见》

资料来源:根据中国中小企业信息网资料整理。

2018 年 1 月,陕西省财政厅新闻发言人、副厅长刘红春解读《支持实体经济发展若干财税措施的意见》。陕西省将通过减轻企业税收负担、加大收费清理和降费力度、促进供给侧结构性改革、支持科技创新和成果转化、支持多渠道融资等 30 条政策,破解实体经济发展中遇到的瓶颈制约,全方位支持陕西省实体经济发展。

2 月,为充分发挥政府采购的政策功能,山东省日照市制定了《日照市人民政府办公室关于政府采购促进企业发展的实施意见》,提出了一系列政府采购支持中小企业发展的措施,助推中小企业参与政府采购市场竞争,增强企业竞争力,促进经济稳定增长:一是"强认识",二是"促互联",三是"留份额",四是"降门槛",五是"享优惠",六是"助融资",七是"重考核"。

为进一步促进大连市民营经济发展和中小企业转型升级及新产品得到广泛应

用,并有效降低中小企业创新成果转化中存在的风险,经大连市政府批准,大连市经济和信息化委员会、大连市财政局、大连保监局决定开展为期3年的中小企业新产品推广应用保险补偿机制试点工作。

贵州省积极发挥中小微企业吸纳高校毕业生就业主渠道作用,鼓励中小微企业在适应供给侧结构性改革、推进产业优化升级以及发展新经济、培育新动能过程中,进一步开发有利于发挥高校毕业生专长的管理型、技术型就业岗位,引导新兴业态与传统行业融合发展,支持发展就业新模式、新形态。

3月,为贯彻落实《中华人民共和国中小企业促进法》(以下简称《中小企业促进法》),海南省人民政府制定了促进中小企业发展的政策措施,引导中小企业公共服务平台不断提高聚集服务资源的能力、完善服务功能,促进中小企业创新创业发展,海南省工业和信息化厅制定出台了《海南省中小企业公共服务示范平台认定管理办法(暂行)》。

山东省中小企业局在济南召开全省中小企业新旧动能转换政策宣贯大会,系统培训中小企业新旧动能转换重大政策措施和新修订的《中小企业促进法》,全力推进中小企业由高速增长向高质量发展转变。

重庆市中小企业局牵头出台了《关于进一步支持中小微企业发展政策措施的通知》,聚焦企业需求,坚持"市场主导、政府助推、补齐短板、注重绩效"原则,分别从助推企业成长、促进企业融资、支持创新创业、加强公共服务、强化评价激励等5个方面提出20条措施精准施策,实施中小企业"万千百十"五年成长梯次培育计划。

4月,陕西省通过实施法律政策落实、市场主体培育、县域工业集中区建设、科技创新、融资难题破解、服务体系建设六大举措,推动中小企业追赶超越发展。陕西省积极推动中小企业上市,实施"中小企业融资渠道拓展行动计划",通过建立省级拟挂牌新三板后备企业资源库和专家团、出台奖励政策、分层培训、推动银行业金融机构推出特色产品等举措,强力推进中小企业在新三板挂牌上市。

甘肃省工信厅印发的《甘肃省2018年扶助小微企业专项行动实施方案》明确提出,2018年,甘肃省委深入贯彻落实《中小企业促进法》,在全省范围内开展以"落实促进法、转型促发展"为主题,以"宣法普法、营造环境、提升能力、强质增效"为重点的扶助中小微企业专项行动,促进中小微企业提质增效和转型发展。

5月,为支持和鼓励小微企业购买先进科技成果,促进科技成果在三明市转化应用,福建省三明市科技与知识产权局联合相关部门下发了《三明市小微企业科技成果购买补助管理办法(试行)》,正式启动小微企业科技成果购买补助工作,单个企业当年最高补助额度可达100万元。

青岛市经济和信息化委员会发布《2018全市扶助小微企业专项行动计划》,该计划经对全市各级各类平台提报活动优化精选,形成全市三级平台网络年度公益及优惠服务活动计划表,从政务信息服务、融资服务、技术服务、培训与创业、市场开拓、信息化等多方面为全市中小微企业提供精准服务。

6月,福建省泉州市启动了中小企业"1+N"服务计划,即以1个泉州市中小企业公共服务平台为纽带,充分发挥国家级中小企业公共服务示范平台的功能和引领作用,带动N个入驻平台网络的战略合作机构,每年协同组织开展一百场针对中小企业的服务活动,内容涵盖人才培训、人才推介、管理咨询、技术创新、企业融资、法律援助等。

7月,根据原国家质检总局《"服务零距离、质量零缺陷"中小企业质量技术服务行动工作方案》和《"百个产业集聚区、百种重点产品和服务"质量提升行动工作方案》,河北省充分发挥质检技术优势,积极探索建立符合市场经济规律的服务新模式,实施精准帮扶,不断提高中小企业的质量意识和质量能力,有效地提升了中小企业的质量管理水平和核心竞争力。

8月,邯郸市出台了《邯郸市科技型中小企业研发经费投入补助实施办法》,建立健全激励机制,引导科技型中小企业加大研发经费投入。经费补助以创新主体的研发经费内部投入为依据,采用"后补助"方式,既促进了科研管理模式从"重立项"向"重结果"转变,提升了财政科技资金使用的安全性和效能性,又调动了企业加强科研投入的积极性。

9月,福建省通过"个转企""小升规""规改股""股上市",在中小企业的各个成长环节给予支持,实现梯度培养"跟踪"企业成长,促进福建省中小企业实现了高质量发展,持续为经济发展注入新活力。

此外,福建省人民政府发布了《关于进一步支持全省中小企业发展十条措施的通知》,从财政支持、加强融资、实施梯度培养等方面支持中小企业发展。福建省还设立中小企业发展专项资金,以支持中小企业创新和融资等需求。

10月,乌鲁木齐中小企业公共服务平台正式启动。今后,乌鲁木齐市11 000多家中小微企业足不出户,就可通过该平台享受八大服务,增强企业市场竞争力,助力乌鲁木齐经济高质量发展。

由河北省工信厅主办的京津冀中小企业创业创新服务对接活动暨河北省跨部

门中小企业政策信息发布平台启动仪式在保定市3S双创社区举办,主题为"融智京津冀 服务中小微"。

11月,山西省发布了《山西省人民政府关于进一步深化小微企业金融服务缓解融资难融资贵的意见》。其中要求,向小微企业贷款禁止收取承诺费、资金管理费,严格限制收取财务顾问费、咨询费,减少融资附加费用。对此,山西银保监局在违规收费举报机制的基础上,联合山西省金融办、省中小企业局建立沟通协调机制,对银行机构乱收费行为进行严肃查处。

中国人民银行营业管理部联合北京市多个部门共同组织召开了"北京深化民营和小微企业金融服务推进会",并发布了《关于进一步深化北京民营和小微企业金融服务的实施意见》,提出了20条支持措施,引导金融机构将更多资金用于支持民营企业和小微企业发展。

12月,为实现中小企业"专精特新"转型发展,加快培育"行业小巨人",甘肃省促进中小企业发展工作领导小组制定出台了《甘肃省推动中小企业"专精特新"高质量发展实施方案(2018—2020年)》。

二、支持民营经济发展措施

在2018年各地扶持中小微企业发展的各项措施中,支持民营经济发展的各项措施成为亮点。各地纷纷从优化政务环境、优化市场环境、优化金融环境、优化创新环境、优化法治环境、优化服务环境、优化社会环境、优化政策环境等方面,全面支持当地民营经济发展(见表2-6)。

表2-6 2018年各地支持民营经济发展政策汇总

地区	扶持举措
广东	《广东省推进个体工商户转型升级 促进经济结构优化的若干政策措施》 《广东省降低制造业企业成本支持实体经济发展的若干政策措施(修订版)》 《中共广东省委办公厅 广东省人民政府办公厅关于促进民营经济高质量发展的若干政策措施》 《关于大力支持民营及中小企业发展壮大的若干措施》 《关于加强金融支持广州市民营企业发展的实施意见》 《关于以更大力度支持民营经济发展的若干措施》 《关于为促进民营经济健康发展提供司法保障的实施意见》 《关于充分发挥职能作用 为民营企业发展营造良好法治环境的实施意见》

（续表）

地区	扶持举措
西藏	《全区住房城乡建设领域支持非公有制经济发展10项措施》 《关于支持民营企业发展的十条意见》 《关于进一步做好民营企业金融服务工作的实施意见》
北京	《关于进一步深化北京民营和小微企业金融服务的实施意见》
上海	《关于进一步加强民营企业和科技创新企业金融服务的实施意见》 《关于全面提升民营经济活力 大力促进民营经济健康发展的若干意见》
天津	《非公经济组织人员和自由职业者职称申报评审实施办法》 《农业系统支持民营经济发展二十条措施》 《关于进一步深化民营和小微企业金融服务的实施意见》
浙江	《关于开展助力民营经济再创新辉煌工作的实施意见》 《关于高水平建设人才生态最优市的40条意见》 《关于推进清廉民营企业建设的实施意见》 《关于促进民营经济高质量发展的实施意见》 《关于充分履行检察职能依法保障服务民营经济健康发展的意见》 《充分发挥税收职能作用促进民营经济高质量发展的若干意见》 《桐乡市关于进一步支持民营经济稳定健康发展的若干意见》 《金华市人民政府关于加快民营经济高质量发展的若干政策意见》 《关于进一步深化浙江省民营和小微企业金融服务的意见》 《海盐县市场监督管理局服务民营经济高质量发展若干举措》
陕西	《西安市民营经济补短板促发展实施方案》 《关于鼓励社会力量兴办教育促进民办教育健康发展的实施意见》 《西安高新区关于促进民营经济发展的十条措施》 《关于解决民营企业融资困难问题的十一条意见》 《关于依法保障和促进民营经济健康发展的意见》 《关于推动民营经济高质量发展的若干意见》 《关于支持民营企业高质量发展的意见》 《关于依法服务和保障民营经济健康发展的意见》
山东	《关于支持非公有制经济健康发展的实施意见》 《关于落实〈中共山东省委、山东省人民政府关于支持非公有制经济健康发展的十条意见〉的实施方案》 《关于支持非公有制经济健康发展的若干政策措施》 《中共枣庄市委、枣庄市人民政府关于支持非公有制经济健康发展的实施意见》

(续表)

地区	扶持举措
	《中共潍坊市委 潍坊市人民政府关于进一步优化营商环境支持非公有制经济健康发展的意见》 《加快全市民营经济新旧动能转换行动方案（2018—2020年）》 《〈中共青岛市委 青岛市人民政府关于大力培育市场主体加快发展民营经济的意见〉实施细则》 《关于支持非公有制经济健康发展的实施意见》 《关于支持民营经济高质量发展的若干意见》 《德州市人民政府关于支持民营经济高质量发展的意见》 《山东省人民检察院关于充分发挥检察职能依法服务和保障民营经济高质量发展的意见》 《关于进一步加强法治保障和法律服务支持民营企业发展的实施意见》 《关于印发共建服务保障全省民营经济高质量发展协作机制的通知》 《关于开展"结对联企 护航发展"活动的实施意见》 《关于支持民营经济高质量发展的十二条措施》
四川	《德阳市加快发展民营经济五十七条措施》 《关于营造企业家健康成长环境弘扬优秀企业家精神更好发挥企业家作用的实施意见》 《泸州市人民政府关于促进民间投资的意见》 《中共四川省委 四川省人民政府关于促进民营经济健康发展的意见》 《促进民营经济高质量发展若干政策措施》 《中共绵阳市委绵阳市人民政府关于促进民营经济健康发展的意见》 《促进民营经济健康发展"春风行动"方案》 《关于促进民营经济健康发展的若干政策措施》 《促进民营经济健康发展十一条措施》 《服务民营经济工作二十条措施》
黑龙江	《关于促进民营经济加快发展的暂行办法》 《关于建立联动工作机制依法维护非公有制企业合法权益促进非公有制经济健康发展的意见》 《黑龙江省检察机关服务民营经济十条措施》 《黑龙江省高级人民法院关于为民营经济发展提供有力司法服务和坚强司法保障的意见》 《关于哈尔滨市纪检监察机关服务民营企业营造良好发展环境的十项规定》 《关于银行保险机构支持民营企业发展若干措施》

（续表）

地区	扶持举措
江苏	《关于鼓励社会力量兴办教育促进民办教育健康发展的实施意见》 《关于进一步激发民间投资活力促进经济高质量发展的实施意见》 《南京市进一步激发民间有效投资活力促进经济持续健康发展的若干措施》 《宿州市公安局服务民营经济发展30条措施》 《中共南京市委 南京市人民政府关于支持民营经济健康发展的若干意见》 《关于支持民营企业发展的若干意见》 《关于充分发挥检察机关职能作用依法服务保障民营企业健康发展的意见》 《关于充分发挥政法机关职能作用依法保障和服务民营企业健康发展的意见》 《靖江市关于进一步降低企业负担 促进实体经济高质量发展30条政策措施》 《关于促进民营经济高质量发展的若干政策措施》 《关于加强协作配合依法保障和促进民营经济健康发展的若干意见》
河南	《关于鼓励社会力量兴办教育进一步促进民办教育健康发展的实施意见》 《关于鼓励民间资本参与政府和社会资本合作（PPP）项目的实施意见》 《关于促进个体工商户转型为小微企业工作的实施意见》 《关于优化营商环境激发民间有效投资活力的实施意见》 《关于促进非公有制经济健康发展的若干意见》 《关于支持民营经济健康发展的金融政策措施》 《关于促进民营经济健康发展的若干意见》 《关于充分发挥司法职能服务保障民营企业高质量发展的30条意见》 《关于为优化营商环境提供司法服务和保障的实施意见》 《河南省民营企业信用融资倍增计划实施方案》
福建	《关于全面放开养老服务市场提升养老服务质量的实施方案》 《福建省民企产业项目第三方招商引资奖励办法（试行）》 《关于加强莆田市住宅区配建养老服务设施建设、移交与管理工作的通知》 《福州市促进民营经济健康发展的若干意见》 《关于促进民营经济健康发展的若干意见》 《进一步支持民营企业健康发展行动方案》 《关于加快民营企业发展的若干意见》 《宁德市促进民营企业加快发展的若干措施》 《关于降低企业成本促进民营经济健康发展若干措施的通知》 《关于促进民营经济健康发展的若干措施》 《厦门市中级人民法院关于服务保障民营经济健康发展的十条措施》 《关于促进民营经济健康发展实施细则》 《关于支持民营经济健康发展的若干措施》

（续表）

地区	扶持举措
辽宁	《关于加快民营经济发展若干意见》 《沈阳市促进民营经济发展若干政策措施》 《丹东市公安局服务民营企业15项新举措》 《阜新市关于加快民营经济发展的实施意见》 《全省金融机构支持民营企业发展奖励办法》 《锦州市支持民营经济发展壮大的若干意见》 《辽宁省司法厅支持保障民营企业发展十二项措施》
山西	《关于进一步激发民间有效投资活力促进经济转型发展的若干措施》 《关于进一步深化小微企业金融服务缓解融资难融资贵的意见》 《关于为民营经济发展提供有力高效司法服务和保障的意见》 《中共大同市委 大同市人民政府鼓励和支持民营企业发展的"二十条"政策措施》 《关于支持民营企业发展的实施意见》
贵州	《贵州省人民政府关于进一步激发民间有效投资活力促进经济持续健康发展的实施意见》 《贵州省检察机关在刑事检察司法办案中服务和保障民营经济发展46条指导意见》
甘肃	《关于促进全州民办（民营）幼儿园改革发展意见》 《关于进一步支持非公有制经济发展的若干意见》 《白银市检察机关服务和保障非公经济健康发展的意见（试行）》 《进一步优化营商环境促进非公有制经济发展的实施意见》 《关于进一步支持非公有制经济发展的意见》 《关于贯彻中共甘肃省委 甘肃省人民政府关于进一步支持非公有制经济发展的若干意见的实施意见》 《关于大力促进民营经济健康发展的实施意见》 《关于全力支持民营经济发展的28条措施》
重庆	《关于全面优化营商环境促进民营经济发展的意见》 《关于进一步营造企业家健康成长环境 弘扬优秀企业家精神 更好发挥企业家作用的实施意见》 《全市环保系统优化营商环境促进民营经济发展十条措施》 《关于政法机关服务民营经济发展的实施意见》 《国家税务总局重庆市税务局关于认真落实促进民营经济发展若干措施的通知》 《支持民营经济发展十六条措施》

(续表)

地区	扶持举措
湖北	《关于加大扶持力度促进民营经济发展的实施意见》 《关于进一步激发民间有效投资活力促进经济持续健康发展的实施意见》 《促进民营经济发展三十条政策措施》 《关于全省纪检监察机关服务保障企业发展的十二条措施》 《省住建厅关于服务建筑业民营企业发展的十条措施》
湖南	《关于促进民营经济高质量发展的意见》
河北	《河北省人民政府关于积极有效利用外资推动经济高质量发展的实施意见》 《关于大力发展民营经济的实施意见》 《沧州市大力发展民营经济的实施意见》 《关于大力发展民营经济的意见》 《关于大力促进民营经济高质量发展的若干意见》 《中共张家口市委 张家口市人民政府关于大力发展民营经济的意见》 《关于支持服务民营经济高质量发展的政策措施》 《关于支持民营经济高质量发展的九条政策措施》 《关于进一步激发民间有效投资活力全面推进全省经济高质量发展的实施意见》
青海	《关于进一步加强全省非公经济和社会组织党建工作指导员队伍建设的意见》
内蒙古	《包头市支持非公有制经济健康发展的十条政策措施》 《关于促进民营经济高质量发展若干措施》 《内蒙古自治区人民检察院关于依法保障和服务民营经济高质量发展的十五条措施》
安徽	《关于大力促进民营经济发展的若干意见》 《关于大力促进民营经济发展的实施意见》 《中共马鞍山市委 马鞍山市人民政府关于进一步加快民营经济发展的实施意见》 《中共芜湖市委 芜湖市人民政府关于大力支持民营经济发展的实施意见》 《中共滁州市委 滁州市人民政府关于大力促进民营经济发展的实施意见》 《关于公证服务和促进民营企业发展的意见》 《全市政法机关服务保障民营经济发展实施意见》 《安徽省自然资源厅关于落实大力促进民营经济发展若干意见的通知》
宁夏	《关于促进民营经济健康发展的若干意见》 《自治区人民政府办公厅关于设立宁夏回族自治区政策性纾困基金的通知》 《支持民营企业发展20条措施》

（续表）

地区	扶持举措
吉林	《关于全面优化营商环境深入推进民营经济大发展的意见》 《吉林省政法机关依法保障促进民营企业健康发展三十条意见》
江西	《萍乡市促进民营经济高质量发展若干政策措施》 《江西省应急管理厅关于支持和服务民营企业发展的若干意见》
海南	《海南省检察机关关于服务保障民营经济健康发展的16条措施》

资料来源：根据中国中小企业信息网资料整理。

2018年1月，东营市委、市政府印发文件，就深入贯彻落实《中共山东省委 山东省人民政府关于支持非公有制经济健康发展的十条意见》精神，推动东营市非公有制经济在加快新旧动能转换中实现健康快速发展，提出十条意见：一是优化非公有制经济发展政务环境，二是畅通民间资本投资渠道，三是建立健全融资新机制，四是促进非公有制企业创新创造，五是推动建立现代企业制度，六是加强诚信体系建设，七是合理减轻企业税费负担，八是培育高素质非公有制企业家队伍，九是引导民营企业"走出去"，十是精准保护非公有制企业产权。

《德阳市加快发展民营经济五十七条措施》出台，大力支持和鼓励全市民营经济发展。该措施涵盖建立督导机制、支持企业转型升级、支持企业"走出去"、鼓励军民融合发展、支持民企多渠道融资、加大财税金融支持力度、加强民营经济发展要素保障、提升政务服务等八个方面内容，是对民营经济发展改革的重大突破。

2月，济南市委、市政府召开新闻发布会，向社会发布了《关于支持非公有制经济健康发展的若干政策措施》。一是创建最优营商环境，二是拓宽企业发展空间，三是保障企业用地需求，四是破解企业融资难题，五是强力推进"四新"促"四化"，六是支持企业创新创业，七是发挥信用激励作用，八是合理降低税费负担，九是加强企业家队伍建设，十是引导企业"走出去"。

本溪市委、市政府出台《关于加快民营经济发展若干意见》，全面促进民营企业技术创新、产品升级、开拓市场、引进人才，不断推进本溪市民营经济快速发展。

河南省发改委下发《关于鼓励民间资本参与政府和社会资本合作（PPP）项目的实施意见》，从细化落实PPP政策、规范实施PPP项目等方面提出了多项具体措施。

3月，山西省人民政府办公厅印发《关于进一步激发民间有效投资活力促进经济转型发展的若干措施》,从平等对待各类市场主体、深化"放管服效"改革、支持民间投资转型发展、着力降低企业经营成本、提供多样化融资服务、稳定市场预期和投资信心、构建"亲""清"新型政商关系等7个方面,提出了26条具体措施。

甘肃省委、省政府下发《关于进一步支持非公有制经济发展的若干意见》,从着力营造公平开放的市场准入环境,持续加大政策、财税等扶持力度,重点破解融资难题,大力优化发展环境,积极提供坚强保障等5个方面,提出了19条具体措施。

4月,西藏自治区住房和城乡建设建厅制定出台了《全区住房城乡建设领域支持非公有制经济发展10项措施》。在全面放开市场准入方面,将落实"非禁即入""非限即入"。全区住建经营性领域对非公有制企业全面放开,凡取得营业执照和相应资质的,即可开展业务。

福建省莆田市人民政府办公室发出《关于加强莆田市住宅区配建养老服务设施建设、移交与管理工作的通知》。

烟台市委、市政府印发《关于支持非公有制经济健康发展的实施意见》,提出38条措施支持非公有制经济健康发展。

5月,河北省发改委召开新闻发布会,对《关于进一步激发民间有效投资活力全面推进全省经济高质量发展的实施意见》进行解读。政府服务层面,深入推进"放管服"改革,提出持续推进简政放权改革、深化投资体制改革、深化商事制度改革、完善清单管理制度、转变监督管理方式、提高政务服务水平和全面清理核查民间投资项目报建审批事项7条政策措施。政策支持层面,从全力破解民间投资项目瓶颈制约、切实降低企业经营成本、大力支持民间投资项目3个方面提出9条政策措施。市场环境层面,为民营企业和民间投资营造良好的营商环境,提出构建新型政商关系、着力稳定市场预期、加强政务诚信建设和狠抓政策落地见效4条政策措施。

6月,泸州市人民政府印发《关于促进民间投资的意见》,从放宽民间投资市场准入、加强民间投资要素保障、加大民间投资资金支持力度、深入推进"放管服"改革和切实增强民营企业获得感5个方面,为促进民间投资"定制"了18条"干货"。

河北省委、省政府出台关于大力发展民营经济的意见,进一步拓展民间投资领域,对民间投资实行非禁即入、非禁即准政策,大幅放宽电力、电信、交通、市政公用设施等领域的市场准入,进一步扩大新型城镇化、军民融合技术、社会领域产业的民间投资。

7月,重庆市发布《关于进一步营造企业家健康成长环境 弘扬优秀企业家精神 更好发挥企业家作用的实施意见》,提出要进一步营造依法保护企业家合法权益的法治环境,依法保护企业家财产权、创新权益、自主经营权等。

8月,河北省人民政府印发《关于积极有效利用外资推动经济高质量发展的实施意见》,提出以高水平投资自由化、便利化政策推动建立更加公平透明便利、更有吸引力的投资环境,大力提升河北省利用外资规模水平,促进经济高质量发展。

重庆市公安局服务民营经济发展新10条包括:一是深化涉企审批服务改革,二是延伸拓展管理服务方式,三是改进优化监督管理机制,四是加强企业周边治安治理,五是建立风险隐患防范机制,六是加强矛盾纠纷排查化解,七是预防企业人员职务犯罪,八是依法审慎适用强制措施,九是完善联系企业常态机制,十是增强服务发展工作实效。

9月,河南银监局联合河南省政府金融办、人民银行、证监局、保监局等印发《关于支持民营经济健康发展的金融政策措施》。一是加大对民营企业信贷支持,二是完善金融服务体系,三是发挥保险融资和风险保障功能,四是降低民营企业融资成本,积极为企业减费让利,降低企业负担。

黑龙江省高级人民法院与省工商业联合会出台《关于建立联动工作机制 依法维护非公有制企业合法权益 促进非公有制经济健康发展的意见》,通过建立联席会议、诉调对接等联动工作机制,充分发挥职能作用,依法保护非公有制经济,促进非公有制经济转型升级和健康有序发展。

10月,包头市委办公厅、市政府办公厅下发《包头市支持非公有制经济健康发展的十条政策措施》。措施明确:一是进一步放宽和规范市场准入,二是全力打造优质高效政务环境,三是严格落实各项减税降费政策,四是依法保护民营企业合法权益,五是坚决破解民营企业融资难题,六是积极鼓励支持民营企业上市,七是大力支持非公有制经济创新发展,八是培养壮大优秀民营企业家队伍,九是积极营造尊重关心民营企业的氛围,十是着力强化对非公有制经济的服务保障。

11月,山东省出台《关于支持民营经济高质量发展的若干意见》,聚焦民营企业反映突出的痛点、难点、堵点问题,在围绕减轻企业税费负担、增强民营企业竞争力,解决民营企业融资难融资贵问题、提升金融服务水平,营造公平竞争环境、拓宽民营经济发展领域,构建亲清政商关系、全面优化政务服务,保护企业家人身和财产安全、维护民营企业合法权益,完善政策执行方式、充分发挥政策效应等6个方面提出了35条政策措施。

人民银行广州分行联合广州市委统战部、市工业和信息化委员会、市科技创新委员会、市金融工作局等五部门印发《关于加强金融支持广州市民营企业发展的实施意见》,从增强对民营企业的信贷支持、丰富民营企业融资渠道、优化配套金融措施、强化保障和监督等4个方面提出了19条举措。

甘肃省市场监督管理局出台《关于全力支持民营经济发展的28条措施》,在放宽市场准入、提升服务效能、维护市场秩序、构建诚信体系等4个方面支持民营经济大发展、快发展。

12月,福建省委、省政府发布《关于加快民营企业发展的若干意见》,涵盖拓宽民营企业发展空间、切实减轻民营企业负担、化解民营企业融资难、鼓励民营企业创新转型、创造公平竞争的市场环境、保障民营企业合法权益等内容。

中共辽宁省委、辽宁省人民政府印发《关于加快民营经济发展的若干意见》,从营造公平竞争环境、降低民营企业生产经营成本、解决民营企业融资难融资贵问题、推动民营企业创新发展、依法保护民营企业和民营企业家合法权益、保障措施等6个方面提出了23条具体意见。

湖南省委、省政府发布《关于促进民营经济高质量发展的意见》,从降低税费负担、缓解民营企业融资难融资贵、营造公平竞争环境、增强民营经济核心竞争力、构建亲清新型政商关系、维护民营企业合法权益、保障政策落地落实7个方面,细化制定了25条"干货"十足的政策措施,并逐条明确牵头负责单位,务求推动全省民营经济高质量发展。

三、融资担保措施

融资问题成为制约中小微企业发展的瓶颈,破解"融资难、融资贵"问题成为推动中小微企业发展的关键。2018年,各级政府为解决中小微企业融资问题,以深化供给侧结构性改革为主线,不断创新融资服务模式,拓展企业融资渠道,推动实体经济高质量增长、中小微企业创新发展(见表2-7)。

表2-7 2018年各地针对中小企业融资担保政策汇总

地区	扶持举措
海南	《海口市创业担保贷款实施办法》
甘肃	《甘肃省中小企业信用体系建设实施方案》 《甘肃省2018年扶助小微企业专项行动实施方案》 《甘肃省创业担保贷款实施办法》

（续表）

地区	扶持举措
福建	《厦门市小微企业还贷应急资金管理办法》 《厦门市小微企业还贷应急资金管理办法》 《福建省支持中小企业政府采购合同融资暂行办法》 《福建省科技型中小微企业贷款方案（试行）》 《厦门市中小微企业政策性融资担保实施办法》
云南	《云南省中小微企业贷款风险补偿资金管理办法（试行）》
北京	《关于进一步优化金融信贷营商环境的意见》
山东	《山东省政府采购合同融资管理办法》
河北	《2018年小微企业金融服务》 《关于支持银行业金融机构开展小微企业续贷业务的指导意见》 《河北省支持中小企业融资若干措施》 《关于进一步深化河北省小微企业金融服务的实施意见》
上海	《关于提升金融信贷服务水平优化营商环境的意见》
宁夏	《关于加强金融服务助力小微企业健康发展的若干意见》
江苏	《连云港市小微企业应收账款融资专项行动工作方案》
内蒙古	《呼和浩特市人民政府关于促进家庭服务业和物业管理健康发展若干政策的实施意见》
山西	《关于促进金融支持小微企业发展的实施意见》 《关于进一步深化小微企业金融服务缓解融资难融资贵的意见》
吉林	《关于进一步做好政府采购基金融资工作的通知》 《吉林银监局关于进一步做好小微企业金融服务工作的意见》
广东	《关于进一步推动深圳市中小企业改制上市和并购重组的若干措施》 《广东省人民政府办公厅关于促进小微工业企业上规模的实施意见》 《关于强化中小微企业金融服务的若干措施》 《关于支持银行业金融机构开展无还本续贷业务的指导意见》
广西	《关于深化广西小微企业金融服务有关政策措施的通知》
河南	《关于进一步深化小微企业金融服务实施细则》
浙江	《关于金融支持浙江省小微企业园高质量发展的意见》
江西	《关于做好当前和今后一个时期促进就业工作若干政策措施》

资料来源：根据中国中小企业信息网资料整理。

2018年1月,广西国税局与桂林银行在南宁签署"银税互动"战略协议。双方在依法合规、风险可控的前提下,探索线上信息交互渠道,完善信用信息共享机制,创新普惠金融服务,拓宽银税综合服务模式。

2月,云南省人民政府办公厅印发的《云南省中小微企业贷款风险补偿资金管理办法(试行)》明确规定,将设立规模为30亿元的风险补偿金,重点支持合作金融机构向无抵押、无质押、无担保的中小微企业发放贷款,以鼓励和引导金融机构向有融资需求的中小微企业发放贷款,促进全省经济社会持续健康发展。

3月,北京市金融工作局会同人民银行营业管理部、北京银监局联合印发了《关于进一步优化金融信贷营商环境的意见》。意见全文共14项,聚焦4个方面改善北京市金融信贷营商环境。意见发布之后,北京市各融资担保机构全力配合,解决小微企业融资难问题,将企业的融资贷款用时从过去的半年甚至10个月,缩短到最快两周完成。

4月,甘肃省工信委印发的《甘肃省2018年扶助小微企业专项行动实施方案》明确提出,甘肃省将在全省范围内开展扶助中小微企业专项行动,促进中小微企业提质增效和转型发展。不断缓解企业融资难、融资贵问题,以小微企业贷款风险补偿资金为依托,大力推动小微企业信用融资贷款工作。全年力争实现贷款2亿元,着力扶持一批有科技含量、成长性好、有发展前途、有较强就业吸纳能力的小微企业。

5月,宁夏回族自治区人民政府常务会议审议通过了《关于加强金融服务助力小微企业健康发展的若干意见》,针对小微企业融资难、融资贵问题出台了17条措施,提升金融供给能力,发挥货币政策、财税政策、监督管理政策和政府服务的协同作用,打通金融活水流向小微企业的"最后一公里"。

6月,吉林省启动系列措施促进中小企业创新发展,在金融领域将建立中小企业信贷激励机制,包括将银行对中小企业的信贷力度作为政府重大项目信贷银行审定条件,鼓励银行单列小微企业信贷计划等。

7月,深圳市印发《关于进一步推动深圳市中小企业改制上市和并购重组的若干措施》,从完善更强有力的上市培育工作机制、建立更高质量的上市后备资源队伍、营造更优良的上市培育政策环境、推行更周到的协调服务措施、提供更深入的上市企业后续服务、推动更活跃的上市企业并购重组等六大方面推出举措,促进深圳市形成以高新技术企业为主体、以细分行业龙头为特色,突出战略性新兴产业、境内境外上市和并购重组并举的产业经济发展新格局。

8月,吉林银监局制定印发《吉林银监局关于进一步做好小微企业金融服务工作的意见》。一是明确目标,二是单列信贷计划,三是减费让利,四是主动营销,五是积极作为,六是改进内部机制体制,七是增加网点供给,八是强化监督管理激励约束,九是严守风险底线,十是加强多方联动。

9月,为进一步改善厦门市民间投资环境,促进大众创业、万众创新,厦门市人民政府出台了《厦门市中小微企业政策性融资担保实施办法》,运用财政资金,通过担保的增信和杠杆作用,引导银行加大对中小微企业的融资支持力度。

10月,甘肃省人行兰州中心支行把小微企业金融服务工作作为金融支持实体经济的重要支点,通过加强部门联动、政策整合,从产品服务创新、担保体系搭建、政策工具运用、信用环境改善等方面多维发力、精准施策,引导全省金融机构持续创新金融产品和服务方式,扩大小微企业信贷投入和服务覆盖面,推动小微企业融资可得性逐步提高,融资成本合理下降,服务质量明显提升,信用环境显著改善。

11月,浙江省人民银行杭州中心支行会同浙江省经信厅出台《关于金融支持浙江省小微企业园高质量发展的意见》,从信贷支持、政策激励、产品创新、降低成本、风险防范5个方面提出了金融支持小微企业园发展的10条举措,指导浙江省金融机构聚焦小微企业园,支持浙江省小微企业集聚发展、创新发展。

河北省人民银行石家庄中心支行、省金融办等七部门联合下发《关于进一步深化河北省小微企业金融服务的实施意见》。意见要求,要增加小微企业信贷资金来源,建立再贷款投放和小微企业贷款发放正向激励机制,对地方法人金融机构当年新增的普惠口径小微贷款按一定条件优先给予小微企业再贷款支持,加大小微企业再贷款投放力度,推广"一次授信、多次发放"的再贷款发放模式。意见指出,要拓宽多元化融资渠道,各地要支持发展创业投资和天使投资。

12月,为进一步改善厦门市民间投资环境,促进大众创业万众创新,厦门市出台《厦门市中小微企业政策性融资担保实施办法》,运用财政资金,通过担保的增信和杠杆作用,引导银行加大对中小微企业的融资支持力度。

四、创新创业措施

"大众创业,万众创新"自2014年9月提出之后,在全国范围内掀起了一股创新创业的风潮。目前,从中央政府到地方政府陆续出台了一系列优惠政策支持创新创业(见表2-8)。

表 2-8 2017 年各地创新创业政策汇总

地区	扶持举措
河北	《科技企业孵化器培育活动实施方案》 《河北省科技创新三年行动计划（2018—2020 年）》
青海	《西宁市引进和培养高层次创新创业人才的意见（试行）》 《关于支持和鼓励事业单位专业技术人员创新创业的实施意见》
浙江	《关于促进中小微企业创新发展的若干意见》 《关于激励农业科技人员创新创业的意见》 《杭州市人民政府关于做好新形势下就业创业工作的实施意见》
山西	《关于科技创新推动转型升级的若干意见》
江西	《中共南昌市委 南昌市人民政府关于实施"天下英雄城 聚天下英才"行动计划的意见》
江苏	《江苏省中小企业知识产权战略推进工程实施方案（2018—2020）》 《关于深入推进大众创业万众创新发展的实施意见》 《关于做好江苏省富民创业担保贷款管理工作的通知》
浙江	《关于促进小微企业创新发展的若干意见》 《关于做好大学毕业生从事现代农业相关政策衔接落实工作的通知》
上海	《上海市鼓励创业带动就业专项行动计划（2018—2022 年）》 《关于促进浦东新区产业创新中心发展的实施方案》
广东	《深圳市人民政府办公厅关于进一步推动我市中小企业改制上市和并购重组的若干措施》 《广东省人民政府办公厅关于促进小微工业企业上规模的实施意见》
广西	《关于深化广西小微企业金融服务有关政策措施的通知》
天津	《天津市中小企业"专精特新"产品认定奖励办法》 《2018 年促进天津市中小企业"专精特新"产品认定奖励办法工作方案》
安徽	《"创业江淮"行动计划（2018—2020 年）》
甘肃	《甘肃省推动中小企业"专精特新"高质量发展实施方案（2018—2020 年）》
吉林	《关于进一步加强就业扶贫工作的通知》
宁夏	《关于充分发挥审判职能作用 促进企业家创新创业发展 大力激发市场主体发展活力的实施意见》
重庆	《关于确定首批重庆市社会工作创新创业基地的通知》

（续表）

地区	扶持举措
四川	《促进返乡下乡创业二十二条措施》
河南	《河南省"企业上云"行动计划（2018—2020年）》

资料来源：根据中国中小企业信息网资料整理。

2018年1月，西宁市印发《西宁市引进和培养高层次创新创业人才的意见（试行）》，全力打造西宁人才发展体制机制创新"升级版"，引育更多高层次人才来西宁创新创业。

2月，青海出台《关于支持和鼓励事业单位专业技术人员创新创业的实施意见》，支持和鼓励高校、科研院所等从事科研创新活动的事业单位的专业技术人员，通过挂职、参与项目合作、兼职、在职创办企业、离岗创业等形式，到企业开展创新创业工作或创办企业。

3月，吉林省人社厅联合省财政厅、省扶贫办共同印发了《关于进一步加强就业扶贫工作的通知》，出台了7条就业扶贫政策。一是扶持自主创业，二是扶持灵活就业，三是开发公益性岗位安置就业，四是鼓励用人单位吸纳就业，五是促进高校和中职毕业生就业，六是创建就业扶贫车间，七是创新项目制培训模式。

4月，重庆市中小企业局多措并举加大中小企业培育力度：一是联合市工商局建立"微升小"企业接力帮扶工作机制，加大帮扶力度；二是联合重庆市经济信息委制定规模工业增量企业培育举措，建立"小升规"企业培育库；三是实施"万千百十"中小企业成长培育计划，鼓励中小企业走"专精特新"发展之路。

5月，太原市人民政府正式出台《关于科技创新推动转型升级的若干意见》，重点引导激励企业特别是科技型中小企业进行技术创新。

6月，浙江省人民政府办公厅印发《关于促进小微企业创新发展的若干意见》，从融资创新、财税支持等具体方面，对小微企业的创新发展提供了支持。

7月，上海市浦东新区区委、区政府印发《关于促进浦东新区产业创新中心发展的实施方案》。方案提出了"项目法人化"和"1+X"协同创新网络的总体思路，建立新型运行管理机制，在治理结构、管办分离、绩效考评及分配激励等方面先行先试。

8月，宁夏高级人民法院公布《关于充分发挥审判职能作用 促进企业家创新创业发展 大力激发市场主体发展活力的实施意见》，引导企业家诚信经营、依法维权,着力营造依法保障企业家合法权益的良好法治环境和社会氛围。

天津市印发《2018年促进离校未就业高校毕业生就业创业工作方案》,确定2018年8月中旬至2019年6月,在全市实施"四个一批"专项行动,以确保高校毕业生得到有效就业帮扶。"四个一批"指的是开发岗位推动一批、创业创新扶持一批、就业见习留用一批和困难帮扶就业一批。

9月,福建省政府办公厅发出通知,强调要按照中央"六个稳"要求,落实福建省促进就业4个方面17条措施,坚决打好稳定和扩大就业的硬仗。

10月,安徽省人民政府发布《"创业江淮"行动计划(2018—2020年)》,出台多种政策激发各类群体创业热情。安徽省此次激励政策涉及高校毕业生、留学归国人员、返乡农民工、退役军人等多个群体,将提供金融、技术、培训、场地等创业服务。

11月,江苏省财政厅、省人社厅、人民银行南京分行联合发布《关于做好江苏省富民创业担保贷款管理工作的通知》,推出江苏富民创业担保贷款。富民创业担保贷款在原创业担保贷款的基础上,采取扩大创业贷款支持范围、加大贴息力度、提升审批效率等措施,进一步降低江苏省居民创业成本,激发全社会创业活力。

四川省人民政府办公厅印发《促进返乡下乡创业二十二条措施》,进一步加大对农民工、大学生和复员转业退役军人等人员返乡下乡创业的政策支持力度。

12月,重庆市民政局印发《关于确定首批重庆市社会工作创新创业基地的通知》,确定重庆市青年社会组织孵化基地、江北区北汇社会组织孵化基地、南岸区社区治理创新中心、西南大学文化与社会发展学院、四川外国语大学、重庆城市管理职业学院、重庆市第一社会福利院、重庆市冬青社会工作服务中心、重庆仁爱社会工作服务中心、重庆市民悦社会工作服务中心等10家单位为首批重庆市社会工作创新创业基地。

扬州采用"互联网+政策服务",建设扬州市小微企业"1+N"网络服务平台,打造永不打烊的网上服务大厅。

第三节 《关于促进中小企业健康发展的指导意见》解读

中共中央办公厅、国务院办公厅于2019年4月7日印发了《关于促进中小企业健康发展的指导意见》,并发出通知,要求各地区各部门结合实际认真贯彻落实。继2月14日就民营企业融资进行发文后,"两办"再次就中小微企业发展问题进行专门发文,反映出中央对中小企业融资的高度重视。

2019年政府工作报告明确提出竞争中性原则。要贯彻竞争中性原则,不仅是所有制中性(国有企业和民营企业、内资企业和外资企业),还客观要求在要素获取(包括金融资源获取)、准入许可、经营运行、政府采购和招投标等方面,对大企业和中小企业平等对待。竞争中性是进一步深化改革开放的重大趋势,支持中小企业发展已成为对内深化改革的重要内涵,对中小企业健康发展的重视已上升到国家战略层面。中国经济转型升级的过程具有长期性,在这一过程中,中小企业的健康发展是保持经济活力、解决就业问题、促进创新创业的重要保证。从2016年开始的供给侧结构性改革对企业盈利改善、经济企稳、通货膨胀回升发挥了重要作用,但最主要的受益群体是大企业,中小企业在淘汰过剩产能、环保限产的过程中利润受到挤压。《关于促进中小企业健康发展的指导意见》的发布,可能意味着对供给侧结构性改革副作用的修复。

一、对中小企业健康发展的重视已上升到国家战略层面

2018年下半年以来,针对宽货币到宽信用传导不畅、民营企业和中小微企业融资难融资贵问题,企业税费负担较重、盈利能力弱化问题,以及市场公平竞争问题,中央和各部委出台了一系列政策。此次出台的《关于促进中小企业健康发展的指导意见》,针对中小企业面临的生产成本上升、融资难融资贵、创新发展能力不足等难点、痛点,对2018年以来各项惠及民营企业和中小微企业的支持政策进行了总结和深化,从中共中央办公厅、国务院办公厅的高度,要求各相关责任主体贯彻落实,并通过新闻联播宣传报道,这意味着支持民营企业、中小微企业的发展创新作为对内深化改革的重要内容,已经上升到国家战略层面。

二、促进金融资源向民营企业和中小微企业倾斜

此次扶持的对象不仅仅是民营企业和小微企业,而是中小企业(从文件内容来看也涵盖微型企业),覆盖面更广,更有利于激发实体经济的活力。尤其是在创新发展方面,中型企业的地位和作用不亚于小微企业。在中国的金融体系中,大型企业、拥有政府信用的国有企业和城投平台等占据了绝大多数的金融资源。对于银行等大型金融机构来说,大型企业背景强大、实力雄厚、抵质押物多、信用资质好,同时单笔贷款额度大、交易费用低,成为首选的业务对象。而小微企业既缺乏抵质押物,又缺乏政府隐性担保,经营可持续性差,风险高、交易费用高,且银行对其缺乏完善的风险定价机制,成为融资市场的"弱势群体"。

包括《关于促进中小企业健康发展的指导意见》在内的一系列政策的实施,为民营企业和中小微企业融资提供了多方支持:在信贷领域,提出"两增两控"、增速30%以上、降低风险溢价、建立激励相容的监督管理考核机制、鼓励发放信用贷款、降低担保费率、开发续贷产品、推动大数据信用信息共享等政策;在债券融资领域,提出实施民营企业债券融资支持工具,发展高收益债券、私募债、双创专项债务融资工具、创业投资基金类债券、创新创业企业专项债券等产品,推进创新创业公司债券试点,完善创新创业可转债转股机制,研究允许新三板挂牌企业发行可转债等政策;在股权融资领域,提出加快多层次股权融资市场建设、探索实施民营企业股权融资支持工具、鼓励股权投资类基金发展等政策。上述政策有利于打破当前金融资源过度集中于大型企业、政府背景企业的现状,为民营企业和中小微企业融资开拓空间。

三、新三板"宝刀未老",依然在直接融资领域发挥重要作用

2019年1月底,科创板细则出台,科创板承载着中国新经济、新技术振兴的使命。科创板的制度设计吸取了创业板和新三板的教训,规则有较大创新。外界有一种观点认为,科创板将"替代"新三板,成为中小企业融资的"主战场"。但从中央近期表态来看,新三板的融资作用将继续得到发挥。中共中央办公厅、国务院办公厅于2019年2月14日印发的《关于加强金融服务民营企业的若干意见》指出:"稳步推进新三板发行与交易制度改革,促进新三板成为创新型民营、中小微企业融资的重要平台。"此次印发的《关于促进中小企业健康发展的指导意见》指出:"深化发行、交易、信息披露等改革,支持中小企业在新三板挂牌融资。"中共中央办公厅、国务院办公厅两次印发的意见都专门强调了新三板在民营企业和中小微企业直接融资方面的作用。科创板是中国股票市场改革的试验田,同时也是多层次资本市场的重要组成部分,但主要服务对象是科技型、创新性企业。新三板和科创板在企业筛选标准方面有区别,对于科技创新属性不是那么强的中小微型企业来说,未来股权融资可能还是主要依赖于新三板。同时,新三板的发行、交易、信息披露等制度也有望迎来改革。科创板和新三板将发挥协同作用,而不是替代作用。

四、本轮加杠杆的主体是民营企业和中小微企业

2019年3月PMI(采购经理指数)数据显示,大小企业分化程度显著收敛,大企业PMI回落0.4至51.1,小企业PMI大幅回升4.0至59.3,为近5个月最高值。大小企业PMI之差已经回落至近年来的较低水平。从3月PMI数据来看,党中央、国务院从2018年下半年以来出台的一系列支持民营企业和中小微企业发展的政策,可能已经取得初步效果。这表明监督管理层确实抓住了2018年经济下行的主要矛盾——严监督管理、紧信用造成的金融收缩。因此,支持中小微企业融资的政策抓住了制约经济发展和市场活力的"卡脖子"问题,对经济发展是有利的,效果已逐步显现,经济下滑风险减弱。

2008年全球金融危机以来,为了稳增长,先后加杠杆的主体包括地方政府、国有企业、房地产企业。2019年政府工作报告提出稳杠杆和结构性去杠杆,我们认为监督管理层的态度是对地方政府、国有企业要坚持去杠杆特别是去隐性杠杆,而对民营企业则要允许适度加杠杆。因此,本轮加杠杆的主体是民营企业和中小微企业。但由于民营企业缺乏抵押、担保能力较差、追偿难度较大,与传统的银行体系逻辑相悖,民营企业加杠杆从各国来讲难度都是最大的,远非政府、居民加杠杆可比,我们认为经济出现V形反弹的可能性很低,对经济过度乐观同样不可取。

五、注重稳增长和防风险的平衡,警惕运动式放贷造成新的金融系统风险

小微企业融资问题是世界性难题,这一问题的形成不仅仅是因为中国金融市场制度不健全,还包括市场化的因素:小微企业经营风险较大、抗风险能力较弱、抵质押物较少,这意味着其风险溢价必然高于大型企业,银行等传统金融机构放贷意愿低。从监督管理层出台的政策来看,既包括市场化的政策(如激励相容的考核机制、降低风险溢价的一系列举措、科创板的推出),又包括行政性的指标要求(比如"两增两控"、增速30%以上要求)。

在此过程中,监管层需要高度注重稳增长和防风险的平衡,不能以牺牲风险控制底线为代价投放信贷资源。如果支持中小微企业融资变成了一场运动竞赛,则中小微企业融资增长的代价会是金融体系信用风险的快速累积,从而形成新的风险隐患。银保监会相关负责人也强调,要平衡好支持企业发展与防范金融系统风险的关系,银行不得组织运动式的信贷投放,要遵循经济和金融规律。这不仅考验了监管的智慧,也意味着银行需要尽快完善风险防控体系和信用风险定价机制。

第三章　供给侧结构性改革背景下中小微企业转型的调研报告

市场主体是经济发展的"细胞"。经济发展质量和效益的高低,在很大程度上取决于市场主体的发展层次和水平。转变发展方式、提升产业层次、优化经济结构,关键要扶持市场主体转型做强。面广量大的小型微型企业是中国经济最基础的支撑,是国民经济和社会发展的重要力量,在促进经济平稳较快发展和社会和谐稳定等方面发挥着重要作用。在经济新常态和供给侧结构性改革的背景下,小型微型企业转型升级已进入爬坡过坎的关键阶段,需要在应对要素成本上升的同时加快转型升级,这是摆在供给侧结构性改革和经济爬坡过坎面前的重要现实问题,也是小型微型企业实现转型升级和高质量发展的重要命题。

第一节　小型微型企业转型的意义

以大众创业、万众创新为热潮的小型微型企业是经济发展动力和活力的不竭源泉,面对换挡期、转型期重叠的新形势,如何确保小型微型企业在经济减速和提质增效中实现持续健康发展,是十分紧迫和亟待破解的难题。

高质量、可持续的经济发展,需要建立生生不息、良性循环的发展机制,要有结构、质量和效益的支撑。从企业资源理论来讲,每家企业都是具有不同特质、不可复制的资源组合体,小型微型企业获取竞争优势的关键是保持合理的资源组合和配置。党的十八大指出,各种所有制经济依法平等使用生产要素,民营小型微型企业与国有大中型企业站在同一起跑线上。作为民营经济的一支重要生力军,小微经济处在发展的黄金期、转型期和提升期。

转变经济发展方式归根结底要靠市场主体的转型。从生命周期理论来看,一般情况下企业都要走过创业、聚合、规范化、成熟、再升级等发展阶段,只有加快转型升级,才能更具灵活性和创新性,避免僵化和老化。小型微型企业占全部市场主体的绝大部分,没有它们的转型提升,经济转型升级就是一句空话。市场主体结构影响经济结构。市场主体层次不高,经济质量也高不了;市场主体不转型,经济也难以转型。推动经济转型升级,必须优化市场主体结构。

小型微型企业"船小好调头"、适应力强,但抗风险能力差、收益不稳定,过度依赖低素质劳动力、低端市场、低水平制造、低成本扩张、低附加值的粗放方式则难以为继。小型微型企业治理模式单一、体量规模有限,有"宁做鸡头、不做凤尾"的小富即安思想,容易患上"温水煮青蛙综合征",难以做大、做强、做久。如果不抓住机遇转型升级,就只能小打小闹,成为"长不大的阿斗",在激烈的市场大浪淘沙中被淘汰。

第二节 小型微型企业转型的五大瓶颈

"低、小、散、弱"是小型微型企业的普遍特点,产业层次低、产品档次低、技术含量少、市场定位不高,尤其是在当前经济下行压力较大的背景下,小型微型企业遭遇资金荒、订单荒、高税负、高成本等问题,面临融资难、投资难、创新难、盈利难等难题。

一、政策落地难:不少改革仍是"空中楼阁"

政策不仅仅在于供给,关键在于"最后一公里"的落实。尽管国家出台了不少支持小型微型企业健康发展的政策意见,但政策落实不够,不少改革"听得多""看得见",但"摸不着""用不了"。特别是涉审中介作为整个行政审批链条的重要一环,掌握着重要的程序性权利和专业性权利,往往是行政审批必不可少的前置条件。实地调研发现,一个投资项目涉及的中介服务事项包括环境影响评估、规划方案设计、初步设计编制、概算审核、施工图设计、施工图审查等十多个环节,还可能涉及交通影响评估、建筑节能评估、社会稳定风险评估、地震安全性评估、地质灾害评估、占用水域影响评估等环节,项目繁多、程序繁杂、办理烦琐,耗时长、收费贵、态度差。

二、企业融资难:资金"血液"难以进入小微管道

融资难是小型微型企业反映较为集中、也较为迫切的问题,在制度和政策层面仍没有破题。小型微型企业融资普遍"短、急、频、少",融资成本过高问题依然突

出。据调查,不少小型微型企业与大中型企业的贷款利率相差30%以上,大中型企业贷款利率一般在4%左右,而小型微型企业的实际贷款利率达8%—9%,超过三成的小型微型企业融资成本在12%以上。大量小型微型企业在正规金融体制内受到银行高成本的利息盘剥。与此同时,更多小型微型企业在饱受银行歧视后不得不转向年利率在20%—40%的民间借贷。目前,小型微型企业能够从主流金融机构贷款的比例只有10%左右,80%以上靠民间借贷。融资难、融资贵抽走了小型微型企业有限的利润,打压了小型微型企业转型的信心和动力。

三、有效投资难:"一人掌舵"带来不小风险

低端锁定、行业同质、恶性竞争是小型微型企业转型的突出问题,特别是一些行业过度竞争直接影响小型微型企业的生存空间。调研发现,不少小型微型企业没有战略发展部门,主要是靠企业负责人一人把舵,投资决策由负责人自主决定,面临能力不足、刻板僵化、放纵无度等风险,投资决策难免非理性。比如,前些年光伏产业一哄而起,很多小型微型企业投向光伏,导致光伏产业迅速饱和过剩,致使不少企业血本无归。如果政府加强引导,在小型微型企业行业准入、行业预警、信息披露等方面合理引导,则企业投资会更加理性,不至于盲目投资、跨界投资、多元投资。

四、市场准入难:"玻璃门""弹簧门""旋转门"没有实质性打开

行业垄断是近年来饱受小型微型企业诟病的问题之一。尽管国家对民间资本实行"非禁即入",但缺乏实施细则,某些领域或行业对小型微型企业仍有歧视性政策。在当前外需市场萎缩的情况下,小型微型企业市场准入问题更加凸显。石油、航空、金融、电力、电信、铁路、水利等领域的行业垄断,致使相关产品价格高、服务质量差,把量大面广的小型微型企业堵在门外。垄断行业是国家扶持政策最集中、最优惠的重点行业领域,这种垄断行业的强化使得以民间投资为主体的小型微型企业投资领域受限,出现传统行业产能过剩、恶性竞争的局面,也导致小型微型企业发展步履维艰。

五、税费负担重:负重前行影响转型步伐

根据实地调查,小型微型企业税金及附加增长较快,远高于大中型企业。根据2018年浙江省有关部门对201家小微企业税费情况的调查结果,分别有29家、102家企业认为当前税收负担沉重或较重,合计占比65.2%,税种主要集中在增值税和企业所得税;分别有9家、34家企业认为当前政府规费负担沉重或较重,占比21.4%;

分别有35家、101家企业认为当前社保费用沉重或较重,占比67.7%;调研的201家小微企业2018年1—9月纳税总额25 960万元,同比增长28.6%,高于同期营业收入16.7个百分点;税负率2.98%,同比上升0.39个百分点。尽管国家给小型微型企业减免了税费负担,但如果小型微型企业朝着做大做强的方向走,则税费负担仍会逐渐增加,导致不少小型微型企业"小富即安",不敢不愿做大做强。调查发现,小型微型企业与规上企业之间的税负差距十分明显,很多小型微型企业"宁做鸡头、不做凤尾",关键在于做大做强后,经营管理更加透明化,社会责任履行更多,社会保障要求更高,导致企业税费支出大幅增加。

第三节 对策与建议

当前,小型微型企业遇到的资金荒、员工荒、高成本和高风险等问题,一方面固然是自身结构性、素质性、体制性深层次矛盾的显现,另一方面说明其当前所面临的要素制约和环境制约的双重瓶颈亟待破解。

一、坚持创新驱动,在"专、精、特"上下功夫

在当前新旧动能加速转换、产业结构加速调整的大环境下,引导小型微型企业走"专、精、特"之路,激励或倒逼企业在业态上转型升级,从"低、小、散、弱"这条绝路上走出来,政府一要鼓励小型微型企业转向新兴产业领域。借助云计算、大数据、物联网等新一代信息技术,推动技术创新、业态创新、模式创新、产品创新;积极介入信息、环保、健康、旅游、装备制造等新兴产业,在多领域、多层次成为"大众创业、万众创新"的生力军。二要大力推进"机器人+""标准化+"建设,加快技术改造,加强精益管理,实施机器换人,实现减人增效。特别是要推进以智能制造为主攻方向的机器换人,推广一批机器人和先进适用装备,培育一批工程技术服务企业。三要借助"互联网+""物联网+"推进现代经营,大力发展电子商务、跨境电商、网络定制、柔性制造等新业态。加强工业设计和技术创新,支持企业购买工业设计成果和专利、商标,走创新发展、品牌化发展之路。

二、坚持改革为先,在降低准入门槛上下功夫

坚持改革为先,政府一要解决市场准入问题,打破行政审批中的"玻璃门""弹簧门"。审批改革的目的是为小型微型企业"松绑减负",不是反过来"卡脖子";探索"一表式"审批办法,推动审批事项一张表、一次性集中办完,不要让小微业主跑

来跑去;放宽中介市场准入标准,重新核定部门规章所设置的准入门槛,取消中介备案审查机制,探索"捆绑式"中介服务。二要继续清理整顿涉及小型微型企业的不合理负担。涉企收费项目,能减的减,能免的免;深化税费政策改革,用足用好高新技术企业税收政策和研发投入加计扣除政策,大力扶持成长性好、创新性强的科技型小型微型企业发展。三要鼓励和支持企业进入研发设计、知识产权、检验检测、科技成果转化、信息技术、数字内容等高技术服务领域。

三、坚持协同发展,在产业融合上下功夫

坚持协同发展,政府一要大力支持总部型企业、产业联盟主导型大企业发展。优先支持能够与小企业合作发展、建立产业联盟关系的龙头企业;不能见大企业就支持,支持大企业是为了带动小企业;支持块状经济产业联盟内的大小企业之间的合作,形成富有竞争力的产业链;鼓励小型微型企业主动与大企业合作,破除有些业主"宁做鸡头、不做凤尾"的狭隘思想。二要加强融资与投资对接。不管是大企业还是小企业都要一视同仁,在用地融资、政府采购、融资等方面给予更大的协同支持;设立财政中小企业再担保资金,支持小型微型企业发行集合票据"抱团"融资,进一步降低融资难度和融资成本,破解小型微型企业融资"两难"问题。三要大力推动传统行业主动对标、提升标准,以数控机床、电气机械、机电器件等先进制造业和纺织、服装、皮革、家具等传统优势产业为重点,制定一批先进制造标准,倒逼小型微型企业升级。

四、坚持产业集群,在平台建设上下功夫

坚持产业集群,政府一要"腾笼换鸟",淘汰落后产能,解决产出少、社会负担重、安全生产隐患多、社会矛盾多、空间布局乱的落后小型微型企业问题。加强质量对比、质量改进、质量攻关,提升制造产品档次,更好地适应工业结构、消费结构升级需求。二要扶持一批优质小型微型企业做强做大,兼并重组行业上下游小型微型企业,引导一批小型微型企业入园入区。三要鼓励各类投资主体建设和运营孵化器、创业园、创意园等各类创业基地。在"亩产论英雄"的前提下,明确创业基地的产业导向、科技型企业的入驻比例及小型微型企业的入驻门槛,加强创业基地建设用地保障。

五、坚持公平竞争,在优化政务生态上下功夫

坚持公平竞争,政府一要建立支持小型微型企业发展的信用服务平台。依托工商部门的企业信用信息公示系统,建立小型微型企业名录,集中公开各类扶持政

策及企业享受扶持政策的信息;通过信用服务平台,汇集工商注册登记、行政许可、社保缴费、税收缴纳等信息,推进小型微型企业信用信息共建共享。二要建立小型微型企业综合监督管理平台。制定商事制度改革后的"严管"措施,建立经营异常企业名录和严重违法企业名单制度;制定小型微型企业市场准入的倒逼措施,坚决淘汰一批过剩产能和高能耗产品,开展无照经营、合同欺诈等专项行动,严厉打击违法行为。

第四章　高质量发展中小微企业提升竞争力的调研报告

——基于浙江省的现实考察

党的十九大报告指出,我国社会的主要矛盾已转化为人民日益增长的美好生活需要和不平衡不充分的发展之间的矛盾,发展不平衡不充分已成为满足人民日益增长的美好生活需要的主要制约因素。高质量发展中小微企业是解决我国人民日益增长的美好生活需要和不平衡不充分发展之间社会主要矛盾的有效途径和重要突破口。据统计,目前我国中小微企业总数有8 000多万户(含个体工商户),占企业总数的99%,贡献了80%的城镇就业岗位、70%的GDP(国内生产总值)、60%的利润和50%的税收。又据工业和信息化部测算,中小企业提供了全国约65%的发明专利、75%以上的企业技术创新和80%以上的新产品开发。由此可见,面广量大的中小企业是我国国民经济的重要基础,是满足人民群众美好生活需要的重要源泉。

为深入贯彻"两个毫不动摇"方针,打造新时代浙江省民营经济高质量发展"金名片",本调研报告基于中共中央统战部、全国工商联、中国民营经济研究会主持的第十三次中国私营企业调查,对浙江省中小微企业高质量发展进行了一次评估与比较,全面、系统地分析了浙江省中小微企业高质量发展的基本情况以及中小微企业对浙江省经济高质量发展的重要意义,针对中小微企业高质量发展存在的痛点、难点问题,提出:制定出台《中小微企业高质量发展十年规划纲要》;实施"中小微企业可持续发展行动计划";全面启动"个转企、小升规"战略;大幅减免中小微企业税费负担;设立国家中小微企业管理局;加强中小微企业立法;充分释放"五类人才";对标一流致力转型,优化中小微企业产业价值链;招管引技①立体联盟,

---

① "招管引技"即重点扶持中小微企业招聘高级管理人员,引进高级技术人员。

促进中小微企业提档升级;聚焦特色把握共性,突破中小微企业核心技术;联动对接深化减负,增强中小微企业获得感等若干政策建议。

第一节 中小微企业高质量发展现状

一、浙江省中小微企业高质量发展已有起色

2018 年第十三次中国私营企业调查按全国中小微企业户数 0.4‰ 的比例抽样,在 31 个省、自治区、直辖市共调查 3 973 户,其中包括 302 户浙江中小微企业。调查发现,浙江省中小微企业高质量发展已有起色。

(一) 中小微企业创新积累初具规模

以研发投入促进企业创新驱动发展,已是浙江省中小微企业的共识。2018 年,浙江省 61.32% 的受访中小微企业在新产品研发、技术创新、工艺改造等方面有新增投资,在三省四市(浙江、江苏、广东、北京、上海、天津、重庆)中仅落后于江苏(62.70%),位居第二;企业平均自主知识产权 18 项,约 38.21% 的中小微企业展开科研合作,在三省四市中位居第二。

(二) 营商环境逐步好转

浙江省率先推进"最多跑一次"改革,为企业创造更好的营商环境。浙江省中小微企业家对浙江省营商环境总体满意,按照明显改善(5 分)到完全没改善(1 分)进行评价,评分均值为 3.97,在三省四市中位居第一。

(三) 劳动生产效率有所提升

浙江省受访中小微企业劳动力平均营业收入达 106 万元,在三省四市中位居第一;劳动力平均净利润达 3.51 万元,仅低于上海(6.40 万元)和北京(4.24 万元);近五成企业开展新增投资,仅落后于江苏(51.64%)。

(四) 现代企业制度不断完善

两成以上浙江省受访中小微企业形成了由股东会、董事会和监事会组成的公司治理结构,仅落后于上海(25.50%)和江苏(25.41%);七成以上企业在生产、供销、财务、人事、研发等方面形成了企业内部管理制度,与北京(70.57%)保持同步;另外,超过五成企业建立了中共党组织。

(五) 企业社会责任意识突出

浙江省受访民营企业平均创造 377 个就业岗位,在三省四市中位居第一;平均社会保险覆盖率达 73.52%,落后于天津(76.94%)和北京(74.44%);企业平均慈善捐赠 20 万元,落后于重庆(64 万元)、广东(25 万元)和上海(22 万元)。

二、高质量发展中小微企业的战略意义

中小微企业是整个企业主体"金字塔"中的"塔基",中小微企业的高质量发展对于经济高质量发展、社会平安稳定、供给侧结构性改革具有十分重要的意义。从近年来浙江省改革发展的实践来看,正是量大的中小微企业造就了浙江省发达的民营经济,孵化成长起一批在国内外具有重要影响力的浙商,促使浙江省经济发展质量和水平走在全国前列。当前,发展中小微企业迎来前所未有的历史性机遇,应把推动高质量发展作为中小微企业的核心发展方向,以此为重要突破口,促进人民群众日益增长的美好生活需要和不平衡不充分发展之间的社会主要矛盾的解决,为全面建成小康社会和全面建设社会主义现代化强国提供有效途径与重要支撑。

(一) 高质量发展中小微企业是满足人民群众美好生活需要的直接手段

中小微企业连着千家万户,扎根于每行每业,与改善民生息息相关,与群众生活密不可分,在扩大就业、提高居民收入、满足群众需求等方面起着不可替代的重要作用。相对于大型企业,中小微企业数量庞大,创业及就业门槛低,是吸附就业的"蓄水池"。以浙江为例,中小微企业吸纳就业人数占全部企业的 81.9%,其中中型、小型、微型企业吸纳就业人数分别占全部企业的 29.3%、36.8%、15.8%。中小微企业快速发展促进了就业、提高了居民收入。同时,从马斯洛需求层次理论来看,群众生产生活需求在不断升级,中小微企业以群众需求为导向,加快改造提升和转型升级,提供了越来越多样化、高质量的产品,基本满足了群众日益多元化的生活需要。

(二) 高质量发展中小微企业是破解发展不平衡不充分的切入口

首先,高质量发展中小微企业有利于解决城乡发展不平衡。农村电商、特色小镇、休闲观光农业、精品农业等孕育出了一大批"新、特、优"中小微企业,促进了农村增收、农民致富,加快了城镇化进程,同时也有利于"造血"脱贫。比如,山区小县遂昌农村电子商务诞生了"赶街模式",实现了"消费品下乡"和"农产品进城",农民收入提高了 4 倍。再如,"丽水山耕"销售超过 20 亿元,带动了全区域"生态精品农业"发展,产生了大量中小微企业,促进了农民脱贫致富。浙江全省农村网民

1 107.8万人,农产品网络零售近60亿美元,位居全国首位。其次,高质量发展中小微企业有利于解决产业发展不平衡。产业链和供应链的生命力与中小微企业息息相关。在"大众创业,万众创新"浪潮下,新兴产业领域的高精尖中小微企业增长最快。最后,发展中小微企业有利于解决区域发展不平衡。个体户大量产生、微型企业大量生长、中小企业大量涌现,是缩小区域差距的重要突破口。山区、老区、贫困地区、民族地区吸引外出务工人员回乡,创业兴办中小微企业,做大做强企业实力,有力地促进了区域平衡发展。

(三)高质量发展中小微企业是深化供给侧结构性改革的重要抓手

党的十九大报告指出,坚持质量第一、效益优先,以供给侧结构性改革为主线,推动经济发展质量变革、效率变革、动力变革。高质量发展是中小微企业未来的发展方向。大量中小微企业按照中央要求,加快供给侧结构性改革,减少无效和低端供给,扩大有效和优质供给,提高供给质量和供给效率,实现了更高质量和效益的发展。中小微企业经营机制灵活、决策迅速、反应灵敏,适应市场变化能力强,创新激励比较充分,在自主创新方面具有一定的比较优势。目前,各地大力建设特色小镇、小微企业园、众创空间、科技孵化器等平台,推动中小微企业转型升级、迈向"高、精、优"。以浙江为例,已建成省级特色小镇106个,省级小微企业园211个,省级众创空间129家,省级科技孵化器111家,目前已孵化科技型中小微企业7 654家,科技型"小巨人"1 431家,全省累计孵化科技型中小微企业3.1万家,其中4 176家已成长为高新技术企业。同时,大量中小微企业加快进军信息经济、生物医药、旅游、环保等新兴产业。2016年,浙江新设新兴制造业、信息传输软件和信息技术服务业、科学研究和技术服务业领域的小微企业比2014年分别增长了83.5、35.6和78.4个百分点。因此,中小微企业的科技创新和产业升级有力地促进了供给侧结构性改革。

三、高质量发展中小微企业的战略导向

(一)高质量发展中小微企业,促进产业发展更平衡

党的十九大报告指出,加快建设现代化经济体系和现代产业体系。这离不开中小微企业高质量发展的支撑。企业是产业发展的"细胞"。产业质量高不高、结构优不优、发展平衡不平衡,取决于企业的发展质量。大量中小微企业投向信息、环保、健康、旅游、金融、装备制造等新兴产业,必将有力地促进"低、小、散、弱"产业结构的优化升级。以浙江为例,2016年中小微企业增长迅猛的行业依次是金融

（增幅133.74%）、信息（增幅119.1%）、旅游（增幅109.5%）、环保（增幅58.85%）、文化创意（增幅48.52%），这对产业结构向中高端升级形成了重要驱动力。中小微企业的转型升级没有终点，当前，应加快推动中小微企业融入互联网+、物联网+、大数据+、标准化+、人工智能+等新经济浪潮，尤其要与数字经济充分接轨，共享数字经济红利。2017年12月3日，习近平总书记在第四届世界互联网大会贺信中指出，数字经济发展将进入快车道，要建设网络强国、数字中国、智慧社会，推动互联网、大数据、人工智能和实体经济深度融合，发展数字经济、共享经济，培育新增长点、形成新动能。目前，美国数字经济占GDP的比重达33%，英国达7%。2018年，中国数字经济规模达3.37万亿美元。据预测，2035年，中国数字经济将达16万亿美元。借助大数据、云计算、物联网等新一代信息技术，将推动中小微企业技术创新、业态创新、模式创新、产品创新，打造一大批"小而专、小而精、小而特、小而新"的中小微企业，促进产业结构迈向中高端。

（二）高质量发展中小微企业，促进区域发展更平衡

广东、浙江、江苏等地经济发展比较健康、迅猛，而中西部、东北地区很多地方发展不够快，一个重要原因就是中小微企业的发展存在较大差距。浙江中小微企业占比达97.3%、江苏达91.6%、广东达86.0%、山东达91.1%，很多中西部省份占比则不足80%，有些省份甚至低于70%。从省域内部来看，也是如此。以浙江为例，杭州、宁波、温州、台州的中小微企业超过2万家，宁波甚至超过4万家，而丽水仅0.3万家，衢州仅0.33万家，舟山仅0.29万家，导致浙东北与浙西南之间的发展差距比较大。中小微企业的数量多寡、质量优劣，反映出一个区域的经济活跃度。促进区域均衡发展，应大力简政放权，扶持中小微企业发展；对国有企业、大型企业和中小微企业一视同仁，从市场准入、法律、金融、税收、技术创新、知识产权保护、人才引进、政府采购、市场环境、信用担保等领域加大改革，出台针对性扶持中小微企业高质量发展的规划纲要和组合拳政策；同时，推动中小微企业充分利用国家"一带一路"倡议机遇，开拓海外市场特别是新兴经济体市场，充分利用海外要素资源，实现可持续发展。

（三）高质量发展中小微企业，促进要素资源配置更平衡

深化供给侧结构性改革，必须打破制约要素流动和优化配置的体制障碍，以要素供给制度创新放大转型升级的撬动效应。当前一大突出问题是，信贷、能耗、用地、排放指标、人才、财政资金等要素资源更多地向国有企业、大型企业、规上企业

集聚,中小微企业往往面临要素资源不足的瓶颈。"融资难、融资贵"是中小微企业反映最为集中、也较为迫切的老大难问题。中小微企业融资普遍"短、急、频、少",融资成本过高问题依然突出。据调查,中小微企业的平均贷款利率高于基准利率40%以上。大中型企业贷款利率一般在4%左右,而中小微企业的实际贷款利率达8%—9%,超过三成的中小微企业融资年利率甚至在12%以上。与此同时,更多中小微企业在得不到银行信贷后不得不转向年利率在20%—40%的民间借贷。中小微企业能够从主流金融机构贷款的比例只有10%左右,80%以上靠民间借贷。融资难、融资贵是金融资源配置不平衡的结果,压缩了中小微企业的利润空间,影响了中小微企业的转型动力。对此,应加强对中小微企业的金融政策设计,针对中小微企业融资需求特点,大力发展多层次融资服务体系,拓宽速转贷、税易贷、风险投资、债券发行、信用担保、付息展期、政策性保险、股权交易等中小微企业融资通道。针对有些中小微企业短贷长用、借新还旧、转贷难等问题,应支持组建"过桥基金",建立"助保金风险池",为中小微企业贷款风险兜底。

（四）高质量发展中小微企业,促进实体经济发展更充分

党的十九大报告指出,加快发展先进制造业,支持传统产业优化升级,促进我国产业迈向全球价值链中高端。目前,70%左右的中小微企业属于实体经济领域,很多处于"微笑曲线"低端。从全球来看,实体经济正在大洗牌,中小微企业一定要有危机感。发达国家纷纷提出再工业化战略,处于制造业领域的中小微企业很可能面临中高端制造被发达国家的"回流性"替代以及中低端制造被印度、越南、泰国、巴西等发展中国家的"竞争性"替代的双重夹击。近年来,APEC（亚洲太平洋经济合作组织）会议几乎每次都有中小微企业发展议题,APEC第21次中小微企业部长会议甚至发出了"关于促进中小微企业创新发展的南京宣言"。我国大量中小微企业没有掌握核心技术,也没有行业话语权。当前,亟须增强对发达国家制造业回流的危机感,推动中小微企业链接全球要素资源,从全球价值链和产业链中获益,在全球化竞争中提高竞争力;大力推进以智能制造为主攻方向的"机器换人",发展网络制造新型生产方式,实现机器换人、减人增效;大力推动传统行业主动对标、提升标准,制定一批先进制造标准,倒逼中小微企业升级;全面建立"亩产论英雄""节能论英雄""节水论英雄""环境论英雄"的倒逼机制和差别化的用地、用能、用水、排污等价格政策,加快促进中小微企业转型升级。

（五）高质量发展中小微企业，促进科技创新更充分

从全球发达经济体的经验来看，创新驱动是必然趋势。我国中小微企业以"生存型"创业为主，未来必须走创新驱动模式。习近平总书记曾指出，微软、谷歌、华为、阿里巴巴等科技巨头都是从初创小企业成长起来的，中小微企业在创新方面发挥着重要作用。党的十九大报告也明确指出，加强对中小微企业创新的支持。目前，以传统制造业为主的中小微企业在生产经营定位上往往采取"低成本、低价格、低回报"策略，自主创新能力不足，产品科技含量低。抽样调查发现，大型企业新产品产值占营业收入的比重达23.24%，中小微企业仅4.85%；大型企业科技投入占营业收入的比重达5.45%，中小微企业仅2.27%；大型企业研发活动人员占全员的比重达6.13%，中小微企业仅2.42%；大型企业有研发机构的占比达100%，中小微企业仅14.13%。科技创新是中小微企业发展的突出短板，但这也说明中小微企业这方面的发展空间很大。当前，应借助互联网+、物联网+、大数据+、人工智能等现代信息技术，大力发展电子商务、跨境电商、网络定制、柔性制造等新业态，促进中小微企业更多利用互联网和数字基础设施，增强中小微企业数字能力、竞争力和韧性；建立创新创业生态系统，促进中小微企业进行工业设计和技术创新，支持企业购买工业设计成果和专利、商标，走创新发展、品牌化发展之路，培育一批拥有高、新、尖产品的小巨人和细分领域的隐形冠军；用足高新技术企业税收政策和研发投入加计扣除政策，大力扶持成长性好、创新性强的科技型中小微企业发展；鼓励和支持中小微企业进入研发设计、知识产权、检验检测、科技成果转化、信息技术、数字内容等高技术服务领域。

（六）高质量发展中小微企业，促进深化改革更充分

简政放权是制度供给的关键，制度松绑程度直接影响全要素生产率提升空间。尽管国家出台了不少支持中小微企业健康发展的政策意见，但与国有企业、大型企业相比，政策力度不够、落实不够。一项抽样调查显示，中小微企业对制度环境的满意度指数，2014年为6.57（满分为10），2015年为6.69，2016年为6.71。这说明中小微企业对制度环境的感知度、满意度还不够高，变化也不够明显。石油、航空、金融、电力、电信、铁路、水利等领域的行业垄断，"玻璃门""弹簧门""旋转门"没有实质性打开，"非禁即入"实施起来很难，中小微企业被堵在门外。当前，应进一步放宽对中小微企业和民营资本的市场准入，推进市场准入领域的改革，破除中小微企业的行业准入门槛；大力推动"放管服"改革向纵深发展，加快推进"互联网+政务服务"，最

大程度地减少政府对微观市场行为的干预,最大限度地管制和约束政府的"有形之手";深化行政审批制度改革,加强投资项目审批制度改革,建立健全"区域能评、环评+区块能耗、环境标准"取代项目能评、环评的工作机制,加快推行企业独立选址项目高效审批、非独立选址项目不再审批制度;针对中小微企业开展"最多跑一次"改革,广泛推行"一表式"审批、一次性限时办结,不让中小微业主跑来跑去。

第二节 中小微企业高质量发展痛点突出

目前,浙江省中小微企业发展稳中向好,已经进入提质增效、由大变强的关键期,在低成本优势快速递减和新竞争优势尚未形成的双重压力下,中小微企业高质量发展"三难"痛点突出。

一、盈利难,生存发展空间小

近年来,浙江省大力实施"小升规"工作,中小微企业规模化趋势明显,但产业仍处于中低端,产品附加值低,净利润率一直处在低位徘徊,"大而不强"特征明显。调查发现,浙江省中小微企业平均主营业务收入达3.7亿元,营业利润率仅为5.28%,较三省四市平均水平低了65%,营业利润率在5%以下的微利企业超过六成,而广东、北京、上海、天津均维持在五成左右。随着生产要素成本大幅上升,中小微企业发展空间逐渐受到挤压。

二、升级难,核心技术卡脖子

浙江省中小微企业以劳动密集型企业为主,"没技术、少人才"已是普遍状态,转型升级动力不足。突出表现为关键核心技术支撑缺位,行业高端人才、核心人才严重短缺。调查发现,浙江省中小微企业家认为在核心技术上具有竞争优势的占比仅为2.83%,而江苏、北京和上海等处于4%—6%;认为竞争薄弱环节是核心技术的企业占10.38%,而江苏、广东和北京等在10%以下;认为在竞争中急需提升核心技术的企业占15.09%,显著高于广东(7.36%)、北京(7.02%)和上海(9.93%);企业大学文凭及以上的员工占比仅为24.7%,而江苏、广东在30%左右,北京、上海、天津更是高于40%。

三、减负难,企业获得感不强

浙江省是"最多跑一次"改革的先行区,但仍存在各项政策落地、落细、落实难等问题,中小微企业减负获得感不强,"减负永远在路上"。调查发现,浙江省

中小微企业平均纳税营收比达5.09%,与江苏(4.56%)、广东(4.57%)存在一定的差距;被要求缴纳各种规费的企业占比达54.72%,显著高于上海(27.48%)、北京(33.78%)和广东(40.49%);有公关/招待费用的企业占比达73.58%,同样高于上海(59.27%)、北京(62.88%)和广东(66.56%)。

第三节 高质量打造中小微企业最优"生态模式"

浙江省不仅是民营经济大省,还是中小微企业大省。这方面,浙江省走在全国前列。从浙江省的改革探索实践来看,高质量发展中小微企业,关键是构筑有利于中小微企业可持续发展的生态系统。浙江省从行业生态、金融生态、"互联网"生态、创新创业生态、营商生态、信用信息生态、人才生态等方面入手,全方位打造中小微企业最优生态,实现中小微企业的大发展、大提升。

一、打造"专精特新"引领的行业生态

2015年8月,开展"中国质造·浙江好产品"行动,2 500多家中小微制造企业入驻阿里巴巴"中国质造"平台,2016年累计销售总额达45亿元。2017年2月,浙江省人民政府办公厅出台《关于推进中小微企业"专精特新"发展的实施意见》,将"专业化、精品化、特色化、创新型"作为中小微企业的战略方向。2018—2020年,浙江省要面向规模以下小微企业、个体工业,培育5万家"专精特新"入库企业,面向规模以上中小微企业,培育1 000家左右"隐形冠军"企业,成为"浙江制造"的代表;推动创新要素向小微企业园集聚,到2020年新增小微企业园500家;加强公共服务平台建设,重点培育500家中小微企业专业化服务机构;在"专精特新"培育企业中推广"机器换人",每年实施1 000项以上"机器换人"工程技术服务项目;深入实施中小微企业商标品牌扶持计划,到2020年"专精特新"培育企业自主商标拥有率达100%。

二、打造与实体经济紧密结合的金融生态

按照金融与实体相辅相成的方向,浙江省大力建设"钱塘江金融港湾",发挥杭州移动支付之城、网商银行等互联网金融、泰隆银行等小微金融、温州民商银行等民营金融、玉皇山南基金小镇等金融小镇等诸多优势,加快建设集网络金融安全中心、网络金融产业中心、移动支付中心、保险创新中心于一体的新兴金融中心,为企业包括中小微企业提供良好的金融生态。比如,杭州玉皇山南基金小镇与美国

格林尼治基金小镇、英国伦敦金融城建立双向交流机制,创建两年多,就集聚企业2 214家,管理规模超1万亿元,累计投向实体经济3 408亿元,投资项目总数1 324个。此外,浙江省还打出了支持中小微企业发展的组合拳,运用再贷款、再贴现、优惠存款准备金率、贷款风险补偿、创设小微企业贷款专营机构、支持中小微企业发债等金融政策,加大对中小微企业的定向支持。

三、打造"互联网+"生态

浙江省在全国率先启动实施"互联网+"行动计划,打造具有全球影响力的"互联网+"创新创业中心。大力推进"互联网+制造",以"中国制造2025"为指引,推动互联网与制造业融合,着力提升制造业数字化、网络化、智能化水平,推动企业研发设计、生产制造、企业管理和销售服务的智能化改造,面向中小制造业企业提供精准营销、互联网金融等生产性服务。大力推进"互联网+商贸",建设全国跨境电子商务创业创新中心、跨境电商服务中心和跨境电商大数据中心,支持中小微企业利用好国际、国内两个市场。大力推进"互联网+农业",深化"电子商务进万村"工作,支持和鼓励电子商务企业到农村拓展业务,支持旅游观光、农业体验、生态休闲等领域开展电子商务应用,为农村中小微企业发展提供机会。大力推进"互联网+旅游",深化移动互联网在旅游公共服务、管理、营销等方面的应用,重点开发移动终端应用,提供更多的创新创业机遇。

四、打造中小微企业的创新创业生态

浙江省积极发展小微化、集成化、网络化、扁平化的众创空间,打造低成本、便利化、全要素的开放公共服务平台,培育众创、众包、众扶、众筹等新模式,不断激发市场主体的活力和创造力。先后打造了梦想小镇、云栖小镇、山南基金小镇、创客小镇等一大批省级特色小镇,已成为中小微企业创新创业的新舞台。目前,106个省级特色小镇集聚了以大学生创业者、大企业高管及其他连续创业者、科技人员创业者、留学归国人员创业者为主的"新四军"创业者上万人。比如,诸暨袜艺小镇积极打造个性化袜业工场、袜业工业旅游线路和袜业文化展示区,拉长袜业发展产业链,推动产业、文化、旅游有机融合,成为时尚袜、创意袜、专用袜等系列袜的创意生产基地,集聚了数百家中小微企业,正从传统产业的"汗水式"增长向"创意式"增长转变。2016年,78个创建小镇完成固定资产投资(不包括商品住宅和商业综合体)1 100亿元,比2015年增长19%;民间投资占总投资的比重为55.4%,比2015年提高了5.1个百分点;完成特色产业投资700亿元,比2015年增长15.6%;另外,发放科技创新券达7.32亿元,使用3.98亿元,使用量占到全国总量的80%,带动全社会创新投入约40亿元,推动一大批中小微企业发展。

五、打造最优的营商生态

浙江省大力推进"互联网+政务服务",围绕打造"审批事项最少、办事效率最高、政务环境最优"目标,在"四张清单一张网"基础上,以"一窗受理、集成服务"改革为抓手,持续推进"最多跑一次"改革。其中,已全面梳理"最多跑一次"事项,并分3批公布。其中,省级665项,设区市本级平均755项,县(市、区)级平均656项。从年办件量看,2017年省、市、县三级"最多跑一次"事项办件量3.22亿件,占年办件量3.49亿件的92.26%,其中办件量前100位的"最多跑一次"事项占年办件量的91.4%。同时,浙江省加快建设企业投资项目在线审批监督管理平台,推动企业投资项目100%应用平台、100%系统打通、100%网上审批、100%网上申报,通过"数据跑"代替"企业跑",实现企业投资项目开工前"最多跑一次"。据浙江省统计局、省社科院2018年10月开展的第二轮调查评估结果,企业和群众对"最多跑一次"改革的获得感持续提升,"最多跑一次"改革的实现率和满意率分别达87.9%和94.7%。比如,通过"联合审查、联合踏勘、联合测绘、联合验收、测验合一"等流程并联化、协同化,一般投资项目施工图审查时间从55天压缩到15天以内,建筑工程竣工验收时间从80天压缩到20天以内。"最多跑一次"改革实施后,企业投资项目审批提速117天,速度提升了25%以上。

六、打造互联互通的信用信息生态

浙江省坚持推进系统互联和数据共享。2018年,浙江省已开放57个省级单位3 600余项数据共享权限,省直部门前100项办事事项的数据需求整理和数源确认工作已完成。全省统一规范的办事事项目录已形成,省、市、县三级共梳理群众和企业到政府办事事项主项1 385项,子项2 789项。首批25个省级部门45个"信息孤岛"基本完成对接,打通了93套市级系统、34套县级系统。浙江省政务服务网上省级单位的办事事项开通网上申请的比率达86.8%,设区市本级平均开通比率达73.7%,县(市、区)级平均开通比率达73.1%。这为企业包括中小微企业打造了公平竞争的环境、良好的信用环境及完善的监督管理环境。

七、打造富有吸引力的人才生态

浙江省大力实施"人才新政",积极鼓励以浙商系、海归系、阿里系、高校系为主要代表的"新四军"创业,引导年轻创业者、大企业高管及连续创业者、科技人员创业者、留学归国创业者等创业"新四军"二次创业。制定出台了高水平建设人才强省行动"33条",实施海外人才引进政策,全力打造人才生态最优省。浙江省规划到2022年,人才总量超过1 500万人,人力资本投资占全省生产总值的比重超过18%,人才对发展的贡献率超过42%。浙江省还推出了"千企千师"培养行动,计划2017—2020年培养100名"之江大工匠"、1 000名"之江名工匠"、10 000名"之江工匠",为制造业企业提供人才支撑。2016年,杭州人才净流入率达8.9%,高居全国首位,已成为全国的人才高地、创业高地、创新高地。

第四节 对策与建议

从企业生命周期来看,今天的中小微企业就是明天的龙头骨干企业,基于企业生态系统理论,对标全国中小微企业的鼓励和支持政策,我们对中小微企业的扶持仍需加大力度。

一、制定《中小微企业高质量发展十年规划纲要》

一是建立健全政策体系。从技术改造、科技创新、扩大投资、人才引进、市场开拓等方面出台鼓励中小微企业发展的政策。二是建立健全指标体系。分微型企业、小型企业、中型企业三类制定中小微企业发展速度、规模、结构、质量、效益、转型升级等指标。三是建立健全标准体系。完善微型企业、小型企业、中型企业认定标准,制定企业转型升级和改造提升标准。四是建立健全统计体系。探索从"抽样调查"转向"全面普查",提高中小微企业统计质量,摸清中小微企业底数。五是建立健全绩效评价体系。以高质量、高效益为导向,加强企业盈利能力、创新能力、可持续发展能力的绩效评估。六是建立健全政绩考核体系。将中小微企业发展情况作为对省、市、县的重要考核指标,按年度进行考核。

二、实施"中小微企业可持续发展行动计划"

一是促进中小微企业参与全球贸易,借助"一带一路"倡议加入跨境电子商务市场,主动融入全球价值链和产业链,提升中小微企业国际竞争力。二是支持大学生创办中小微企业、女性创办中小微企业以及环保型中小微企业、农村中小微企业发展,促进中小微企业向可持续、生态化、均衡化方向转型。三是大力支持中小微企业创新,增强中小微企业创新能力和二次创业能力,鼓励中小微企业增加研发投入,设立中小微企业技术创新基金、专利申请基金、人才培训基金。四是促进中小

微企业对接互联网、大数据、物联网、人工智能,制定中小微企业的数字经济路线图。五是通过加强协作配套、共享实验室、建立孵化器以及支持技术人才、科研成果、资本对接等措施,加强中小微企业与高校、科研院所及政府部门之间的合作。

三、全面启动"个转企、小升规"战略

建议在全国范围内启动实施个体户升级小微企业(简称"个转企")、小微企业升级规上企业(简称"小升规")专项行动,从培育、扶持、指导和服务等方面入手,大力推进中小微企业上规升级,促使中小微企业能够"升得上、稳得住、长得大"。实施中小微企业梯度培育计划,在遵循市场规律、企业成长规律的前提下,给予必要的科学、合理、适度的引导,对不同发展阶段和不同规模的企业给予精准扶持,全方位减轻业主思想负担、税费负担、管理负担、审批负担,推动微型企业成长为小型企业、小型企业成长为中型企业、中型企业成长为大型企业,形成大中小微企业"金字塔"形的发展梯队。

四、大幅减免中小微企业税费负担

目前,中小微企业生产经营仍比较困难。据世界银行 2012 年 10 月公布的统计数据,国际上小微企业税负平均为 20%,而我国中小企业综合税负仍高达 40% 以上;又据抽样调查,2014—2016 年中小微企业年盈利企业占比分别为 39.21%、34.99%、34.67%,呈逐年降低趋势,2014 年新设小微企业仍有 45.73% 处于亏损状态。尽管国家多次为小微企业减免税费负担,但小微企业与规上企业之间的税负差距十分明显。过重的税负抑制了我国小微企业的创新与市场竞争力。为此,建议以 2011 年 6 月国家工业和信息化部、统计局、国家发展改革委、财政部联合颁布的中小微企业划型标准中明确界定的微型企业标准为减免税对象,对我国微型企业实施 5 年内"免三减二"的税收优惠政策,即第 1—3 年内免去一切税负,第 4—5 年实施税负减 50% 的税收优惠政策;对创新型小微企业实行"零征税""零收费"政策,大大释放支持小微企业发展的强烈政策信号。同时,研究制定中小微企业"五险一金"抵扣税收的专项政策,在 5 年内中小微企业缴纳的"五险一金"费用(或按一定比例)可用于抵扣当年缴税,以充分调动中小微业主和职工的积极性。

五、设立国家中小微企业管理局

中小微企业发展涉及部门多,国家层面尚未成立针对中小微企业的专职管理部门。目前,农业农村部主管乡镇企业,商务部主管出口型中小微企业,科技部主管科技型中小微企业,国家市场监督管理总局主管个体与私营企业,工业和信息化部主管中小微企业,呈现出"多龙治水"的局面。对此,建议在不增加编制总量、优化编制结构的前提下,设立国家中小微企业管理局,并建立由国务院牵头,国家中小微企业管理局具体负责,国家发展改革委、工业和信息化部、住房和城乡建设部、自然资源部、科技部、人力资源和社会保障部、国家市场监督管理总局等相关部门参与的中小微企业联席会议制度,加强对中小微企业发展的统筹规划、组织领导和政策协调。

六、加强中小微企业立法

尽管2017年9月修订了《中小企业促进法》,但我国还没有出台中小微企业基本法,中小微企业在国家经济社会中的基础性和民生性地位体现得不够充分,扶持中小微企业的法律制度有待加强。美国、日本等都建立了中小微企业基本法。建议研究出台中小微企业基本法,提高中小微企业的经济地位、社会地位和政治地位。同时,在中小微企业发展的重点领域,研究制定专业法,为中小微企业的发展提供更系统的法律保障。

七、充分释放"五类人才"

一是充分释放高校人才资源,鼓励高校教师带薪留职创办企业,不能简单以论文和项目论英雄,创业情况可作为教师职称认定和考核的重要依据与突出贡献。二是充分释放体制内公务人员资源,支持公务员在3年内带薪留职下海创新创业,3年后由公务员决定去留。三是充分释放科研院所人才资源,鼓励科研人员兼职或带薪留职创办企业,企业实绩可作为科研成果进行认定,创业效益80%归创业人员享有。四是充分释放国有企业人才资源,鼓励国有企业干部职工到中小微企业创新创业。五是充分释放海归人才资源,制定鼓励海归人才创新创业的专项政策,吸引更多的海归人才流向中小微企业。

八、对标一流致力转型,优化中小微企业产业价值链

实施"浙江制造"标准引领工程,鼓励中小微企业对标"浙江制造"标准,加快提升浙江中小微企业技术、标准和品牌的竞争优势;鼓励中小微企业对标行业隐形冠军,在产业链细分行业及环节做到细致、精致、极致,不断向价值链高端攀升;建立合作共赢的协同创新机制,引导中小微企业通过联合、并购、重组优化生产要素配置,促进企业从传统产业向高端制造业、现代服务业转型;引导中小微企业去产能,为发展新产业、新产品、新业态腾出更多的要素、资源和空间。

九、招管引技立体联盟,促进中小微企业提档升级

制定实施"招管引技"工程,着力实现国际先进技术、管理与浙江中小微企业的精准对接,强化合作研究,促进开放和协同创新,在共创、分享知识技术资源的同时,建立高级管理人才、高级工程师等双边或多边交流合作机制;借鉴广东"技术移民"先行先试经验,支持中小微企业"柔性引才""精准引才""无国界引才"等,尤其加大高管、高工引进,抢占创新链"制高点";鼓励中小微企业与合作伙伴形成有机战略合作关系,建立从技术到管理的立体式联盟,加快中小微企业创新转化,促进中小微企业提档升级。

十、聚焦特色把握共性,突破中小微企业核心技术

抢抓第四次科技革命的机遇,创新中小微企业发展模式,对标最高端,瞄准最前沿,集中人、财、物加大研发投入,致力于突破细分领域的前沿技术;引导中小微企业巩固原有产业优势,提升中小微企业在细分产业"缝隙市场"的核心竞争力;发挥"互联网+"的独特优势,充分利用数字经济的辐射效应和溢出效应,探索数字经济和中小微经济的深度融合路径,推进产业互联网、企业云在中小微企业的普及;借鉴美国国家制造创新网络计划、欧盟第七框架计划等经验,探寻中小微企业参与产业关键核心共性技术研发的PPP(政府和社会资本合作)新模式。

十一、联动对接深化减负,增强中小微企业获得感

推进"最多跑一次"改革再深化,不折不扣落实好减负降本政策,建立行政事业性收费动态目录清单管理制度,从源头规范收费行为;借鉴江苏经验考核政策"执行力""知晓率""到达率",对减负降本政策落实情况进行全面"回头看",强化事中、事后监督管理,及时完善改进。建议增加常设性和临时性的政企沟通交流机制,促成类似"大联动"的多部门平台,帮助企业与政府更好地对接;学习广东"首席服务官"先进经验,变"大学习大调研大抓落实"为"大跑腿",鼓励政府官员实地走访企业、了解企业诉求,强化政策精准对接。

第二篇
优化中国中小企业营商环境专题调研报告

第五章　中小企业降成本的调研报告

税费负担是企业成本的重要组成部分。目前,企业税费"痛苦指数"仍然不低,减负呼声较高。近年来,继"玻璃大王"曹德旺公开声明"中国企业高税负之说"后,娃哈哈集团总裁宗庆后也公开表示"中国税负确实太高了",这在商界和政界引起了轩然大波。政府部门通过大量行政干预和市场准入等手段,提高了企业的制度性交易成本,因此降低制度性交易成本是确保"降成本不反弹"的关键实招。打好财税政策组合拳,为身处市场一线的企业减负松绑,以政府税费的"减法"换取企业效益的"加法"和市场活力的"乘法",是供给侧结构性改革的关键之一。

第一节　企业税费负担重的基本情况

世界银行《2016年营商环境报告》显示,在全球189个经济体中,我国营商环境仅排在第84位。尽管中央政府大力推进"放管服"改革,但企业仍感到制度性交易成本过大,影响了企业转型发展的动力。根据国家统计局发布的数据,实体经济企业成本年均增速约为利润增速的2倍,让企业感觉负担较重。目前,我国企业税负超过37%,高于发达国家平均水平(35%)。从税费的总体结构来看,企业税额占税费总额的83.4%,费额占税费总额的16.6%。从费的结构来看,"五险一金"、教育费附加、地方教育费附加、水利建设基金缴费额分别占费总额的67%、9.09%、6.25%、10.25%,其他行政事业性收费等费额占费总额的7.41%(见表5-1)。"五险一金"、教育费附加、地方教育费附加和水利建设基金是费的主体。目前,我国法定的社保缴费占企业工资总额的40%左右,有些企业达到50%,加上各地10%—25%的住房公积金缴费,"五险一金"名义费率达到60%左右,约为G7(七国集团)国家的2—3倍,东亚邻国和地区的3—4倍。

表 5-1　调查企业费负担结构

单位:%

项目	"五险一金"	教育费附加	地方教育附加	水利建设基金	其他费	合计
占比	67	9.09	6.25	10.25	7.41	100

资料来源:加强中国中小微企业国际竞争力研究课题组抽样调查统计所得。

目前,企业需要缴纳名目繁多的政府性基金、行政事业性收费和中介费用。全国性涉企行政事业性收费仍有 71 项。虽然国家多次清理行政事业性收费,下调中介服务收费标准,但仍有部门变相强制收费。中介服务机构的"二政府"现象造成中介服务收费高。据某企业反映,一个建设项目的中介服务收费项目多达 40 余项。中介服务收费依据既有国家部委的政策文件,又有行业主管部门、物价部门的规定,收费标准一般执行政府指导价或行业收费标准,但实际操作过程中价格弹性较大,特别是一些处于垄断地位的中介服务项目一般执行收费标准上限,没有下浮或打折。部分中介机构甚至以协会名义或行业约定,在收费标准方面攻守同盟。

不同行业的企业税费负担差异较大。总体而言,第三产业税费负担高于第二产业。税费负担远高于平均水平的主要有住宿和餐饮业(23.35%),文化、体育和娱乐业(13.84%),商务服务业(11.30%),金融业(18.38%),房地产业(11.51%),信息传输、软件和信息技术服务业(8.74%),分别是平均水平的 4.3 倍、2.5 倍、2.1 倍、3.4 倍、2.1 倍和 1.6 倍(见表 5-2)。税费负担较轻的行业主要是制造业(3.88%)、交通运输业(2.75%)、建筑业(3.94%)、仓储和邮政业(3.94%)、批发和零售业(4.68%)、居民服务、修理和其他服务业(6.99%),与平均水平相当(见表 5-2)。

从大型、中型、小微型企业税费占企业成本的比重来看,名义占比分别为 5.55%、7.91% 和 9.82%;扣除其获得的财政奖补,实际占比分别为 4.90%、6.74%、8.87%。可见,小微型企业税费占企业成本比重最大,相当于大型企业的 1.8 倍,大型企业纳税贡献最大,但负担也相对最轻。从调查情况来看,小微型企业的企业所得税税率和增值税税率均高于大中型企业,小微型企业实际缴纳的所得税约为大中型企业的 1/8,但享受的减免税额仅为大中型企业的 1/16。这说明,小微型企业虽然缴纳的税额少,但享受的税收优惠更少。

表 5-2　被调查企业分行业税费负担　　　　　　　　　单位:%

税负	住宿和餐饮业	制造业	信息传输、软件和信息技术服务业	文化、体育和娱乐业	商务服务业	批发和零售业	居民服务、修理和其他服务业	金融业	交通运输业	建筑业	房地产业	仓储和邮政业
名义税负	24.73	5.12	9.98	18.97	11.70	4.85	8.45	18.86	5.69	4.00	11.68	4.43
实际税负	23.35	3.88	8.74	13.84	11.30	4.68	6.99	18.38	2.75	3.94	11.51	3.94

资料来源:加强中国中小微企业国际竞争力研究课题组抽样调查统计所得。

第二节　企业降成本存在的主要问题

当前,影响企业降成本的问题仍然不少,主要表现在以下几个方面:

一、税费政策惠及面不广

长期以来,各级政府积极扶持小微企业发展,不断出台针对小微企业的税收优惠和减费清负政策。但从调查结果来看,小微企业税费成本远高于大中型企业,几乎达到大型企业的两倍,小微企业减费清负政策效果不明显,特别是很多税费优惠政策的门槛过高,真正能享受优惠政策的企业并不多,政策惠及面与需求尚有一定差距。在当前大力治理乱收费的背景下,仍有23%的企业认为非税负担没有减轻,七成以上企业认为非税负担加重,减轻小微企业非税负担十分紧迫。

二、财政奖补资金分配不合理

财政奖补资金在一定程度上降低了企业实际税费负担,但从调查结果来看,财政奖补资金效应不够明显。一方面,财政奖补资金产业导向不甚明确,存在"撒胡椒面"现象;另一方面,对产业结构优化影响较大的服务业,获得财政奖补扶持的力度相对较弱,从税费占企业成本的比重来看,名义占比与实际占比相差无几。财政奖补政策一般与生产设备投资规模、企业规模、税收增长幅度、品牌建设、技术改造等相挂钩,支持的对象一般明确为重点企业、重点项目、品牌企业,鼓励企业做大做优,一般小微企业很难达到相关指标,获得财政奖补资金比较困难,这可能导致财政奖补政策出现"逆调节"现象。

三、社保缴费基数不合理

各地企业社保缴费基数标准不一,有些以城镇单位在岗职工平均工资为准,有些以工资总额为依据。调研发现,一些企业实际支付的工资水平低于城镇单位在岗职工平均工资,而社保缴费则以城镇单位在岗职工平均工资为准。这对企业而言,社保缴费基数虚高了。一些企业以工资总额为社保缴费基数,但工资总额中包含了返聘的退休员工、已在外省缴纳社保员工的工资,不剔除这部分工资会影响社保缴费基数。

四、隐形收费仍然不少

目前,针对企业的隐形收费仍然较多,比如强制企业刊登广告和订购报纸、杂志、书籍等,强制企业出资编写目录、画册、年鉴等资料,部分企业存在非自愿参会并要缴纳会费、会议费、培训费等现象。有些外贸企业反映,近年来海关和商检的行政收费大大减少,但与之相关的隐形收费较多,海关查验表面不收费,实际上可能要承担掏箱费、查验费、封箱费、推存费、改船期费、改提单费、滞箱费等名目繁多的费用。

五、"红顶中介"收费仍然较重

建设投资项目行政审批涉及的中介服务事项包括项目建议书编制、环境影响评估、水土保持方案编制、工程可行性研究报告编制、规划方案设计、初步设计编制、概算审核、施工图设计、施工图审查、预算编制和预算审核等十多个主要环节;另外,还可能涉及交通影响评估、建筑节能评估、社会稳定风险评估、地震安全性评估、地质灾害评估、日照分析报告、占用水域影响评估、爆破评估等其他环节。这些中介环节交织穿插在整个行政审批流程中,项目繁多、程序繁杂、办理烦琐,重复送检、收费现象普遍存在。

第三节 企业降成本的实施路径

走出"减负举措多,企业感受少"的怪圈,关键在于提高政策的针对性和实效性,不为减负而减负;坚持正向思维和逆向思维结合,直接减负和间接减负结合,精准减轻企业的显性负担和隐性负担,切实增强企业的竞争力。

一、在结构性上下功夫

在收支紧平衡的新常态下,大规模全面减税降负会使收支矛盾进一步凸显。因此,合理地减轻企业税费负担,不应"全身动刀",而是"局部手术",充分挖掘结构性调整的空间,能免的尽量免,能减的尽量减,能缓的尽量缓,通过结构性的减税降负达到降低企业综合负担的目的,帮助企业走出困境、激发活力。

二、在期限性上下功夫

财政是国家治理的基础和重要支撑,任何一项财税政策的出台,都需慎之又慎,既能解决当下的问题,又能着眼于未来,实现可承受、可持续发展。因此,此轮减税降负政策,是在当前新常态的发展环境下做出的临时性制度供给和安排,更多的是应急性的,要有严格的时限要求和明确的执行时间,确保财政可持续运行。

三、在精准性上下功夫

从企业税费负担的实际情况来看,不同行业、不同规模的企业,其税费负担各有不同。因此,减税降负政策一定要对症施治,不能"千人一方",要区分不同区域、不同产业、不同主体,突出差异性,精准有效地实施定向或相机减税降负。政策的价值取向和预期目标应与整个产业的发展逻辑相匹配,对国家扶持的产业应大力松绑,厚植发展优势,培育壮大新动能;对过剩产能集中的传统产业应采取结构性减税降负措施,推动行业淘汰落后产能和产能升级。

四、在实效性上下功夫

财税政策都是真金白银的政策,不能打水漂。因此,减税降负不是政府对企业帮扶的一个态度,不能沦为摆设,要见到实实在在的成效,真正把企业的税费负担降下来。尤其是在结构调整、新旧动能转换的关键期,通过减税降负的有力举措,为企业发展营造更为宽松的制度环境,提升企业发展动能,为实施创新驱动发展战略、推动"两创"拓展更广阔的空间,注入更强有力的催化剂。

第四节　对策与建议

严格落实中央降成本决策,加强政策跟踪督促落实,使税费改革红利真正惠及企业,让企业"轻装"上阵,促使企业综合成本合理下降,加快推动经济结构调整和产业转型升级。

一、实施精准减税

创新政策优惠方式由单一的直接减免税,变为直接减免、降低税率、加速折旧、放宽费用列支、设备投资抵免、再投资退税等多种形式。对量大面广的小微企业,建议降低政策"门槛",扩大税费优惠面。实施中小企业减半征收企业所得税政策,放宽标准,进一步降低税率,让更多中小企业享受税费优惠政策。调高增值税起征点最高限额,将更多的小微企业纳入享受范围。企业所得税的加计扣除项目和扣除标准应根据新形势、新业态、新需求做出合理调整,以扩大相关优惠政策的受惠面。

二、整合"五险一金"

对"五险一金"进行精算分析,在满足使用的前提下,适当降低缴费比例,按照同类归并的原则进行合理的精简归并。"五险"中,生育保险费率虽然最低,但因各地待遇不同、生育保险和医疗保险界限不清等问题,企业缴纳的积极性不高。基于生育保险是全体员工都要缴纳的保险,与医疗保险缴纳主体、医保费用发生地重合,具备与医疗保险合并的条件。借鉴国际上很多国家将生育保险和医疗保险合并的做法,合并两个险种,做好政策无缝对接。同时,规范或适度扩大纳入医疗保险后的生育报销范围,将生育过程的产检、分娩及相关费用按照医疗保险标准报销。合并两个险种后,兼顾基金收支平衡和不增加企业负担的目的,及时对医疗保险制度进行调整和完善。

三、完善税种

目前,我国出口企业实际税率为3%—4%,而大多数国家对出口都不征税,对外国游客购物还实行退税。建议完善关税的制度设计,加大出口退税力度,尤其要充分考虑新兴业态的特殊性,将跨境互联网+外贸企业纳入出口退税政策范围;"点对点"地降低部分关税,引导海外消费回流。实施差别化城镇土地使用税,征税税率应"就低不就高",调整频率不应过快,适当下调征收标准,尽可能地为企业减轻税费负担。支持标准厂房建设,将标准厂房建设用地纳入年度土地供应计划,鼓励标准厂房微利出租或按土地出让合同约定分割转让。

四、清理政府性收费

全面清理各类收费项目,实施涉企政府性收费目录清单化管理,取消不合理、不合规的收费。对月销售额或营业额不超过一定限额的小微企业,免征教育费附加、地方教育费附加、文化事业建设费,并合理设置执行期限。对安排残疾人就业达到规定比例的小微企业,免征残疾人就业保障金。建立政府定价(或指导价)的涉企经营服务收费目录清单、进出口环节涉企经营服务收费目录清单和涉企行政审批前置服务收费目录清单等制度,把收费项目和收费标准向社会公布,接受公众监督。

五、规范非政府性收费

推进涉企审批中介市场化改革,清理规范中介服务机构"二政府"现象,加快中介服务机构与政府部门脱钩,减少实体企业不必要的时间成本和财物消耗。无论是实行政府定价的,还是实行市场调节价的收费项目,都纳入收费目录,目录以外的项目不能收费。坚决制止乱收费、乱罚款、乱摊派行为,清理规范社会团体、行业协会等收费。加快推进社会团体与行政部门脱钩,禁止其利用行政资源向企业收取费用,严禁行业协会强制企业参加培训、考核评比、订购报刊、加入社团、指定服务。适当降低工会会费征收比例或完善工会服务。

第六章　优化企业投资项目审批中介服务的调研报告

涉审中介是企业投资项目整个行政审批链条的重要一环,掌握着重要的程序性权利和专业性权利。大多数涉审中介服务具有法制性和强制性,特别是对于企业新上投资项目,涉审中介服务往往是其行政审批必不可少的前置条件。实地调研发现,涉审中介服务环节多、耗时长、收费贵是当前企业反映比较突出的问题,深化企业投资项目行政审批制度改革需在涉审中介服务方面再下功夫,帮助企业减负松绑、轻装上阵。

第一节　企业审批中介服务存在的主要问题

一、中介服务慢

以慈溪市某民间投资项目的行政审批为例,项目并联审批共用时135天,其中行政审批部门的审批用时25天,占全部审批用时的18.5%,中介机构审批用时110天,占全部审批用时的81.5%。即便实行高效快速审批,中介机构审批用时也是行政审批部门用时的2倍以上。特别是有些涉审中介服务,市场化程度不高,地域垄断性较强,在项目上马比较密集的阶段,往往出现"中介忙得热火朝天,业主等得心急如焚"的现象。永康市某部门负责人反映,永康没有施工图审查中介机构,金华市范围内也只有2家,很多项目图审别无选择,即便是仅有的2家施工图审查中介机构,也是画地为牢、攻守同盟,导致项目图审"排长龙"。开工建设较急的项目,还得千方百计"托人情、找关系"才能尽快图审。在这样的情况下,中介机构所谓的服务时限变成了空头支票。有些市县行政服务中心负责人坦言,"体制内"的行政审批提速空间并不大,但"体制外"的中介服务效率仍有潜力。对企业而言,以前是"苦等审批",如今是"干耗中介"。大量时间耗在中介机构的可行性研究、审查、评估、设计等方面,不仅仅是时间成本问题,甚至有可能错过市场机遇。

二、中介服务贵

据某市县行政服务中心负责人反映,一个建设项目的中介服务收费项目多达40余项,不少业主认为,这些收费累加起来是一笔不小的开支。中介服务收费依据既有国家部委的政策文件,又有行业主管部门、物价部门的规定,收费标准一般执行政府指导价或行业收费标准,但实际操作过程中价格弹性较大。特别是一些处于垄断地位的中介服务项目一般执行收费标准上限,没有下浮或打折。比如气象防雷,整个金华市只有1家,对民营企业开放性不高,基本属于垄断性中介(根据相关政策,建筑必须安装避雷针等防雷装置,经检测机构出具合格报告后才能竣工验收)。有些开发商反映,防雷检测费比10年前贵了好几倍。再如施工图审查,慈溪市本地只有一个施工图审查受理点,由宁波市6家施工图审查机构负责受理。这6家中介机构委托慈溪市受理点统一收件,轮流分配业务,业主没有自主选择权,施工图审查费工业类建筑厂房1元/平方米,其他1.4元/平方米,从不打折。《建设工程质量管理条例》规定,建设单位应当将施工图设计文件报县级以上人民政府建设行政主管部门或者其他有关部门审查。《房屋建筑和市政基础设施工程施工图设计文件审查管理办法》规定,各地根据实际情况认定一定数量的不以营利为目的的审查机构。事实上,浙江省认定的44家施工图审查机构绝大多数为以营利为目的的企业单位(1家属自收自支事业单位)。调查还发现,个别类型的中介机构以协会名义或行业约定,在收费标准方面攻守同盟,不允许擅自降价,否则以协会名义进行处罚。比如卫生检疫,有些中介机构通过地方协会事先约定收费标准,"划片分区""各收自粮",互不侵犯领地。

三、中介服务繁

调研了解到,一个基本建设投资项目行政审批涉及的中介服务事项包括项目建议书编制、环境影响评估、水土保持方案编制、工程可行性研究报告编制、规划方案设计、初步设计编制、概算审核、施工图设计、施工图审查、预算编制和预算审核等十多个主要环节;另外,还可能涉及交通影响评估、建筑节能评估、社会稳定风险评估、地震安全性评估、地质灾害评估、日照分析报告、占用水域影响评估、爆破评估等其他环节。这些中介环节交织穿插在整个行政审批流程中,项目繁多、程序繁

杂、办理烦琐。有些垄断性较强的中介服务供不应求，导致项目成果偷工减料，造成业主往返折腾、反复整改。有些中介机构"多头挂靠"，本身资质不达标、服务质量不过关，但由于缺乏技术成果后评价及追责机制，即便产生不良信用记录，仍可承接相关业务或选择重新挂靠。

第二节 企业审批中介服务"慢、贵、繁"的成因

一、明脱暗不脱，脱名不脱实

诸暨市有关部门负责人反映，住建领域的规划设计、勘测设计、国土领域的测绘，建筑领域的图审，气象领域的防雷检测等中介机构，仍属于有关审批部门的下属单位，致使项目业主遴选中介时不得不定向选择。有些中介机构与行业主管部门存在"明脱暗不脱""脱名不脱实"等现象。表面上看，大部分中介机构改制工作已基本完成，并已按有关规定在人员、名称、财务、机构等方面与原主管部门脱钩，但事实上部分中介机构与行业主管部门仍存在千丝万缕的联系。行业主管部门通过行政审批掌握着中介业务的审核权，中介机构或由其"指定合作"，或返聘主管部门退休人员，依托原主管部门的关系在中介市场上包揽业务。甚至有些中介机构尚未脱钩改制，如房产评估、气象防雷、计量检测、白蚁防治等领域的部分中介机构仍由行业主管部门管理，其业务工作、人事关系、工资关系等仍隶属于行业主管部门。

二、地域垄断，攻守同盟

有些行业领域在市县辖区内仅有一家或少数几家中介机构，这些中介机构承担着重大项目可行性分析或提供高技术壁垒的专项服务，往往处于绝对垄断或相对垄断地位。一些市县行政审批部门对中介机构的准入实行总量控制与总体调剂，不利于实现中介机构与市场需求的自动匹配，客观上起到了干预市场、加剧垄断的作用。有些市县直接或变相规定由本地中介机构提供服务，实际上剥夺了企业对中介机构的自主选择权。值得关注的另一个现象是，有些市县之间的同类中介机构事先约定，各占领地，互不干涉；有些市县辖区内的相关中介机构相互协商，攻守同盟，在业务上各分一杯羹，导致中介市场竞争不充分。

第三节 对策与建议

一、专项督查涉审中介脱钩改制工作

推进涉审中介彻底脱钩改制,包括组织人员、职能职责、资产财务、办公场所等全方位脱钩。剪除隐性裙带关系,斩断主管部门与中介机构之间的利益链条,从源头上规范中介机构涉企收费行为。加强对公职人员、退休领导干部在中介机构兼职的清理,规范主管部门行政行为和中介服务行为。严厉打击违法中介行为,对无证无照从事中介活动的单位和个人,依法予以取缔。建立中介机构失信、处罚披露和"黑名单"制度,对列入黑名单的中介机构实行技术性惩罚。

二、研究制定打破涉审中介区域性、行业性壁垒的具体政策

放宽中介市场准入标准,重新核定部门规章所设置的准入门槛,取消中介备案审查机制,坚决纠正擅自设置、抬高准入门槛或借备案管理变相设置区域性、行业性中介服务执业限制的现象,不得变相指定中介机构提供中介服务,不得通过划分区域等形式变相垄断中介市场,防止"肥水不流外人田"的圈地现象。目前,一部分中介机构采取"资质挂靠"方式,规模普遍偏小,业务能力不过硬,服务质量保障不够,应引导市县加快引进资质等级、执业水平、资信度高且本地紧缺的中介机构,支持社会资本参与中介机构脱钩改制和资产重组。

三、积极开展"集中性技术审查"试点

对于具有区域性共同特点、具有技术性审查性质、单个项目同质性很强的中介服务项目,比如城市建成区(即城市已经建成使用的区域)的地震安全性评估、高度限制范围以内建筑的雷电灾害风险评估等,可委托中介机构对整个区域进行一次性评估,区域内企业共享结果,不再对该区域内符合条件的具体项目进行重复评估。一次性评估(评价)费用可先由当地财政支付,制定费用分摊规则,由企业分摊部分费用。探索"捆绑式"中介服务,由全资质中介机构或相关中介机构联动,对地籍测量、规划测量、建筑测量等测量项目进行"捆绑式"测量,对工程造价核算、工程初步设计、施工图审查、建设方案编制等进行"捆绑式"中介服务。

四、完善涉审中介服务目录清单及管理办法

全面摸排中介服务事项,无法定依据的中介服务事项一律清理,程序性且不发挥实质性作用的中介服务事项一律予以取消;对有依据的审批前置事项根据需要进行分类,审批部门能办理的,不能委托中介机构办理。发布中介服务目录清单,对部分中介服务实行政府购买。规范中介服务行为,缩短中介服务时限,对评估检测类服务事项,实行与对应行政审批事项办理时间捆绑计算考核,实现同步管理、整体提速。

第七章　要素市场化倒逼中小企业
转型升级的调研报告

破解经济的结构性扭曲,关键要找准行之有效的突破口,让市场的决定性作用真正落地见效,同时发挥好政府的作用。要素市场化配置改革叠加了正向激励机制和反向倒逼机制,旨在改变行政配置方式,促使要素高效配置、充分流动和优化重组,这不仅有利于要素集约、节约利用,实现合法配、合理配、优质配、高效配,更重要的是以"四两拨千斤"的效果撬动企业加速转型升级。因此,有必要积极探索创新,为要素市场化配置改革趟路,建构一套具备较强的操作性、公平性和绩效性的配置制度,突破体制机制障碍,释放市场在要素资源配置中的决定性力量,让稀缺性要素资源尽可能最优化配置,最大限度地激发企业内生活力和转型动力,最大力度地撬动经济结构调整,最大限度地推动经济实现高质量发展。

第一节　要素配置结构性扭曲的主要问题

经济提质增效的关键是破解结构性扭曲和技术性瓶颈。单就结构性矛盾而言,如果结构调整优化不快,则经济质量提升就会受到影响。这个矛盾不同于周期性问题,熬一熬就会过去,不下狠心很可能积重难返。产业结构、城乡结构、市场主体结构、需求结构、人口结构、要素结构、能源结构、区域结构、税源结构等,或多或少存在一定的扭曲。而且,这些结构存在关联性和协同性,一种结构变化势必引起一系列结构变化。比如,低端的产业结构匹配的必然是低端的人口结构、税源结构、需求结构,城乡结构、区域结构等也会受到影响,最终还会反作用于产业结构。因此,结构性扭曲问题容易使经济被低端锁定,陷入低水平循环。人均 GDP 一万美元左右是"中等收入陷阱"的重要考验期,而结构性扭曲是"中等收入陷阱"的关键瓶颈。打破低端锁定,越过"中等收入陷阱",必须致力于跳出"低端产业链、低素质劳动力、低技术含金量、低附加值"的低水平循环。这既要多管齐下、多点发力、点面协同,让这些结构朝着"出低入高""退劣进优"的方向协同推进,又要抽丝剥茧,抓住要害环节,在支撑性、牵引力较强的结构上着力。通常,我们把企业理解成一个由投入到产出追求利润最大化的"黑匣子","输入端"或者说"吃进去的"主要是劳动力、资本、技术、土地、能源等要素,"输出端"是产品或服务,"吐出来的"是废水、废气、固体废弃物。结构调整可以从"吐出来的"东西去倒逼,比如节能、降耗、减排、治水、治气、治违等,也可以从"吃进去的"端口去调控。从后者来讲,就是让企业竞争性获取要素,从事后惩罚性的倒逼转向事前主动性的调配,避免要素无效或低效错配,防止低端产能反复出现。经济的结构性扭曲在很大程度上是由于要素配置的结构性扭曲,如果要素不设门槛供向低端、低效产能,那么产业结构调整很可能事倍功半。要素市场化配置改革就是要改变要素配置结构,作用于产业结构,继而左右需求结构、人口结构、能源结构等。所以,以纠正要素结构扭曲来促进经济结构调整,撬动点比较精准,撬动效应比较有效。

第二节 要素最优化配置的改革取向

充分竞争、自由流动配置的一般性要素,自然遵循市场规律,但对于公共部门实际拥有、控制的经营性、垄断性或特许经营性要素,比如用地、用能、用水、环境容量、财政专项等,尚未形成市场化配置。这类具有稀缺性、公共性特质的要素要达到最优化配置,必须着力解决价格性扭曲和效率性扭曲两个问题。所谓价格性扭曲,就是要素价格没有充分体现要素的稀缺性和要素利用的外部性,阶梯式、累进式价格体现得不够充分,环境污染治理成本没有内部化。目前,要素价格包含了资源的生产流通成本,但没有充分纳入资源补偿、环境破坏的外部成本,要素价格低甚至远低于真实价值。所谓效率性扭曲,就是要素没有完全流向效益最大化的目标,有可能配置到了低效企业或低效环节。如何优化配置公共性要素,最大化发挥其价值和对结构调整的撬动作用,真谛要义还是公平竞争、优胜劣汰,谁有效益、谁得要素,谁效益高、谁越有保障。这靠行政机制则难以充分、有效实现,必须植入市场化逻辑,依据效益竞争性配置。从长远来看,这是趋势使然,而且一箭多雕。首先,要素约束越来越刚性,稀缺性越来越强,我们离要素供给的"天花板"越来越近,有的要素先天禀赋不足,依赖进口或外调,有的"要素红利"已转为"要素负债"。其次,要素配置应作为转型调整的"牛鼻子"来牵。要素获取能力强的企业应是亩产效益榜单上相对靠前的企业,拿不到要素的往往是低端企业或低端产能。这个"牛鼻子"牵好了,结构调整牵一发而动全身。再次,要素竞争性配置使各类要素朝着一致方向流动,这样要素最优化配置的叠加效应就更加明显,以往条块分配致使要素稀释化、低效化的现象就可以改变。最后,要素成本趋于合理。以往要素利用的部分成本外部化,企业不是最终的承担者,往往转嫁给了社会。基于市场化导向的配置机制和交易机制,把外部化的资源成本和环境治理成本内化为企业成本,让要素价格更好地反映市场供求、资源稀缺程度、生态环境损害成本和修复效益,这是要素配置改革的大势所趋。

第三节 对策与建议

要素配置改革路径应以市场化为导向,以亩产效益为核心,以差别化政策为手段,以精准化配置为目标,建立一把科学合理衡量企业效益的"标尺",根据亩产效益引导要素流向,实现要素配置价值最大化。

一、市场化导向

行政手段配置很难反映要素资源的真实稀缺程度,要素价值难以实现最大化,对结构调整的作用也难以充分发挥。让市场在要素资源配置中起决定性作用,实质就是明确效益评判规则,企业按照规则公平竞争、优胜劣汰,最终用效益规则替代行政规则。

一级要素配置市场重在评判规则的科学、合理。按照市场化配置的基本逻辑,要素应配给亩产效益好的企业,企业效益越好,要素倾斜力度越大。从海宁试点经验来看,分行业、分档次实行差别化要素配置,关键是评价规则要科学、合理,能够体现企业效益与要素保障的匹配性。规则一旦制定好,就要发挥亩产效益这个"指挥棒"的导向作用,让要素按照规则向效益好的企业流动,杜绝政府有形之手对微观要素配置的直接干预,避免要素的违规配、无序配、劣质配、低效配,实现要素的合法配、合理配、优质配、高效配。

二级要素交易市场重在交易规则的公开、透明。通过要素二次配置,进一步提高要素的利用效率。企业通过技术改造、工艺改进或管理优化,集约、节约利用腾出来的要素空间,通过二级市场获得补偿性收益,真正体现"谁保护、谁节约、谁受益"的原则。从实际层面来看,土地使用权是开放的,二级市场也越来越活跃,但是用能、用水、排污权只有一级市场,二级市场还没有形成,交易范围十分受限。做好二级要素交易市场,需要构建集标准制定、信息发布、挂牌交易、价格评估、咨询服务于一体的要素交易市场,制定科学、规范的二级市场交易规则和流程,统一信息披露、交易规则、交易确认、定价标准,鼓励和引导企业进场集中交易。二级要素交易市场应鼓励社会资本参与,支持引入第三方机构运营。

二、差别化政策

要把市场在资源配置中的决定性作用和政府更好地发挥作用很好地结合起来,把亩产效益作为市场的"无形之手",把要素差别化配置作为政府的"有形之手",将企业亩产效益和要素差别化配置挂钩,实现要素利用最大化和企业效益最大化的双重目标。

第一,差别化的要素配置政策。根据企业亩产效益情况,在用地、用电、用能、排污权、城镇土地使用税、房产税、信贷、引进人才、申报项目等方面实施有区别的政策,包括差别化的电价、差别化的供地、差别化的地价(城镇土地使用税、房产税)、差别化的排污价等。政策导向不仅是排出企业的效益榜,更重要的是通过企业亩产效益综合评价,对效益好的企业形成激励,触动效益比较差的企业的神经。要进一步加大差别化价格实施力度,海宁在城镇土地使用税差别征收上,采用了每平方米最低3元、6元、9元三档,而根据国家有关规定,县级最高可征收每平方米12元,小城市最高可征收每平方米18元。要素市场化配置的面要进一步拓宽,除用地、用能、排污等要素已经市场化之外,在条件成熟的情况下,还要逐步拓展到财政专项、技改资金、用水等要素。而且公共性要素投向会影响一般性要素流向,比如用地、用能、环境容量等重点倾斜的企业往往也是信贷、创新、人才引进等的支持重点,这样就会联动形成各类要素优化配置的叠加效应。

第二,差别化的产业政策。不同行业要实行不同的产业政策。国家明令禁止的高能耗、高污染的落后产能,不进行差别化评价,坚决予以关停并转;国家大力鼓励的高新技术产业、战略性新兴产业、特色性主导产业等,在发展初期要给予特别的扶持和培育,不能一味地按照亩产效益论英雄。与工业相比,服务业用能少、排污少,不适用工业评价指标体系,可探索建立以亩产税收、亩产营业额为主的评价指标体系,引导现代服务业和高端生产性服务业发展。评价工业企业亩产效益,应进一步细分行业,体现行业差异性,增强企业之间的可比性。

第三,差别化的企业政策。企业分类分档要精细化,使政策的差别化与企业的差别化更好地匹配。企业有生命周期,处于不同发展阶段的企业,效益可能大相径庭。对处于投入期、成长期,还未进入成熟期的企业,以及新引进的企业,要区别对待,设置一定的过渡期。规模以下、占地较少,主要解决就业问题的民生企业,如果和规上企业同台竞技,则可能难免被淘汰。像占地3亩以下的工业小微企业,首先要解决的是"吃饭"问题,应该予以差别化对待,但是差别化政策尺度不宜过大,以免小微企业"逆向选择",丧失"小升规"积极性。

第四,差别化的县域政策。从实际情况来看,要素市场化配置改革牵一发而动全身,难以一蹴而就,应先在适宜改革的县市推开,根据实际情况分步实施。第一步是县域范围内的要素市场化,第二步是县域间、市域内(设区的市)的要素市场化,第三步是全国范围内的要素市场化。目前,各县市可借鉴海宁要素市场化配置的思路,但由于产业结构、企业结构等存在差异,因此在具体指标设置和权重赋值上需要结合自身实际。评价指标变化必然牵涉到权重变化,需要反复模拟测算,更好地反映企业的真实效益。目前,县域层面的要素还是分区域下达,对县市节能减排还有考核指标,如果要素市场化范围一下子铺得太大,则要素流动可能会失去平衡。所以,需要在条件成熟的前提下,稳步推进要素跨区域流动配置。

三、精准化配置

要使要素适得其所,就不能"漫灌",需要"滴灌",以体现激励或倒逼企业转型升级的精准性。通过要素精准化配置,既能激发"重点扶持类"企业争先进位,增强转型升级内生动力,进一步提高亩产效益;又能促使"鼓励提升类"企业你追我赶,加快机器换人、空间换地,向"重点扶持类"企业靠拢;还能限制"落后淘汰类"企业盲目扩张,倒逼企业加快整治提升或兼并重组。

第一,评价数据要精准。评价数据是否精准,直接影响企业的效益评价,从而影响要素的精准化配置。所以,要通过细致摸排,全面摸清企业数据,掌握准确的第一手数据,建立基础数据库。对企业的效益评价要细而又细、实而又实,对存有异议的数据要反复核实,摸清企业的用地、厂房面积和租赁情况,全面反映企业的经营业绩,做到数据真实、客观、可靠。一方面,体现激励性。比如亩均税收指标,促使企业通过分割出让多余土地或低效土地来提升亩产效益,激励企业如实报税。另一方面,体现强制性。建立企业申报业绩弄虚作假"黑名单"制度,一旦发现企业虚报经营业绩套取要素资源,就纳入评价体系"黑名单"并给予惩罚性的要素配给限制。

第二，评价体系要精准。企业亩产效益是要素配置的参照指标，亩产效益评价模型是衡量企业绩效的"标尺"。这根指挥棒直接指引企业转型升级的方向，所以要精准、客观，不能有偏、失准。指标设置、权重赋值要科学、合理，要真实反映市场主体的绩效，体现改革的公平、公正。关于指标的筛选，可选取亩均税收、亩均销售、亩均工业增加值、单位能耗工业增加值、排放单位COD（化学需氧量）工业增加值、单位GDP用水量、全员劳动生产率等指标，同时要结合各地实际，特别是不同的主体功能区，评价导向不同，评价指标不能简单复制。关于权重赋值，要依据评价的侧重点和发展的贡献度，实际操作中要反复模拟测算。如果是生态功能区，则单位能耗工业增加值、排放单位COD工业增加值、单位GDP用水量等指标的权重可适当加大；如果是工业功能区，则亩均税收、亩均工业增加值等指标的权重可适当加大，等等。总之，要实事求是，因地制宜。

第三，要素配置要精准。要素配置应多采用累进制，企业要素利用越高效，奖励力度越大；反之，惩罚力度越大。在土地配置上，通过提高电价、水价、排污价、税收等用地持有成本倒逼企业退出低效用地，同时建立差别化、弹性的供地模式，实行"带设计方案""带亩产效益方案"出让土地，将投资强度、亩均税收等指标纳入土地出让合同差别化管理，根据项目推进建设阶段建立开工保证金、竣工保证金、亩产税收达产保证金等制度。如果企业履行项目投资协议，则全额退还各阶段保证金；如果未能履约，则收回土地，避免"干一辈子企业不如圈一块地"的现象。

四、高效化服务

效益评价面向千千万万家企业，核实数据、指标评价、分类分档、要素配给等工作需要大量的反复沟通，差别化政策要一一落实到位，还要做到动态评价和实时监督管理，这需要公共服务无缝对接，落实工作责任、时效、标准、程序，全过程做到公开、公平、透明、高效。

一是审批精简化。推进要素市场化配置改革，必须以深化审批制度改革来配套，以审批制度改革撬动要素市场化配置改革，特别是要素市场化配置改革在县域层面全面推开以后，需要赋予县域层面更多、更灵活的审批权限，加快推进审批精简化、高效化，为企业松绑减负，激发企业主体活力。要创新土地要素审批方式，建立高效化的土地要素审批机制和流程，进一步提升土地要素的配置效率和水平。坚持企业投资需求导向，执行涉企事项审批负面清单，对负面清单之外的项目实行"先建后验"，推动从事前审批向事后监督管理转变，解决好"重审批、轻监督管理"

问题,便于企业轻装上阵。

二是评价阳光化。县市政府是要素市场化配置规则的制定者、执行者、监督者,一定要按规则阳光化办事,不直接参与或干涉微观事务。要素市场化配置政策、规则、过程、结果等建立全过程、全方位的公开机制,不仅要政策公开、结果公开,过程也要公开,从头至尾做到阳光透明。企业的效益评价情况和要素配置情况要全面上网、上报公示,接受行业监督和社会监督,让企业感受到公平、公开、公正。要加强政策宣传,特别是专题性的政策解读、典型性案例的宣传诠释,向企业释放强烈的改革信号,让企业对改革有合理预期,让企业有可学、可随的样板,引导企业主动参与改革。

三是服务精细化。要素市场化配置改革对存量企业是压力,对增量企业是引力。"凤凰满天飞",最终到哪里落脚栖息,关键是看政务服务和投资环境。政务服务一定要精细化,让好的"凤凰"得到好处,感受到公平,形成引力,以凤引凤。对存量企业而言,不能仅向每家企业发出亩产效益的"成绩单"和要素配置的"通知单",更重要的是,通过对企业的"集体体检",让企业能够主动横向对比,搞清楚在所处行业的位置和转型发力的方向。按照亩产效益高低和企业实际情况,开出针对性的"药方",引导企业自查问题、自行整治、自我转型。要进一步创新评价工作机制,简化企业亩产效益评价操作,不为企业和基层增加过重的负担,尤其要探索类似按揭贷款、个人税金的智能评价软件,方便企业"预评价",增强企业对改革的预期性和主动性。

第八章　企业创新环境的调研报告

科技创新是推动经济高质量发展的重要驱动力。没有强大且有实力的科技支撑,我国则难以真正迈入创新驱动、内生增长的轨道。科技创新是提高社会生产力和综合国力的战略支撑,必须摆在国家发展全局的核心位置,要着力构建以企业为主体、市场为导向、产学研相结合的技术创新体系,促进创新资源高效配置和综合集成,把全社会智慧和力量凝聚到创新发展上来。加快创新驱动,提高全要素生产率,亟须把科技创新作为加快经济高质量发展的重要抓手,突出企业的创新主体地位,进一步健全和完善科技创新评价激励机制、动力激发机制、协同创新机制、转化促成机制,着力营造求真求新、奋力探索的创新氛围,切实激发方方面面的创新力量和热情,为转变经济发展方式和实现经济高质量发展提供源源不断的动能。

第一节　企业创新环境存在的突出问题

众所周知,科技成果只有转化为现实的生产力,才能发挥对发展的支撑引领作用。当今世界,经济的竞争不仅越来越表现为科技的竞争,更直接表现为科技成果特别是高新技术成果的转化数量、质量和转化速度的竞争。人才是第一资源,教育是第一基础,科技是第一生产力,创新是第一驱动力。科技创新本身不在于科技研发和基础研究,而在于科技成果的转化和应用,在于促进科技创新与产业发展紧密结合,从而成为经济发展的现实驱动力。

一、评价指挥棒失偏问题

发表论文和科研立项是高校院所普遍关心之所在。为了提升学科竞争力和学术影响力,不少高校院所将科研力量和工作重心放在重点学科、研究基地、博硕士点建设上,把研究人员的职称、职务与发表论文数、出版专著数、课题立项数挂钩,按成果级别量化累计并作为职称评聘、职务晋升、科研奖励的依据。在这种"重发表、轻运用,重立项、轻转化"的评价机制导向下,高校院所更关心科技创新成果的"产量",研究人员更在意哪个领域或选题更易、更快出成果,至于这些成果是否为企业和社会所需、所用则重视不够。高校院所形成了相对封闭和僵化的体内小循环,脱离了经济社会发展大循环。企业界人士、科技部门工作人员则反映,科研院所、高校自主申报课题进行研究,很少考虑其现实应用价值及其转化所能产生的效益,这种模式导致科技决策不科学、科技资源分散、产学研不互通等问题。因此,尽管高校院所科技成果数量与日俱增,但并非基于市场需求驱动下的增长,况且不少成果在职称评审、课题验收结项后束之高阁,最终导致科技成果雷同多、原始创新少,成果数量多、实际转化少,高校院所创新成果与企业和市场急需脱节。

二、企业创新动力不足问题

企业是经济活动的基本单元,最贴近市场,对市场感知和产品需求最敏锐,所谓"春江水暖鸭先知",理应成为创新的主体。但长期以来,我们走的是高校、科研院所主导创新,企业偏重生产运用的路子,导致无法动态把握市场走向和产业发展趋势,难以有效将创新成果转化为现实生产力,企业技术创新的主体地位没有真正确立,企业科研投入的动力和热情明显不足。再加上创新环境不佳,不少企业对创新忧心忡忡,担心投入产出周期长,沉淀成本高,创新风险大,特别是仿冒盗版成风。如果知识产权保护不力,假冒伪劣盛行,违法成本又低,则必然导致科技领域"劣币驱逐良币"式的逆向选择,伤害企业创新的积极性。具体而言,企业创新投入不足的原因各异。国有企业有创新实力,不缺研发资金,但由于市场占有率本身较高,科技创新绩效考核又不受硬约束,创新动力不足。一些国有企业负责人对创新"不冷不热",认为"创新时间较长、风险较大,不成功要自己兜着走,成功了也是前人栽树后人乘凉"。民营企业富有创新活力,但往往缺乏研发实力,资源和能力有限,创新实力不足。外资企业研发能力强,但严格控制技术转让,特别是关键核心技术严格保密,技术外溢不足。

三、创新主体协同不够问题

科技创新力量多元,除高校、科研院所、企业研发机构等三大主力军之外,还有中介服务机构、科技社团、投资机构、法律机构等大量辅助力量。但长期以来,各类科创主体协作意识淡薄,"小作坊"观念较强,协作机制匮乏,甚至抱着"别人有不如自己有""自己有不如独自有"的心态,彼此条块分割,独立运行,资源不能共享,

信息不能互通,优势不能互补,即使同一研究方向的科研团队也是"各自保密,分别使劲",攻克一项科技难题的实际耗费数倍于协作研究。而且科技资源分散在科技、发改委、教育等多个部门,科技项目申报、中试、转化等不同环节的科技经费来源均不同,导致一些科技项目多头重复申报,科技成果重复利用,科技资源重复获取,科技力量耗散流失,制约了有限科技投入的最大效用发挥。

四、科技成果孵化不够问题

创新的本质是将创造的知识和技术转变为经济效益的过程。只有科技成果转化成功,创新价值才得以实现。然而,目前我们的科技成果转化率大约只有25%,最终实现产业化的不足5%。科技成果转化率不高,并不完全在于技术不成熟、企业不接受、扶持力度不够,也不一定是企业不愿投、不敢投,很重要的一方面是科技中介服务不够。科技中介服务是孵化科技种子的"阳光"和"雨露",没有良好的科技中介服务,科技"种子发芽""破土而出"就会很难。目前,各种冠名生产力促进中心、科技孵化中心等的科技中介机构琳琅满目,但这些机构不少是从计划经济体制下转化过来的,服务理念、市场化意识、专业化程度等都与现代科技服务需求有不少差异,难以为企业科技成果转化提供全方位、一条龙式的良好服务。更有甚者,一些科技中介机构的服务宗旨和目标有一定异化,不是以帮助企业转化科技成果为导向,而是以帮助企业或科研院所争取科技立项为任务。据熟悉科技中介服务的人士反映,这个行业的不少机构主要精力不在于为企业转化科技成果排忧解难,而是帮助企业"包装材料"向有关部门公关,争取科研项目经费。

五、创新环境浮躁问题

科技创新的"天敌"是心浮气躁,急功近利。没有甘坐冷板凳的执着精神,是难以出大成果的。必须正视的是,在现有评价考核机制下,加上社会不良风气的影响,一些科研人员不敢冒险、害怕失败,被成王败寇的功利观念束缚住了手脚,没有踏踏实实地搞研究,甚至向歪风邪气低了头,将严肃神圣的科研工作变成了"圈钱"的捷径。

第二节 企业创新环境的变革方向

美国著名学者迈克尔·波特提出的"创新增长理论"认为,经济增长是一个逐步从"要素经济"转向"知识经济"的过程,主要分要素驱动、投资驱动、创新驱动三个阶段。第一个阶段是要素驱动阶段,经济增长主要靠资源和劳动力投入;第二个阶段是投资驱动阶段,经济增长主要靠资本投资;第三个阶段才是创新驱动阶段,经济增长主要靠知识创新和技术应用。目前,经济发展还处在以要素和投资驱动为主的发展阶段,主要靠物质要素投入推动经济增长,靠规模经济和低成本优势换取竞争力,创新对经济增长的贡献度还不高,科技还没有真正成为发展的主动力。因此,必须坚定不移地走创新发展的道路,大大强化科技创新的驱动力,做到"三个结合"。

一、加快推动科技和需求紧密结合

科技创新要始终坚持以市场为导向,紧紧围绕经济社会发展的规划和产业结构优化升级的需要来进行,发挥市场在资源配置中的决定性作用。围绕地区主导产业,针对制约企业发展的技术瓶颈,确定科技创新方向,突破关键核心技术,满足企业当前发展需要。要结合国内外科技发展趋势,着眼提升长远竞争力,注重前瞻性、战略性和应用基础研究,加强技术储备,促进企业的可持续发展。要坚持有所为有所不为,选择具有良好发展基础的重点领域和战略性新兴产业,集中优势资源,实现重点突破,掌握一批具有自主知识产权的核心技术。同时,要紧贴科技创新和成果转化,创新科研人才评价机制,不能一味地"以论文论英雄",切实把"转化实效"作为重要的评价依据。

二、加快推动技术和资本紧密结合

有些地区民营经济发达,民间资本雄厚,但企业技术研发相对较弱。如何把民间资本引入实体经济,是个很大的课题。高校要充分利用自身的创新资源和创新要素,主动加强与民间资本的嫁接,积极探索转让、许可、质押和股权作价等方式,促进知识产权的资本化、商品化和产业化,实现技术资本与民间资本的联姻。要进一步强化高校与企业的技术创新战略联盟关系,开展多种形式的技术合作和研发创新,共享成果、共担风险,从根本上激活高校的科技创新创业能量。

三、加快推动人才和项目紧密结合

高校既是培养人才的摇篮,又是孕育科技成果的高地。一方面,要认真履行高校人才培养的基本职责,既要大力培养造就高层次的创新型科技人才,又要突出抓好创业型人才和实用型技能人才,为经济社会发展提供有力的人才支撑;另一方面,要鼓励高校科研人员走进市场、走进园区、走进企业,走向创新创业的主战场,以重大科技专项、重大科技工程项目为载体,在技术攻关、搭建平台、推广应用、嫁接改造上创造新业绩。

第三节 对策与建议

一、极力破解高校院所"发表就是硬道理,立项就是生产力"的科技评价机制扭曲的难题

评价机制扭曲问题是科技投入产出率不高的重要原因之一,必须着力破解。要尽快调整将论文发表数、课题经费数、项目专利数、获奖成果数与职称、职务晋升挂钩的机制,不再以论文和项目论英雄,要将科技创新成果和转化应用实绩纳入考核体系,突出考核是否有实实在在的科技创新成果。在专业技术职称评聘中,要确保有一定比例的指标用于技术转移和成果转化人员。研发项目特别是大型科研项目难以短期见效益,要改变按年度定期考评科技创新成效的做法,适当延长评价周期或实施周期性评估,根据评估结果动态调整科技资源投向和力度,确保有限的科技资源用在刀刃上。要尽快改革科技资源配置方式,科技投入不能过于集中在研发阶段,要建立覆盖研发、中试、转化等全过程的科技资源支持体系,特别是要加大对中试、转化等环节的投入;要改变单一按科研论文和项目配置科技资源的机制,哪怕没有论文或专著公开发表,只要创造出有市场价值的专利、发明、技术或产品,就要给予必要的支持。科研链要紧贴产业链深化研究,高校院所要主动面向市场、面向企业,研究方向和项目遴选要遵循市场规律、瞄准企业需求,突出企业在科研立项方面的话语权,特别是应用型科技研究必须紧扣市场需求,以服务企业和创造价值为宗旨,以科技创新成果产业化为导向,促使科技创新成果尽快转化为现实生产力。要加快推进科技创新成果转化处置权改革,高校院所利用财政性资金资助形成的科技创新成果,转化收益中至少50%要归成果完成人或研发团队所有,让科技工作者更多地享有科技创新带来的收益,有更充足的创造动力和创新激情。要建立重大科技创新成果转化利益均沾机制,对于产生重大影响的科技创新成果,不仅要重奖完成者,还要给予其培养单位(培养人)荣誉,激励高校院所和博士生(后)导师在培养和传承后人上多下功夫,真正在科研领域形成"一代比一代强"的后继有人的局面。

二、极力破解企业科技投入"不敢投不愿投,内生创新动力不足"的难题

当务之急要让企业真正成为创新的主体,资源投入优先向企业集中,创新平台优先向企业集成,科技项目优先向企业集结,高端要素优先向企业集聚,保护企业创新热情,激活企业创新活力,让企业在科技创新上愿意投入、舍得投入。要进一步加大对企业研发的支持力度,切实发挥好企业研发费用加计扣除、研发设备加速折旧等政策效用,支持设立各类科创基金,加大风险投资、天使投资等金融支持,推动产业资本、智力资本和金融资本紧密结合,使企业有动力、有条件在科技创新上加大投入。鼓励有实力的企业特别是领军型骨干龙头企业建立研究院、中试基地、转化基地、实验室等研发机构,鼓励由企业牵头联合高校院所进行科技项目攻关,在制定和实施产业发展规划、科技专项规划等政策时,要更多地征求企业的意见和建议。对于重大科技项目申报,高校院所必须联合企业申报。要尽快完善国有企业创新考核评价制度,将对主要负责人的科技创新考核作为硬性要求并进一步加大考核力度,促使国有企业加大国有资产收益用于研发投入的比例。中小企业和民营企业是富有创新精神、极具创新活力的企业方阵,要千方百计地帮助它们破除制约创新的一切瓶颈,大力推进共性技术向中小企业、民营企业辐射和扩散,积极探索知识产权质押融资等新型融资方式,切实把对中小企业、民营企业的财税金融等相关扶持政策用足、用到位,鼓励和支持中小企业、民营企业承担或参与重大科技项目研发,让它们感受到科技投入"投有所值",真正成为科技创新的生力军。要加大知识产权保护力度,切实保护好创新主体的合法利益,让真正创新的行为得到应有的回报,让破坏创新的行为得到严厉的惩罚,努力营造出尊重知识、尊重人才、尊重创新的浓厚氛围。

三、极力破解各类创新主体"画地为牢各自为战,协同创新不力"的难题

如果延续分散、封闭、孤立的科研工作方式和资源配置模式,单打独斗、各行其是、闭门造车,则很难创造出有影响力的创新成果。要尽快建立产学研结合工作领导小组,设立产学研结合创新专项基金,统筹方方面面的科技资源和力量,协作实施一批有影响力的重大科技专项。要大力破除企业、高校、科研院所等科创主体之间的藩篱障碍,加快构建科技协同创新机制,形成以企业为主体、以市场为导向,基于利益共享、风险共担原则的战略合作联盟。鼓励高校院所与开发区、工业区、产业集聚区、高新技术园区开展科技结对,共建协同创新中心、工程技术中心、博士后流动站,把经济社会发展急切的科技需求转化为重大科技任务,把与产业转型升级息息相关的关键共性技术转化为重大攻关课题,组织跨领域、跨部门、跨行业的技术力量协同攻关。鼓励企业根据实际需要"出题目",交给高校院所攻关破解。对于一些应用广、投入大、转化周期长的关键共性技术,要由龙头骨干企业牵头,以股份制、理事会等方式联合高校、科研院所、行业协会等建立共性技术研发平台或产业技术战略联盟,整合相关资源进行联合承接和研发。对于面向中小企业、市场集中度低的行业技术研发,要围绕产业集群和块状经济建立研发机构,发挥共性技术研发平台的辐射功能,强化科技创新成果共研共享,服务块状经济和中小企业转型升级。要打破科技人才流动的条块分割状态,打通企业和高校院所科技人才流动的障碍,鼓励高校院所科研人员、专家学者到企业兼职兼薪从事研究或自主创业,鼓励企业选派科技人才到高校院所参加技术培训或研发,允许高校院所和事业单位科研人员留岗创业,并在一定时期内保留其岗位职级和工资待遇,支持在校大学生、研究生休学创业,创业实践可抵扣学分,并允许其无限制接续学业。

四、极力破解科技中介机构"服务不专、孵化不够,科技成果转化效率不高"的难题

科技中介服务质量和效率高不高,关系到科技成果能否尽快转化落地。在目前科技与经济"两张皮"问题突出的情况下,有必要进一步强化科技中介服务。要进一步完善技术交易服务标准,规范科技中介服务市场,搭建科技信息服务平台,加强对各类技术创新服务机构、技术评估机构等的管理,促进科技中介机构专业化、标准化、科学化建设,提高科技中介机构服务科技成果转化的能力。要加强科技企业孵化器、大学科技园、留学人员创业园等创新创业孵化体系建设,扶持优质孵化器做大、做强、做实,加强孵化器规范运营管理和考核,进一步提高孵化器孵化服务能力和水平。要大力推进科技中介机构集聚,鼓励会计师事务所、律师事务所、专利商标事务所等科技中介机构贴近企业服务,促进知识、技术、专利、资本等高端创新要素高效耦合,加快科技信息交流、技术交易和科技成果转化。积极探索建立"科技中介服务超市",把有资质、有信誉、有能力的科技中介机构串联起来,为科技企业和高校院所等创新主体提供"量体裁衣"式的科技中介服务,进一步降低科技成果转化成本,提高科技成果转化效率。

五、极力破解科技创新领域"冷板凳不甘坐坐不住,急于求成急功近利"的不良风气的难题

浮躁功利的不良风气侵蚀了孕育科技创新的土壤,必须坚决破除。要坚决反对任何道德失范和学术不端行为,建立公开透明的学术诚信监督机制,严肃处理和坚决打击科研项目重复申报、虚假包装、重复发表、剽窃抄袭等不良行为,决不能让科研成为追名逐利的"功利场",永葆科研一方净土。要大力倡导甘坐冷板凳、十年磨一剑的创新精神,对创新九死一生、风险相伴相随的特点和规律要有科学、客观的认识,摒弃怕等、怕输的急躁情绪和浮躁心态,不盲目追求科研业绩,不片面追求短期效应,引导科研人员在科技创新的道路上永不言弃,百折不挠,潜心钻研,专心探索。要鼓励学术争鸣,宽容失败,允许试错,敢于突破思维惯性,敢于跳出路径依赖,敢于挑战学术权威,敢于提出原创思想,让一切创新火花充分涌现出来。要为科研人员提供基本的生活工作条件,让他们无后顾之忧,潜心开展科研活动,避免疲于申请项目、申报奖励和频繁到处走穴,避免将时间和精力耗散在非科研、非教学活动上,这也是科研人员的呼声和愿望。

第九章　构筑政务生态系统的调研报告

第一节　政务生态系统的含义

热带雨林看似灌木丛生、杂乱无章,却最具生命力,根源在于它有旺盛的生态系统。对一个区域来说也是如此,其政务生态系统的开放性、多元性、网络性、交互性决定了它的生命力。良好的政务生态系统,不仅使系统内的创新创业活力得以充分释放,而且对外部要素也具有强大的吸附力和黏性,有利于形成区域发展的良性循环、因果累积和优势叠加。在加快改革创新、转型升级的新常态环境下,应加速构建政务生态系统,形成充满活力、高效有序、开放透明、互动共生的政务生态秩序。

何谓政务生态系统？这源自对大自然生态系统的比拟,是在一定的区域内,政府与外在环境有机结合形成的统一体,政府内部各要素之间密切联系、相互协作、有机协调;政府外部与环境之间资源共享、互利共生,相互影响、相互制约、相互促进,共同维持系统的延续和发展,朝着生态系统价值最大化的方向,推动生态系统不断进化,快速响应外部环境需求,形成互利共生的政务生态系统。

第二节　良好政务生态系统的特质

阿里巴巴依托电子商务平台的强大力量,连接起中小企业、创业者、消费者、中介服务者,打造成了生态型企业,形成了庞大的用户群、独特的平台优势和自身的生态圈。良好的政务生态系统依托政务服务平台,连接起市场主体、公众、中介组织等各方,生态系统内组织结构有序、资源配置高效、制度供给精准、政策创新涌现,能够快速响应外部环境需求,与公众和市场主体形成良好的共生关系。

一、充满活力

良好的政务生态系统一定是要素集聚、业态多样、生机勃勃、充满活力的生态系统，是一个"有生命"的生态系统。在政务生态系统内部，各类主体自适应、自修复、自更新，各要素之间共生存、共适应、共进化，推陈出新，充满生机。新的政务理念不断生成，新的政务组织方式不断调适，公共产品、公共服务层出不穷，更重要的是，这些变化符合政务生态系统外部环境的需求。

二、开放透明

政务生态系统是一个开放系统。为了维系政府自身的公信力和权威性，政务生态系统对外必须是开放的，不能封闭，应能让公众多方、多渠道、多样性地参与，与外部环境动态沟通、反馈和互动，有效地进行信息加工和反馈。政务生态系统内部的机构、流程、运转过程和最终的公共产品等都是透明的，能够让公众觉得政府是在"玻璃房"里运转，而不是封闭在"黑匣子"里。

三、互动共生

生态系统总是处于不断的进化、演变之中，一个组织的动态平衡具有稳定性、持续性、适应性、革新性。政府处于一个构成要素多样、环境因素复杂、影响变量众多的综合生态系统之中，和自然生态系统一样，也具有自调节、自适应、自平衡的功能。任何生态因子的变化，都可能影响政务生态的演化。政府生态系统作为社会的一个子系统，与所依存的外部环境协同演化、相互适应、共生共荣，形成稳定、均衡、和谐的共生关系。政府并非被动地受制于外部环境的影响，而是可以根据系统内外部的环境变化、条件变化，优化内部结构和功能，调节与环境的互动关系，提高系统整体的适应性，以保持系统与外部环境之间的稳定和动态平衡。

四、有序高效

政务生态系统依靠政府自身的调节能力，与环境之间相互沟通、相互依存、相互制约，形成了良性、有序的互动格局。从内部看，政府组织构架合理、职能分工明确、相互协作配合，公共产品的生产线有条不紊、高效运转。从外部看，它能有效调节政企之间、政社之间、政民之间以及系统内各要素之间的生态关系，使它们最大限度地发挥各自的功能和作用。

第三节 对策与建议

打造良好的政务生态系统,应从系统内部构成要素及其与外部环境之间的相互作用锲入。既要强化政府的功能性,从政务生态系统的内部着力,加强政府功能的有效整合和发挥;又要强化政府的适应性,从政务生态系统的外部环境着力,加强政府与外部环境的互动,建立共生生态圈。

一、从资源配置角度锲入,使政府组织更加适应外部环境需求

任何一个组织的建设应该是环境选择的结果,政府组织也不例外。从组织生态的视角来看,政府要逐步向更加生态化的组织形态转变,减少自上而下的管理层级,加大横向之间的对接与整合。这与原来"金字塔"结构的组织形态不一样。政府组织要把握环境变量,注重组织改革目标与环境的协调性,注重组织改革策略与环境的适应性,促使政府组织弹性化、平台网络化、网络生态化、生态价值化(见图9-1)。

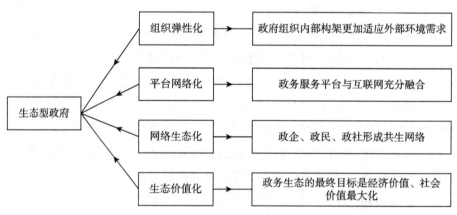

图9-1 生态型政府的组织构架

当前,外部环境、公众诉求、改革任务时时变化,但政府组织机构、工作人员的配置比较刚性,缺乏弹性,不能根据外部影响因子的变化及时进行调整。久而久之,政府组织与外部环境就可能出现不适应性、不匹配性。特别是在互联网大发展的背景下,政府组织不应以职能为中心,而应以终端需求为中心,形成适应外部环境变化的生态型组织。

政府组织改革的方向是需求导向,适应环境,灵活弹性,追求绩效最大化,根据

经济发展和民生改善需求迅速地做出调整。如果政府组织不能有机更新,内部要素之间无序低效,对外部环境响应不够,就会导致政府效能耗散,影响政府治理,破坏政务生态。

优化纵向资源配置。在信息化高度发达的情况下,应减少管理层次和管理层级,朝扁平化方向发展,缩短政策实施路径,从而提高行政效能。要突破政府层级间的"职责同构",减少信息传递、政策落地中的弱减现象,优化政府层级间的职责分工和组织架构。

优化横向资源配置。传统政府更多地强化分工,现代政府更多地强化整合。针对政务"碎片化""跨边界"等问题,应进一步加强机构整合,突出核心职能,推进综合执法,加强综合服务。对职能相近、管理分散的机构进行合并;对职责交叉重复、相互扯皮、长期难以协调解决的机构进行调整;对不适应外部环境变化的职能机构进行撤销。

优化内部资源配置。在每个政府机构内部,资源配置应向政府必须承担的关键性功能倾斜,也就是要向关键性的业务机构、关键性的业务处室(科室)、关键性的业务岗位倾斜,尽可能地减少非业务机构、非业务处室、非业务人员的比重,做强政府的核心功能,提升政府的"生产性能力"。

二、从需求响应角度锲入,架构"互联网+政务""移动政务""大数据政务"等功能平台

从现代政府建设的方向来看,未来的政府一定是"需求响应型"的政府,能够对外部环境需求及时、有效地做出响应,与外部环境形成良性互动关系。目前,政府与外部环境互动的通道比较缺乏,信息和政策传递的层次过多,两者的互动性不够。

建立政企互动、政社互动、政民互动的新型平台和对接机制。快速把公众的需求、企业的需求、社会的需求转化成公共服务或公共政策,让公众知道政府在倾听他们的声音,知道政府在做什么、怎么做,帮助政府寻找工作差距,推动政府把工作做得更好;同时,让政府决策得到更多人的知晓与支持,得到更好的贯彻与落实。作为政府部门,应让更多公众和社会各界参与政务,不是束缚政府,而是解放政府;不是降低效率,而是提高效率;不是"折腾"部门,而是帮助部门。

建立更广泛的政府与公众联系的互动通道,从单向走向双向,从间接走向直接。探索"互联网+政务""政务超市""移动政务"等互动通道,建立基于政务服务

网的网民直接互动机制。在政务服务网上开辟直接吸收民智民意的窗口和平台，政府的重大决策、重大政策、重要信息通过窗口，直接与民众互动。搭建统一的云政务平台，对已有的应用系统进行整合，让所有的政务资源上云端。

建立"政企民直通"的数据信息通道。推进"大数据政务"建设，尽力促进一切政务数据化、推动一切数据政务化。目前，政府决策的数据支撑来自部门的二手数据，这些数据碎片化、粗线条，不够精准。各地、各部门不能各建自己的数据池，而且池之间互不联通。今后应逐步建立政府的大数据库，直接把一线的实时动态数据（不是部门统计报送的二手数据）纳入数据平台，建立统一的政务数据池。通过大数据实时集成、大数据实时分析，推进科学决策、精准施策、动态调策，满足市场主体和公众的需求。

三、从动力机制角度锲入，使各方在共建政务生态系统中享受生态红利

动力机制是建设政务生态系统的核心，它在政务生态系统演化过程中起着决定性的作用。这个动力是政府的推动力、市场主体的自动力、环境的吸引力的交互合成。通过优化动力机制，推动各方共建政务生态系统。

从政府的推动力来看，要深化改革，加强制度和政策供给，优化资源要素配置，调动各类主体优化政务生态系统的热情和积极性。政府应从过去的直接干预、无所不包，转变到构建良好的生态系统上来，搭建平台、完善配套、高效服务、信息共享，创造良好的政策环境、创业环境、投资环境、硬件环境、文化环境，促使创业生态系统尽快生成。要优化政府组织内部的动力机制，探索"投入与产出相匹配的机制"，包括对每个政府工作人员探索"赛马机制"。动力机制设计的关键是尽量用量化指标，刻画每个政府机构和政府工作人员的"投入—产出"。

从市场主体的自动力来看，生态型政府是开放性组织，企业生态与政务生态相互影响、相互作用。应让市场主体充分参与政务生态系统的构建，公共服务、公共产品生产充分与市场主体互动，这是提升政务生态系统竞争力的关键。类似阿里巴巴这样的大型平台型企业，能够在所在区域形成强大的"磁场"吸附力，源源不断地从外界吸引各类要素资源，催化甚至倒逼政务生态系统不断演化。企业创新创业活动持续发生，新企业不停生成，新产品、新技术、新模式层出不穷，都可以移植应用到政务生态系统中。当企业发展到一定规模或一定阶段时，就会产生"病毒式"的扩散能力和"引擎式"的带动能力，吸附一大群中小企业在其周围形成共生的生态群落，促进人才集聚、产业集群、要素集成，快速形成庞大的企业生态系统，

这些生态系统与政务生态系统是互利共生的,会时时刻刻影响政务服务改进和政务生态系统升级。同时,社会力量也是政务生态系统形成、优化和演化的关键条件,要以更加开放的姿态,注重引导、鼓励和吸纳社会力量。

从环境的吸引力来看,"自然生态公共品"从以往的过剩到今天的稀缺,对政务生态、企业生态、创新创业生态的影响力越来越大。自然生态公共品有自身独特的优势,一定要避免"公共地悲剧",用良好的自然生态为政务生态加分。要进一步优化自然环境、人文环境,完善"宜居、宜游、宜创"的功能,推动"就业、创业、置业"有机融合,提高区域环境的吸引力和影响力。

四、从能力建设角度锲入,提高公务员的创新性、活跃性和工作能量

在政务生态系统中,公务员是一个个微细胞,只有每个细胞活跃、充满能量,政务生态系统才富有活力。在知识社会,新知识、新理念、新技术更新速度很快,创造新知识并运用新知识,对政策创新、效能提升、改善政务生态系统至关重要。目前,公务员的知识结构、思想理念、工作能力等方面还存在不适应的问题,特别是工作动力不够强、创新激情不够活跃,这必然影响整个政务生态系统的活力。

当前,应进一步加强公务员的能力建设,加强公务员的政治鉴别能力、依法行政能力、创新能力、公共服务能力、调查研究能力、学习能力、沟通协调能力、应对突发事件能力、心理调适能力等通用能力建设,更好地支撑政务生态系统。要特别关注的是,企业生态、政务生态、社会生态都在不断演化,生态里的每个细胞都在新陈代谢,公务员的能力建设如果滞后于企业高管员工、社会精英人士的能力建设,那么整个政务生态系统恐怕难以跟得上企业生态系统、社会生态系统的演化。

五、从制度供给角度锲入,为持续改善政务生态系统提供长远的保障

古罗马历史学家塔西佗提出了著名的"塔西佗陷阱",认为当公权力失去公信力时,无论发表什么言论,施行什么政策,社会和公众都会给予负面评价。要避免"塔西佗陷阱",必须加强制度供给,更新政务生态,用好的生态赢得公众的信任。要构建"法治导向"的政务生态系统,推进政府权力的法治化,在深化"四张清单一张网"建设的基础上,进一步将政府的"决策、执行、预算、监督、公开"纳入法治化轨道。

政务生态系统建设很难,但破坏很容易,而且一旦破坏恢复更难。近年来,"限购"等政府行为一旦不慎,对政务生态系统就是不小的破坏,对政府公信力就会形成不小的影响。因此,一定要用法治约束政府行为,保护政务生态系统。一是创新

立法规划,提高立法质量。改变法规滞后实际、法规不配套等现象,增加法规的可操作性。二是规范行政执法行为。实行执法责任制和执法评议制,从源头解决多头执法、重复执法、交叉执法等问题。三是健全行政监督机制。健全行政决策监督制度,执行行政复议制度,完善规章和规范性文件的备案审查制度。四是健全政府信息发布制度、政府决策公开制度、政府行为公开制度。实体公开和程序公开都要执行到位,同时建立行政公开例外制度和公众监督评价制度。五是健全吸纳民意的制度。用线上与线下相结合的方式,全方位听取民声、民意,让公众广泛参与。

第三篇
中国中小企业发展数字经济专题调研报告

第十章　关于数字经济"一号工程"若干建议的调研报告

当前,全球经济加速向数字化转型,数字经济呈指数型、井喷式增长,成为驱动经济高质量发展的重要引擎之一。世界经济论坛评估表明:数字化程度每提高10%,人均GDP增长0.5%—0.62%。发达国家纷纷实施数字经济发展战略,美国2015年实施《数字经济议程》、英国2017年发布《数字化战略》、法国2013年发布《数字化路线图》、意大利2014年出台《数字战略日程表2014—2020》等。2008—2018年,中国数字经济规模从4.8万亿元上升到31.3万亿元,占GDP的比重从15.2%上升到34.8%。数字经济爆发式增长,数字经济与实体经济深度融合,成为推动经济高质量发展、可持续发展的强大驱动力。

党的十八大以来,中央出台了网络强国、宽带中国、"互联网+"、智能制造、促进大数据和人工智能发展等一系列重大战略、规划和举措。党的十九大报告指出,要大力推进互联网、大数据、人工智能和实体经济深度融合,发展数字经济、共享经济,培育新增长点、形成新动能。抢抓数字经济发展机遇正成为全国各地的共同选择。各地纷纷出台数字经济发展规划和行动计划,着力加强大数据、云计算、人工智能、集成电路等新技术和新产业布局,持续加大对智能制造、工业互联网、企业上云等方面的支持力度,不断优化对数字经济基础设施建设、数据资源汇聚利用、数字技术融合应用和数字人才引进培育的政策和制度支持。

第一节　实施数字经济"一号工程"的重大战略意义

浙江省在全国数字经济各类榜单中位居第3—4位,应抓住全球经济数字化井喷的窗口期,加快建设数字经济"一号工程",积极创建"国家数字经济示范省",加快"数据强省""数字浙江"建设,打造新经济增长极和具有全球影响力的数字经济中心,力争到2020年数字经济主体产业增加值年均增长20%以上,数字经济增加值占GDP的比重超过45%,成为中国乃至全球数字经济的领跑者之一。大力建设数字经济"一号工程"具有重要的战略意义和实践意义。

一、实施数字经济"一号工程"是网络强国、数字中国战略的重大实践

党的十九大报告中提出,要建设网络强国、数字中国、智慧社会,推动互联网、大数据、人工智能和实体经济深度融合,发展数字经济、共享经济,培育新增长点、形成新动能。2017年12月,习近平总书记在主持中央政治局第二次集体学习时明确指出,要构建以数据为关键要素的数字经济,加快建设数字中国。2018年4月,他进一步指出,要发展数字经济,加快推动数字产业化和产业数字化。这深刻回答了数字经济发展的一系列重大理论和实践问题,为加快网络强国、数字中国建设指明了方向、提供了根本遵循。浙江省要抓住历史机遇,扛起建设网络强国、数字中国的使命,勇立数字经济发展潮头,使数字经济成为推动经济变革、质量变革、效率变革的加速器。

二、实施数字经济"一号工程"是新一轮科技创新驱动发展的重大实践

全球新一轮科技革命与产业变革推动经济社会向更高级形态演进,开启了数字经济发展新时代、新机遇。当前,主要发达国家及地区都在积极布局,力图抢占先机。从国际来看,美国正在推动数字技术产业从移动互联网向云计算和人工智能升级,数字经济规模已超10万亿美元,居全球首位,占GDP的比重超过58%。德国实施"工业4.0",在国家战略层面明确了制造转型和构建未来数字社会的思路。韩国积极布局量子计算、神经形态芯片等下一代数字技术。浙江省必须抓住数字经济发展机遇,把握全球数字经济发展趋势,培育具有全球竞争力的数字新技术、新产业,形成数字经济发展新高地,在全球新一轮竞争中抢占一席之地。

三、实施数字经济"一号工程"是高质量发展的重大实践

中国经济已由高速增长阶段转向高质量发展阶段,通过数字技术应用对传统产业进行全方位、全角度、全链条的改造,释放数字对经济发展的放大、叠加、倍增作用,是加快振兴实体经济、实现高质量发展的必由之路。数字经济是加快构建现代经济体系的战略抓手。目前,浙江省数字经济增加值超2万亿元,占全省GDP的比重达39.9%;"两化"融合发展指数达102.52,网络零售额达13 336亿元,均居全国第二。省内阿里巴巴、海康威视、大华股份等一批龙头企业,成长为具有全球影响力的数字经济企业。此外,"最多跑一次"改革和数字政府建设等重大举措,形成了数字经济发展的体制机制优势。浙江省要抓住数字经济发展的时间窗口，不断提高数字经济综合实力，加快形成引领未来发展的新优势。

第二节 实施数字经济"一号工程"的突出问题

一、数字经济在GDP中的占比不够高

近年来，数字经济在发达经济体GDP中的占比快速提升，美、日、德、英等发达国家数字经济占比均超过45%，美、德等甚至超过50%，而中国目前仅占30.3%，潜力和空间都很大。从各省来看，腾讯研究院发布的《中国互联网+指数报告（2018）》显示，浙江省数字经济在全国排在广东省、江苏省之后，位列第三。国家互联网信息办公室发布的《2017年数字中国建设发展报告》显示，浙江省数字化发展水平位列全国第四（排在北京市、广东省、江苏省之后）。虽然浙江省数字经济发展迅速、走在前列，但总体发展仍不平衡、不充分，特别是制造业与数字经济深度融合不够，集成电路、人工智能、量子通信等产业链核心环节薄弱，运用数字技术的新兴产业体量总体仍然偏小。

二、数字经济发展不够平衡、不够充分，出现"三二一"产业逆向渗透趋势

浙江省第三产业（服务业）数字化发展较快，但第二产业（工业）数字化发展相对比较滞后。服务业中数字经济占行业的比重超过30%，但工业中数字经济占行业的比重不足20%；工业ICT中间投入占行业中间总投入的比重只有6%，远低于服务业的11%。全省生产设备数字化率仅为46.6%，低于上海市的49.5%、江苏省的50.9%、山东省的51%，特别是数字技术和装备创新比较滞后，智能技术、工艺设计、集成电路等核心环节的实质性变革与美国、日本、德国、韩国等发达国家相比还有很大差距，基于数字技术的"四新"经济体量总体依然偏小。

三、数字经济核心技术优势不够强

美国对中兴的禁令事件令人警醒，互联网核心技术是中国经济发展最大的"命门"，核心技术受制于人是我们最大的隐患，只有把核心技术掌握在自己手中，才能真正掌握竞争和发展的主动权。浙江省数字经济处在全国第一阵营，但突出问题是"一条腿长、一条腿短"，也就是"应用端"成熟、"技术端"和"基础端"薄弱，与上海、广州、武汉、成都、重庆、合肥等地相比存在明显短板。

四、数字经济发展的安全保障形势比较严峻

互联网监控公司 Arbor Networks 统计显示,2011—2014 年全球 DDoS(分布式拒绝服务攻击)攻击量增加 30 倍以上,每年对全球经济造成的损失高达 4 000 亿美元。数字经济发展越迅猛,信息安全威胁越严重,法治保障和监管保障的挑战越大。

第三节 对策与建议

一、遴选重点业态大力培育

聚焦国家数字经济示范省建设,加快编制数字经济五年倍增计划,围绕基础型、资源型、技术型、融合型、服务型五大数字经济领域,结合浙江省实际,聚力发展数字经济重点业态(见表10-1)。

一是聚力人工智能产业。德国工业 4.0、美国工业互联网战略的核心支撑是以制造业数字化为特征的智能制造。广东、江苏、上海、山东等兄弟省市也纷纷布局和抢滩人工智能。人工智能是数字经济激烈竞争的焦点之一,应大力推动人工智能产业化,加快人工智能芯片与算法研发,建立国家人工智能训练及测试数据能源库,大力开展以深度学习为核心的智能技术研发。加快推动高端装备制造数字化,特别是工程机械、新能源汽车、交通、安防、医疗、传统工业等优势领域的数字技术应用,推动建设一批大数据驱动的智能车间、智能工厂、智能产业链,打造完整的智能制造产业链,力争 2020 年前形成具有一定竞争力和影响力的智能制造产业集群。大力鼓励发展具有自组织、自适应、自维护等特征的智能生产系统,积极发展基于数字技术的智能监测、远程诊断、在线管理、产品质量安全追溯等应用服务,培育产品智能检测和全产业链追溯等工业互联网新模式。加快建设一批省级互联网工业设计中心,发展网络协同设计、众包设计、虚拟仿真、3D 打印、全息影像技术等数字化研发设计服务,开展实时监测、预测预警、远程诊断、精细管理、产品追溯等在线增值服务,推动"以制造为中心"向"以服务为中心"转型。

二是聚力大数据产业。PB(拍字节)是大数据的临界点。2004 年,全球数据总量只有 30 EB(艾字节),2011 年达 1 800 EB,2013 年达 4 400 EB,每年以 58% 的速度飙升,预计到 2020 年可达 40 ZB(泽字节),迎来"数据核爆"。浙江省应抢抓数字经济变革的大机遇、大风口,加快构建自主可控的大数据产业链、价值链和生态

系统。亚马逊、微软、IBM、谷歌等纷纷布局大数据中心,贵州、福建、广东、内蒙古、北京、重庆等地也开始攻城略地,预计2019年全球大数据中心突破500个。浙江省要把大数据中心作为数字经济的战略产业来抓,制定大数据中心建设规划,大力推进智慧城市、智慧医疗、智慧交通、智慧教育等建设。加快开发智能海量数据存储与管理系统、非结构化数据处理、人工智能识别等大数据产品,加大数据存储、清洗、挖掘、分析等大数据技术研发力度。大力发展大数据技术外包和知识流程外包服务,开发行业应用模型,培育数据采集、分析、运营等新业态,探索发展数据流通、交易新型服务。加强数据资产评估、大数据征信、大数据融资等相关配套服务,引导有条件的企业设立软件与技术服务机构,输出富有竞争力的信息化技术、产品和服务。

三是聚力物联网产业。据全球管理咨询公司麦肯锡预测,未来5年是物联网发展的爆发期,2020年全球市场连接规模将达500亿套,中国市场可能突破100亿套。目前,中国蜂窝物联网M2M(机器对机器)连接数达1.4亿套,占全球M2M连接总数的35%,位居全球第一。在万物互联的大趋势下,传感器与物联网终端发展不够适应是突出矛盾。浙江省应围绕信息电子、汽车电子、医疗电子、工业电子、家用电子等应用领域,大力发展高性能、低成本、低功耗的传感产品,积极发展高精度传感器、计算机视听觉、生物特征识别、复杂环境识别、新型人机交互、智能决策控制、智能翻译系统、智能客服系统等产品和服务。自动化生产将转向智能化生产,标准化生产将转向个性化生产,集中化工厂生产将转向分布式生产,这对大数据终端设备是极大的挑战。据国际电信联盟预测,2020年将有250亿套设备接入物联网,物联网终端设备将呈指数级增长。浙江省应依托智能电网装备制造、机器人研发制造、3D打印等技术,大力发展智能终端、新型显示、北斗导航、车联网等产品,加快发展传感器、音视频采集、条形码、射频识别技术等数据采集设备以及路由、交换、存储等网络设备,突破电子信息设备制造业发展瓶颈。

四是聚力区块链产业。从全球来看,"区块链+"效应加速显现,英国、美国、以色列等国家利用区块链技术推出供应链溯源服务,日本、西班牙、韩国等国家积极开发用于金融、教育、医疗、交通等领域的区块链数据平台,区块链技术更快、更广、更深地向各行业、各领域渗透。浙江省特别是杭州市区块链产业走在全国前列,杭州与北京、上海、深圳等地稳居全国第一阵营。浙江省应加快打造区块链技术及应用高地,瞄准区块链前沿技术攻关,在非对称加密技术、分布式账本技术、共识机制技术、智能合约技术、信息安全技术等领域,加强区块链产学研用协同攻关。加快区块链等数字技术的转化和应用,促进技术集成和商业模式创新,加强重点领域产品创新,推动产业高端化、智能化。运用区块链技术深化"互联网+先进制造业",打造一批可复制、可推广的应用模板,利用国际开源技术资源进行再创新,推动区块链在社会治理、资产管理、公示公证、知识产权、工业检测等领域的应用。

五是聚力集成电路产业。浙江省应切实落实《关于加快集成电路产业发展的实施意见》,加快对接国家集成电路基金,加强与国内外龙头企业合作,推进重大技术转移项目落地。扩大集成电路芯片28纳米制程量产规模,加快上马12英寸乃至更高端的芯片,力争在国际领先的7/10纳米先进工艺上取得突破。加强与封装测试龙头企业合作,建设国际先进的封装测试基地。加快布局建设5G、IPv6(互联网协议第6版)等新一代网络通信项目,利用德清县地理信息技术集聚优势,加大北斗卫星导航、位置服务产品开发与应用推广。鼓励企业加快新型显示、4K电视、智能安防等终端产品研发升级,巩固提升平板电脑、金融智能POS(终端销售)机等智能终端产品的优势地位。

六是聚力虚拟现实(VR)和增强现实(AR)产业。浙江省应加强VR核心芯片、显示器件、光学器件、人机交互等关键技术环节的产学研联合攻关。建设VR国家重点实验室,推动VR支撑内容拍摄、数据建模、触觉反馈等技术的研发和工程化。搭建VR产业发展平台,重点完成100家以上VR内容制作等关联企业的培育和招商,发展VR和AR软硬件研发生产、内容制作、内容交易,以及教育、视听、游戏等VR、AR应用,规划建设VR主体游乐园、影视基地、教育基地。

表 10-1　浙江省数字经济重点领域与重点产业

A.数字经济新兴产业重点领域	
云计算	推动传统信息技术企业向云服务商转型,培育国际领先的云平台和国内领先的行业云平台,发展具有行业影响力的云应用服务商,打造全国领先的云服务产业体系,成为全球知名的云计算产业中心
大数据	加强大数据关键技术和产品研发,发展面向重点行业、产业集群应用的大数据软硬件系统解决方案,培育具有较强竞争力的领军企业,集聚具有影响力的优势企业,打造全国领先的大数据产业中心
物联网	加强物联网运行支撑软硬件平台、应用开发环境等研发应用,推进物联网在数字安防、车联网、工业互联网、智慧城市等领域的示范应用,完善物联网产业生态,培育两家超千亿元的龙头企业,打造全国物联网产业中心和世界级数字安防产业集群

（续表）

人工智能	推进人工智能开放创新平台建设,突破智能软硬件技术,深化在智能制造、数字农业、社会治理和消费服务等领域的推广应用,培育国内有影响力的人工智能领军企业和应用推广服务型企业,打造具有全球影响力的人工智能创新高地
B.数字经济基础产业重点领域	
集成电路	强化嵌入式中央处理器(CPU)、物联网、人工智能、移动通信、汽车电子、工业控制、可穿戴设备等领域自主芯片研发,着力引进和推动先进工艺集成电路生产线建设,实现12英寸生产线零的突破
高端软件	加强基础软件技术和产品研发,推进嵌入式软件开发平台、操作系统、工具软件和行业应用软件发展,强化信息物理系统、制造领域知识库及新型工业应用程序(APP)的研发和应用,加快推进杭州国际级软件名城和宁波特色软件名城建设
通信与网络	推进可见光通信、未来网络架构等新兴网络领域的开放式创新,在网络处理器、新型高端路由交换设备等领域形成一批高端产品,建设北斗卫星综合示范工程和高分辨率卫星遥感应用示范工程,开展低轨卫星应用服务试点
新型元器件及材料	发展满足高端装备、应用电子、物联网、新能源汽车等需求的核心基础元器件,大力发展电子级多晶硅、高效太阳能电池及组件、锂离子电池关键材料、氟硅新材料、高性能磁性材料和电子信息用化学品材料等
网络安全	发展拟态防御、数据加密、电子认证、态势感知、应急响应、容灾备份、安全测试、风险评估等网络安全新产品和新服务,大力发展以数据科学采集、数据安全存储和处理、数据分析、数据智能加密为主的数据安全服务业
C.前沿产业发展重点领域	
区块链	突破分布式账本、非对称加密和授权、共识机制、智能合约等技术研发,推进区块链技术在金融、教育、医疗、公益、供应链、公共服务等领域的应用,努力打造杭州区块链之都
量子信息	突破量子通信、量子计算、量子传感和测量等技术研发和试验验证,加快量子通信沪杭甬干线和中心城市城域网建设,推进其在政府部门、军队和金融机构等的试点应用
柔性电子	加强柔性显示、柔性传感、柔性固体器件等前沿基础和关键技术研究,发展医疗健康、新型显示、智能硬件等领域的柔性电子产品

（续表）

虚拟现实	突破虚拟现实建模仿真、增强现实与人机交互、集成环境与工具等核心技术，培育虚拟现实内容生产制作和分发平台，大力推进虚拟现实在动漫游戏、影视娱乐、旅游、教育、产品营销、协同设计等领域的应用

资料来源：《浙江省人民政府办公厅关于印发浙江省数字经济五年倍增计划的通知》（浙政办发〔2018〕91号）。

二、实施数字经济重大工程

加快制定实施数字经济发展指标（见表10-2），推动数字经济全产业链特别是制造业的数字化转型。

一是实施"数字技术+先进制造"示范工程。美国通用电气为了推动数字化转型，2015年建立了数字化部门（GE Digital），进行了大范围的数字职能重组，搭建了工业互联网平台Predix。浙江省应借鉴通用电气的做法，积极推动"数字技术+先进制造"，推进数字化车间、智能工厂建设，力争到2020年在传统制造领域建成1 000家智能工厂、数字化车间。大力支持工业机器人本体、控制器、伺服电机等关键零部件产品的研发和应用，积极发展新型人机交互、生物特征识别、复杂环境识别、智能决策控制、智能翻译系统、智能客服系统等产品和服务。加强先进制造工艺流程、生产模型、智慧管理等知识库建设，推动深度学习技术在智能装备柔性配置、制造执行系统优化等智能分析方面的应用，促进生产过程控制、远程诊断、供应链管理等环节的智能化。

二是实施"平台型企业"和"独角兽"培育工程。在全球市值前10家公司中，苹果、谷歌、微软、亚马逊、脸书等5家属于数字经济范畴，前20家公司中有9家属于数字经济范畴，这充分说明了数字经济的潜力。因此，浙江省要精心培育一批数字经济"航母级"企业，大力推进数字经济领域的"独角兽"上市，积极对接"凤凰行动"，力争3年内推动50家"独角兽"企业在境内外上市。深化与阿里巴巴、网易、海康威视、大华科技等大企业、大平台的战略合作，依托平台型企业强大的资金集聚、资源整合以及成熟的流量、渠道、变现能力，打造"平台型企业+X独角兽"的孵化生态。支持世界500强、中国企业500强、民营企业500强在浙江省投资孵化"独角兽"，鼓励中国科学院等名院、名校、名所进行成果转化，孵化高新尖领域的"独角兽"。

三是实施"万企上云行动"。工业互联网平台是数字经济的重要突破口。尽管浙江省已实施"1+N"构架的工业互联网平台体系,但工业控制系统、高端工业软件等支撑能力不强,平台数据采集、工业大数据建模分析、工业 APP 等比较薄弱,存在一定程度"为上云而上云"的现象。"云"不仅在建,关键在用。浙江省应加大工业互联网基础设施建设力度,进一步推广工业互联网 IPv6 的应用。加快推动行业云平台建设与应用,支持大型龙头骨干企业牵头打造综合性工业云平台服务企业,加快建设工业数字经济创新中心、企业云服务平台,开放共享研发设计、生产制造、检验检测、工程服务等资源,推动中小微企业上"云"。鼓励有条件的企业开展云平台互联互通改造,推动实现企业内部纵向集成、企业之间横向集成、产业价值链端到端集成。积极支持有条件的企业实施数字化改造,鼓励企业建设运营决策大数据系统,利用数据工具搭建智能分析与决策系统模型,实现技术流、资金流、信息流、业务流、人才流等有机集成,提升企业的战略管控和决策能力。

四是实施企业智能化改造工程。浙江省应加快推进"10+1"传统产业领域的企业智能化改造,在电气电子、纺织服装、化工化纤、机械装备、医药生产、建材家居等传统行业实施一批智能化改造示范项目。加快"机器换人""数字换人",加强大数据、物联网、云计算等新兴技术的深度集成应用,提升制造装备的数控化率和智能化水平。构建产业链协同研发体系,组建跨企业、跨领域的网络协同设计中心,创建开放式的创新交互平台、在线设计中心,支持机械装备、纺织服装、制鞋、工艺美术等企业采用基于互联网的开放式研发设计模式。支持龙头骨干企业建立全球化的协同设计平台,推进工业设计资源网上开放共享,打造众包设计平台,实现设计资源的集聚、共享和动态配置。

五是实施数字安全工程。浙江省应加快构建网络安全大平台,加快重点领域、复杂网络、新技术应用、大数据汇聚、互联系统等各类型条件下网络安全保障制度的建设,加速网络安全监管数据的快速、实时、无缝流动,推动跨部门、跨层级、跨区域的业务协同,实现网络安全事件的快速响应和应急处置。加强信息安全认证体系建设,建立健全互联网基础信息库,积极开展信息安全风险评估、检查和监督工作,构建以网络安全、数据安全和政务信息安全、用户安全为重点的多层次安全体系。建设省级网络安全信息大数据中心,建立集风险报告、情报共享、研判处置于一体的网络安全态势动态感知云平台。

表 10-2 数字经济主要发展指标

类别	指标	2017 年	2020 年	2022 年
总体规模	数字经济增加值(亿元)	20 658	30 000	40 000
	数字经济增加值占 GDP 的比重(%)	37.8	47	55
数字产业化	规上电子信息制造业业务收入(亿元)	7 905	11 500	15 000
	软件和信息服务业收入(亿元)	5 543	8 000	10 000
	数字经济核心产业全员劳动生产率(万元/人年)	34	38	44
	新一代信息技术产业占数字经济核心产业的比重(%)	43	46	50
	规上电子信息制造业新产品产值率(%)	55	57	60
	PCT(专利合作条约)专利申请量(件)	1 197	1 640	2 010
	数字经济核心产业科技经费支出占主营业务收入的比重(%)	5.5	6.0	6.5
	技术交易额(亿元)	400	800	900
	数字经济上市企业(家)	80	120	150
	"独角兽"企业(家)	23	40	50
	高新技术企业(家)	3 000	5 000	8 000
产业数字化	在役工业机器人数量(万台)	5.5	10	15
	重点工业企业装备数控化率(%)	57	62	65
	重点工业企业机器联网率(%)	36	44	50
	规上工业全员劳动生产率(万元/人年)	22	25	30
	企业上云数(万家)	18	40	50
	网络零售额(亿元)	13 336	20 000	26 000
	跨境网络零售出口额(亿元)	438.1	1 000	1 400
基础设施	互联网普及率(%)	70.8	≥76	≥80
	固定互联网宽带接入普及率(户/百人)	44.1	≥50	≥55
	光纤宽带用户率(%)	83.9	≥90	≥93
	互联网省际出口带宽(Tbps)	37.2	50	60

资料来源:《浙江省人民政府办公厅关于印发浙江省数字经济五年倍增计划的通知》(浙政办发〔2018〕91 号)。

三、打造数字经济重大平台

目前,北京、广东、贵州、重庆、福建等地纷纷提出打造大数据和数字经济产品平台。广东提出打造珠三角国家大数据综合试验区,支持南沙、前海、横琴等地建设大数据服务区。京津冀共同建设大数据综合试验区,打造国家大数据产业创新中心、国家大数据应用先行区、国家大数据创新改革综合试验区、全球大数据产业创新高地。重庆引入腾讯建立西部首个大型云计算数据中心。2015年7月,首个国家级数据中心——灾备中心落户贵州。对此,浙江省需抢占先机,抓紧建设数字经济重大平台。

一是培育一批数字经济科创平台。加快推进之江实验室、西湖大学、科创大走廊、钱塘江金融港湾等科创大平台建设,全力打造世界级现代化科创中心。加快建设"浙江智能制造协同创新中心",积极争设1—2家国家实验室,鼓励龙头骨干企业建立智能制造研究院。面向"永康五金""诸暨袜业"等500多个产值在5亿元以上的产业集群,培育10个具有行业特色的工业云平台,培育1—2个具有国际水平的国家级工业云平台,创建100个省级"两化"融合示范点,加快发展以杭州、宁波为核心,温州、金华、台州等多点联动的数字经济发展格局。

二是打造一批数字经济示范基地、示范工程。遴选10个示范产业,实施"智能制造产业示范工程",结合《浙江省全面改造提升传统制造业行动计划(2017—2020年)》,加快推进大数据、人工智能、云计算、物联网等与纺织、服装、皮革、化工、化纤等10个制造行业融合。加快建设云计算、大数据产业园,广泛吸引跨国总部、外资研发中心、生产性服务业企业集聚,规划建设云计算、大数据实验室,打造云计算、大数据等产业集聚区。遴选10个示范基地,建设智能制造示范基地,在全省制造基础扎实、智能化水平较高的县(市、区),建成10个在国内具有较大影响力、大数据技术先进、产品智能化过硬的智能制造示范基地。遴选10家龙头骨干企业,实施"工业互联网标杆工程",开展工业互联网应用示范试点,打造企业级平台,引领带动一批规上工业企业上云。

三是打造一批数字经济孵化平台。选择创新资源集中的地方,联合行业骨干企业、专业创新促进机构、高校院所、投资机构等,建设一批面向数字经济创新发展的孵化器和创新空间,厚植数字经济创新土壤。加快建设人工智能产业创客空间、人工智能产业园,建设一批省级互联网工业设计中心,建设一批数字经济科技创新平台,支持各地设立数字经济创业中心,力争到2020年,建成10—20个有影响力的数字经济孵化器和数字经济创新空间。

四是打造大数据交易平台。数据确权难、数据不通、"信息孤岛"等因素仍阻碍着数据资源的自由流动和大规模商业化应用,数据资源的价值尚未最大化释放。借鉴上海数据交易中心"交易机构+创新基地+产业基金+发展联盟+研究中心"五位一体规划布局的做法,创新大数据交易中心运营模式,打造国际一流的综合性大数据交易服务平台,探索发展数据商品交易、算法交易、数据服务交易、商业数据衍生品交易等交易品种,发展数据资产评估、大数据征信、大数据质押、大数据融资等配套业态,健全大数据交易产品体系,形成全国重要的大数据交易市场。

五是建设一批数字经济工程实验室。以数字技术创新和应用为落脚点,加强与美国、以色列、德国、日本等国家的合作,在人工智能、云计算、大数据、集成电路等领域深化双向合作;加强与韩国、新加坡等国家以及中国香港、台湾地区的对接,在通信电子等领域加强战略合作,力争联合建立若干个高端工程实验室。加快建立一批国家级、省级数字经济领域的工程实验室,重点建设数据建模技术工程实验室、数据分析技术工程实验室、数据可视化技术工程实验室、数据交易技术工程实验室、数据安全技术工程实验室,探索建设数字医疗健康应用技术工程实验室、数字文化创意应用技术工程实验室、数字交通与物流应用技术工程实验室。

六是建立数字经济产学研用大联盟。深化与中国科学院、中国工程院等部门和单位的合作,鼓励知名高校院所、知名企业、知名境外研发机构在浙江省建立联合实验室或研发中心,推动军民深度融合,加强核心技术、非对称技术、"撒手锏"技术、前沿技术、颠覆性技术等重大创新合作。充分集成行业骨干企业、知名高校院所、创新网络资源等各方力量,加强研发大容量数据存储与处理、超大规模数据仓库、云计算平台资源监控与管理、分布式数据库、网络海量数据挖掘、非结构化数据分析等关键技术。广泛参与中外数字经济国际交流合作,加快落实《G20数字经济发展与合作倡议》,加快建成数字"一带一路"信息港,构建以"一带一路"沿线国家为重点的全球数字贸易网,创建"一带一路"沿线重点城市数字经济战略联盟。

第十一章 关于培育数字经济"独角兽"和超级"独角兽"对策建议的调研报告

数字经济是浙江省"一号工程","独角兽"爆发式增长对数字经济发展具有强大的牵引力和撬动力,成为经济高质量发展的重要引擎。从全球来看,2018 年"独角兽"企业榜单中,429 家"独角兽"企业分布在全球 23 个国家,其中中国 202 家,位居第一;美国 149 家,位居第二。从全国来看,长城战略咨询所发布的《2018 年中国独角兽企业发展报告》显示,88%的"独角兽"企业位于北京、上海、深圳、杭州 4 座城市。浙江省有"独角兽"企业 20 家,总估值达 1 846 亿美元,其中 80%的"独角兽"企业属于数字经济领域。因此,数字经济驱动的新业态、新模式、新技术是"独角兽"企业爆发式增长的重要源头。

第一节 "独角兽"企业的主要特征

一是 70%左右的"独角兽"企业集中在"互联网+"、大数据、金融科技等数字经济领域。浙江省"独角兽"企业数排名前五位的行业分别是"互联网+"、企业服务、电子商务、金融科技和文娱影视,分别有 22 家、21 家、17 家、16 家、14 家,占全省"独角兽"企业总数的 18%、15%、13%、11%、10%。

二是超过 2/3 的"独角兽"企业估值在 31 亿元以下。浙江省估值超过 31 亿元的"独角兽"企业仅有 40 家,占总数的 30%左右;超过 65 亿元的"独角兽"企业仅有 23 家,占总数的 16.4%。

三是 B 轮融资后的"独角兽"企业成长速度明显加快。浙江省获得 B 轮和 B+轮融资的企业平均估值比上轮估值跃升 90%,达到 32.4 亿元。估值 65 亿元以上的"独角兽"企业基本上都已经历 B 轮以上的私募股权融资,估值水平较快提升并得到资本市场认可。

第二节 "独角兽"企业发展的主要问题

一、政策保障不够到位

人才争夺日益激烈,政策引力不够强,高端芯片、生物制药、智能制造、新能源汽车、金融科技等领域顶尖人才集聚效应不够。部分企业反映"营改增"后总体税负仍然较重,特别是金融科技领域企业普遍反映税负比传统金融机构要高。P2P(个人对个人)等互联网金融政策不够完善,导致金融风险蔓延。科技立项、财政奖补、政府采购对新兴领域的"独角兽"企业支持较少。

二、核心技术不够强

"独角兽"企业在基于人工智能、区块链、云计算、大数据等技术的场景应用类业态创新、模式创新方面能力较强,但在核心技术、关键技术、前沿引领技术等硬科技、黑科技、先进科技等方面创新明显不足,特别是高端制造领域"缺芯少魂"。浙江省从事智能芯片研发生产的企业只有1家,新能源汽车、3D打印、智能硬件等高端制造领域的企业只有12家,大部分实体企业缺乏核心技术优势。

三、资本对接不够通畅

在IPO资本市场政策支持方面,大部分"独角兽"企业因创立初期大量"烧钱"而形成"资本深坑",仍处于亏损或盈亏平衡状态,引入战略投资时往往设置同股不同权AB股,不符合现行国内资本市场发行制度。受制于中国当前较为严格的资本项目外汇管制,高端芯片、生物医药、信息通信等领域的龙头企业通过境外收购重组实现对境外技术、专利、人才等高端要素快速整合的渠道不畅,政策支持不够到位。

第三节 对策与建议

一、建立数字经济"独角兽"培育库

一是实施"独角兽"和"超级独角兽"培育工程。从数字经济"独角兽"分布来看,北京65家,占57%;上海26家,占23%;深圳、杭州各12家,各占9%。与北京、上海相比,浙江"独角兽"企业仍有差距。"超级独角兽"企业全国7家,浙江2家。应制定实施数字经济"超级独角兽"培育工程,加快实施蚂蚁金服(750亿美元)、阿

里云（390亿美元）等"超级独角兽"培育工程，力争到2020年培育10家以上估值超100亿美元的"超级独角兽"企业。研究制定数字经济"独角兽"培育工程，大力培育口碑（80亿美元）、微医集团（30亿美元）等"独角兽"企业，力争到2020年培育100家以上估值超10亿美元的"独角兽"企业，500家估值超5亿美元的"准独角兽"企业，800家估值超3亿美元的"独角兽"培育企业。

二是建立"独角兽"数据库。大数据驱动的分享经济、平台经济、智能经济是"独角兽"企业集中爆发的领域。全国131家"独角兽"企业中，电商"独角兽"企业占31.4%，互联网金融"独角兽"企业占12.3%，云服务、大数据、人工智能"独角兽"企业占10.1%。对此，应加快建立浙江数字经济"独角兽"重点企业数据库，重点扶持在人工智能、区块链、量子通信、虚拟现实、智能制造等未来数字经济领域的颠覆性创新，支持条件成熟的地区建设"独角兽"产业园。建立"独角兽"企业蓄水池，对技术领先、势头迅猛、辐射力大的"准独角兽"企业"一事一议"。全面推进"独角兽"高新技术企业培育计划，对通过国家认定的"独角兽"高新技术企业给予50万元的奖励。实施科技型初创企业培育工程，每年培育科技型"独角兽"企业500家以上，新认定重点培育科技型初创企业2 000家以上。

三是大力发展平台型"航母级"企业。平台型企业通过产业链上下游业务拆分和并购重组，成为孵化"独角兽"企业的重要源泉。目前，全国由平台型企业业务拆分而产生的"独角兽"企业达31家，占全国"独角兽"企业总量的24%，总估值2 182亿美元，占比超过44.7%。阿里巴巴作为平台型企业已孵化出蚂蚁金服、淘票票、钉钉、阿里云、口碑、菜鸟网络等14只"独角兽"企业，总估值1 988.5亿美元；腾讯系也孵化出腾讯云、微票儿、微众银行、人人贷等16只"独角兽"企业，总估值1 320亿美元。对此，应充分重视平台型企业衍生孵化"独角兽"企业的独特优势，深化与阿里巴巴、网易、海康威视等大企业、大平台的战略合作，依托平台型企业强大的资金集聚、资源整合以及成熟的流量、渠道、变现能力，打造"平台型企业+X'独角兽'企业"的孵化生态。

二、支持"独角兽"企业对接"凤凰行动"

一是大力推进数字经济"独角兽"上市。2018年3月30日，国务院办公厅转发证监会《关于开展创新企业境内发行股票或存托凭证试点的若干意见》。浙江应抓住这一难得的国家政策机遇，开通"超级独角兽""独角兽""准独角兽"企业上市快速绿色通道，纳入浙江"凤凰行动"政策支持范围。积极争取"独角兽"企业优先参与"新经济独角兽快速上市"改革试点,支持营业收入不低于30亿元且估值不低于200亿元,以及拥有自主创新国际领先技术、在同行业竞争中处于领先地位的红筹企业作为上市辅导对象,力争3年内推动50家"独角兽"企业在境内外上市。

二是大力推进数字经济"独角兽"企业兼并重组。借助数字经济"凤凰行动"计划,加快推进"独角兽"企业在境内外并购重组。支持"独角兽"企业围绕上下游产业链并购优质资源、优质标的、优质项目,提高企业的核心竞争力。加强与欧、美、日、韩等发达国家的合作,借助国家"一带一路"倡议,加快推动以高端技术、高端人才、高端品牌为重点的跨境并购。加快建设"独角兽"企业孵化器,构建"众创空间—孵化器—产业园区"孵化体系,力争培育国家级孵化器100家、省级孵化器200家以上、其他孵化器300家以上,为"独角兽"企业注入更多的高端资源。

三、打造数字经济"独角兽"群栖地

一是打造"独角兽"高端科创平台。上海张江高科、北京中关村、深圳南山区、杭州滨江区等一流的科创平台是"独角兽"企业成长的高地,要素循环的流动性、开放性、协同性是"独角兽"企业指数级增长的源泉。充分利用大湾区大花园大通道大都市区、城西科创大走廊、钱塘江金融港湾、城东智造大走廊、西湖大学、之江实验室等重大平台的集聚效应,建立"苗圃—孵化器—加速器—产业园"接力式创新链条,积极推广余杭区打造"全国独角兽企业成长乐园"的经验,在高新区、科技城、产业园培育数字经济"独角兽"。加快推动之江实验室创建国家实验室,支持阿里巴巴建设数据智能国家技术创新中心,推进浙江大学等高校重大科学装置和重大科技设施建设,为"独角兽"企业孵化提供平台支撑。

二是打造国际性的"独角兽"窗口。举办全球"独角兽"大会、国际"独角兽"峰会、"独角兽"产融对接大会等高端交流合作平台,每年举办5场左右具有重大国际影响力的数字经济"独角兽"大会。办好"世界互联网大会""联合国地理信息大会""云栖大会""万物生长大会"等国际性会议,把"独角兽"企业发展作为"钱塘江金融港湾高峰论坛"的重要议题,常态化举办"独角兽"创新创业赛事或论坛,定期发布浙江和全国"独角兽企业榜单",吸引国内外创业团队、高端人才、私募股权投资、风险投资集聚杭州。

三是实施名企名校名院名所"独角兽"培育工程。支持世界500强、中国企业500强、民营企业500强在浙江投资孵化"独角兽"企业,鼓励中国科学院、中国工程院、清华大学、中国科学技术大学、浙江大学等名校名所进行成果转化,共同培育

高新尖领域的"独角兽"企业。加快国际创新资源要素集聚平台建设，鼓励在境外设立孵化器、离岸"双创"中心等，支持跨国公司、国际组织、国际知名高校、科研机构来杭设立分支机构，引进顶尖科学家、顶尖科研团队、顶尖人才在浙江创办"独角兽"企业。力争到2025年，引进国内外优质高等教育和科研资源或世界500强企业建设30个高水平科研院所。

四、构筑数字经济"独角兽"孵化链

一是打造"独角兽"金融生态圈。发挥好政府性产业基金的引导作用，探索设立"独角兽"创投引导基金，加快推进创投引导基金及子基金与国际一线投资机构合作，力争到2020年，创投引导基金规模达50亿元、天使投资引导基金规模达50亿元。鼓励各类金融机构针对"独角兽"企业提供各类个性化金融创新产品，加快推进投贷联动试点。完善政策性担保和周转基金政策，推动投融资路演服务网络化、国际化，多维度聚合和链接"独角兽"企业在全周期所需的优质投融资资源。深入实施钱塘江金融港湾发展战略，支持浙江股权交易中心做大做强，加快建设金融特色小镇，构筑立体化的优质新金融资本生态圈。

二是精准化为"独角兽"企业提供政策资源。深入推进"独角兽"企业投资"最多跑一次"改革，精简数字经济新兴行业发展的前置审批等行政许可事项，依据"独角兽"企业爆发式、颠覆性、自成长规律，构筑"独角兽"企业创新创业生态圈。探索创新针对"独角兽"企业的土地拍卖出让办法，解决"独角兽"企业面临的办公房和厂房制约。探索3年内新增税收地方留成部分按100%、60%、20%返还或奖补。适应数字经济发展趋势和行业特点制定专项的科技立项和财政奖补政策，加大对"独角兽"企业的科技研发支持力度，促进数字经济共性技术、底层技术、基础技术的研发。

三是聚焦"独角兽"企业招引人才。大力推进浙江"人才新政"落实，加快引进数字经济领域的"国千""省千""万人计划"等国内外高端人才资源，杭州、宁波等"独角兽"企业密集地应制定出台超常规的数字经济人才专项政策，对"独角兽"企业高端人才个人所得税的省市留成部分按一定比例进行财政奖补，对人才租赁房、国际化学校、国际化医院进行支持，形成高端人才"以强引强、以才聚才"的连锁效应。强化领军型创新创业团队培养，大力鼓励支持"独角兽"企业培养和引进领军型创新创业团队，力争到2020年引进"独角兽"企业领军型创新创业团队80个以上。

第十二章 关于数字经济政策问题的调研报告

从全球来看,据不完全统计,全世界已有40多个国家制定实施了数字经济发展战略,27个经济合作与发展组织(OECD)成员国家构建了数字经济国家战略框架。数字经济在发达经济体GDP中的占比快速提升,美、日、德、英等发达国家数字经济占比均超过45%,美、德等甚至超过50%,而中国目前仅占30.3%。从全国来看,2008—2018年全国数字经济规模从4.8万亿元上升到31.3万亿元,占GDP的比重从15.2%上升到34.8%。从浙江省来看,数字经济是"一号工程",2018年数字经济核心产业增加值达4 853亿元,占全省GDP的比重达9.4%,势头迅猛。当前浙江省应充分发挥比较优势,抓住全球经济数字化井喷的窗口期,加快建立适应数字经济发展的政策体系,全力以赴推动数字经济"一号工程"建设,积极创建"国家数字经济示范省",促进以数字经济为标志的新经济快速发展。

第一节 数字经济政策供给的迫切性

腾讯研究院发布的《中国互联网+指数报告(2018)》显示,浙江省数字经济位居全国第三。国家互联网信息办发布的《数字中国建设发展报告(2018年)》显示,浙江省数字化发展水平位居全国第四。尽管浙江省数字经济走在全国前列,但发展不够平衡、不够充分,出现了"三二一"产业逆向渗透趋势,服务业数字化比较超前,制造业与数字经济融合比较滞后,集成电路、智能技术等核心产业核心技术比较薄弱;服务业中数字经济占比超过30%,但制造业中数字经济占比不足20%;制造业ICT(信息通信技术)中间投入占行业中间总投入的比重只有6%,低于服务业的11%。浙江省工业生产设备数字化率仅为46.6%,低于上海市的49.5%、江苏省的50.9%、山东省的51%。此外,浙江省技术创新、工艺设计、生产制造等核心环节的实质性变革与美国、日本、德国、韩国等发达国家相比还有较大差距。这迫切需要加大政策支持力度,实现"弯道超车"甚至"换道超车"。

数字经济是大势所趋,但也是新生事物,缺乏相关的产业规划和政策支持,国内广东、福建、贵州等地都在积极探索,国外美国、德国、韩国等发达国家也在积极布局抢夺控制权和主导权。对此,建议加快数字经济的规划编制,尽快研究制定鼓励支持数字经济的政策,围绕基础型数字经济、技术型数字经济、融合型数字经济、资源型数字经济、服务型数字经济等五大业态,编制数字经济倍增行动计划,力争到2020年,数字经济主体产业增加值年均增长20%以上,数字经济增加值占GDP的比重超过45%。此外,精准供给相关政策,根据细分行业精准施策,支持人工智能芯片与算法研发、大数据产业链、物联网终端、感知产业、集成电路核心技术和关键装备等行业发展,推动数字经济高质量发展。

第二节 数字经济政策供给的导向

一、突出扩大数字技术有效供给

数字经济发展的重要瓶颈是核心技术供给不足,要聚焦数字技术基础前沿研究和关键共性技术开展科技攻关,着力提升数字技术创新水平。围绕大数据、云计算、物联网、人工智能开展重大基础研究,设立数字经济重大科技专项,打通从基础研究到产业化的链条,力争取得重大颠覆性创新和群体性技术突破。重点支持大数据、人工智能、物联网、机器人、集成电路等数字技术领域重大科技攻关,攻克运算智能、感知智能、认知智能关键核心技术。

二、突出数字技术产业化和融合应用

数字技术转化的"最后一公里"是数字经济发展的重要一环,要加强数字技术科技成果转化产业化,推动数字技术与农业、传统制造业和服务业的深度融合。加快推进互联网+、大数据+、人工智能+、机器人+等技术的推广应用,引领数字技术与各类产业融合发展。大力推进"企业上云",力争建成全球数字经济科技成果交易中心和面向全球的技术转移枢纽。

三、突出数字经济主体培育壮大

企业主体是数字经济发展的主力军,应聚焦数字经济关联产业,建立健全"微成长、小升高、高壮大、大变强"的梯次培育推进机制,培育壮大科技型中小企业,推动高成长科技型中小企业快速成长为高新技术企业,培育一批全球知名并有影响

力的数字经济创新型领军企业,打造科技型中小企业铺天盖地、高新技术企业顶天立地的生动局面。

四、突出数字技术研发机构广泛布局

创新数字经济重大科研平台建设的体制机制,探索建设开放协同的新型研发机构和研究型大学。聚焦网络信息和人工智能开展重大前沿基础研究,谋划建设大科学装置,打造具有世界领先水平的数字经济创新基地。完善以企业为主体的技术创新体系,按照产业链部署创新链,支持企业研发机构牵头实施重大科技项目,着力解决制约产业发展的瓶颈技术,开发战略性产品。

五、突出数字经济产业平台搭建

谋划建设高能级的数字经济产业平台,辐射带动数字经济高质量发展。支持各国家和省级高新区围绕数字经济细分领域,明确园区产业主攻方向,错位发展,做大做强数字经济高新技术产业集群。倾斜支持有条件的地方结合高新区发展规划建设数字经济产业关联的高新技术特色小镇,形成产业高端、技术高新、人才高尖、创业高效的数字经济发展示范基地。

六、突出数字经济发展环境优化

发挥互联网技术信息共享、互联互通优势,加快构建开放式创新创业平台,推动现有科技企业孵化器和众创空间朝专业化方向发展,建设一批具有示范作用的数字经济科技企业孵化器和众创空间。鼓励数字经济创新型领军企业打造开放式创新创业平台,建设专业化众创空间,加强产业链与技术链资源整合,加快推动数字经济领域协同创新。

第三节　对策与建议

一、数字经济的投融资政策问题

截至目前,全国大数据领域获得融资的企业达 400 多家,A 轮或天使轮投资的数量占 70% 以上,大批大数据企业进入 B 轮、C 轮融资阶段。抓住数字经济崛起的大风口,加快建立数字经济重点项目库,鼓励天使投资、风险投资、股权投资、并购、私募基金等投向数字经济优质项目。支持金融机构开展知识产权和数据资产等无形资产抵押贷款,引导金融机构探索开展以知识产权为抵押物的信贷业务。支持有条件的数字经济企业利用"凤凰行动"上市融资或围绕产业链开展并购,鼓励中小数字经济企业在新三板等股权交易中心挂牌融资。支持符合条件的数字经济企业通过发行企业债券、非金融企业债务融资工具等方式扩大融资。利用政府性投资基金的引导和撬动作用,建立对数字经济发展重点领域、重大项目、重大工程、重大技术、重大应用等的跟投机制。运用股权投资、贷款贴息、事前审核、事后补助等方式,建立无偿与有偿并行、事前与事后结合,覆盖创新链、产业链的多元化资金投入机制。鼓励各县(市、区)、产业主管部门、园区管理机构给予数字经济领域创新型企业贷款贴息、评估补助、风险补助及其他形式的金融服务。对符合条件的企业开发新技术、新产品、新工艺发生的研究开发费用按规定在计算应纳税所得额时予以加计扣除。对数字经济相关创新成果,纳入政府采购目录。

二、数字经济的法规政策问题

对数字经济相关法规政策进行系统的梳理,及时审查政策的创新包容性,严格废止有违创新规律、阻碍新业态发展的政策条款。针对数字经济及其重点领域发展特点与市场需求,重点围绕数据所有权、数据使用权、大数据知识产权等内容,加快制定出台一批地方性法规或部门规章,形成灵敏反应、兼容与可持续的法规体系。修订完善不适应数字经济发展的相关政策条款,加强数字经济新业态、新模式的政策供给。对涌现出来的新型数字经济业态,立法时机尚未成熟的,及时制定行业管理规章制度,或对已有行业管理规章制度进行修订。加强数字经济融合领域关键环节专利导航,引导企业加强知识产权战略储备与布局,完善知识产权保护相关法律和权利人维权机制,加强知识产权综合行政执法,将侵权行为信息纳入社会信用记录。针对数据确权难、数据不通、"信息孤岛"等影响数据资源的自由流动和大规模商业化应用问题,建设标准化数据资源体系,探索数据商品交易、算法交易、数据服务交易、商业数据衍生品交易等交易品种,发展数据资产评估、大数据征信、大数据质押、大数据融资等配套业态,逐步完善大数据交易制度构架。

三、数字经济的技术标准问题

德国《数字议程(2004—2017)》提出数字技术标准与兼容性战略,以确保数字技术、应用程序、数据存储与服务的无缝对接。当务之急,是制定政府数据采集、开放、共享、分类、质量、安全等关键共性标准。开展国家大数据交易等数据资源流通标准研制与试点示范,研制企业间数据共享、数据交易、大数据确权等标准。按照共性先立、急用先行的原则,引导资源型数字经济、技术型数字经济等领域基础通用标准、关键核心技术标准的研制及推广。加快与数字经济应用相关的物联网、智能制造、智能家居、车联网等细分领域的标准化工作。完善数字经济融合标准体系,增强其在国内数字经济发展中的影响力。突出和强化企业技术中心在创新驱动方面的引领作用,为数字经济的融合发展提供技术研发和产业化支撑。

四、数字经济的统计监测问题

现行统计制度体系主要针对的是工业以及服务业,数字经济对 GDP 的贡献率统计是盲点,亟须建立与数字经济相适应的统计分类制度和统计测算方法。探索数字经济统计方法,加快建立数字经济统计调查和监测分析制度,强化数字经济数据搜集、处理、发布和共享,建立数据沟通和分享机制。加快构建数字经济发展全貌和动态变化的指标体系,探索开展针对数字经济新领域、新业态、新模式的专项统计,对数字经济发展进程中出现的新问题、新情况进行密切跟踪。探索数字经济增加值测算方法,建立数字经济核心指标的定期发布机制,研究建立较为完善的数字经济统计指标体系。

五、数字经济的市场监管问题

条块分割的垂直管理体系与数字经济跨界融合发展不相适应,倒逼传统线下监管向数字化、网络化、平台化监管方向转变。应坚持放水养鱼、包容审慎的监管原则,密切跟踪新业态发展趋势,加强各类平台信息服务潜在风险的研究和预判,及时调整和完善融合创新领域行业管理规范和监管措施。探索建立分级分类管理机制,建立快速响应的数字经济监管反馈机制,利用互联网、大数据、人工智能等技术手段,构建数字化、网络化、智能化的数字经济监管治理平台,提高数据汇聚、事中监管、趋势研判、协同联动等能力。适应数字经济业态快速迭代趋势,实施行业准入负面清单制度,对尚未纳入负面清单的行业一律实行无门槛准入。

六、数字经济的安全防控问题

世界各国都将信息安全列在国家政策中的优先位置,建立全面、综合的数字安全战略。2013 年多个 OECD 国家发布数字安全的国家战略;2014 年日本实施《数字安全基本法案》,并于 2015 年设立隶属于内阁的数字安全战略小组;美国于 2015 年通过《网络安全法案》,这也是规制网络信息安全的一部较为完备的法律;英国于 2017 年颁布《数字经济法第 1 号条例》。互联网监控公司 Arbor Networks 统计显示,2011—2014 年,全球 DDoS 攻击量增加 30 倍以上,每年对全球经济造成的损失高达 4 000 亿美元。对此,应顺应数字经济发展趋势,加大数字安全保障力度,加快重点领域、复杂网络、新技术应用、大数据汇聚、互联系统等各类型条件下网络安全保障制度建设,加速网络安全监管数据的快速、实时、无缝流动,推动跨部门、跨层级、跨区域业务协同,实现网络安全事件快速响应和应急处置。加强信息安全认证体系建设,全面推行网络实名制,建立健全互联网基础信息库,推进网络安全管理工作向基层延伸。建设网络安全信息大数据中心,建立集风险报告、情报共享、研判处置于一体的网络安全态势动态感知云平台,准确掌握网络安全风险发生的规律、动向、趋势,及时发现和修补技术漏洞等安全隐患。积极开展信息安全风险评估、检查和监督工作,提升网络安全监测、预警等能力,构建以网络安全、数据安全和政务信息安全、用户安全为重点的多层次安全体系。

七、数字经济的基础设施问题

根据美国权威市场研究机构 Synergy Research Group 的研究结论,2017 年是全球新的超大规模数据中心的一个突破年,全球超大规模数据中心已超过 390 个,且没有放缓现象,预计到 2019 年年底全球将有超过 500 个超大规模数据中心。目前,大多数超大规模数据中心设在美国,占到了 44%;中国位居第二,占 8%;其次是日本和英国,合起来占 6%。建设超大规模数据中心,需要综合考量市场、能源、土地、地质、水文、气象等因素,建议抓紧制定浙江超大规模数据中心建设规划,在能源供给充足、能耗指标富余、网络设施完善、地质气象良好的衢州、丽水、湖州等地选址建设超大规模数据中心及灾备中心,服务浙江省乃至全国的数字经济发展;同时,争取国家电网和发电企业对数据中心采取直供优惠电价,制定税收贡献对电价补贴措施,夯实浙江省数字经济发展的硬件支撑。

第十三章 建设数字政府助推企业高质量发展的研究报告

以数字化、网络化、智能化等为特质的新一代信息和通信技术（ICT）驱动政府转型驶入快车道，全方位重塑与再造政府组织、政务流程、行政审批、政民互动等体制机制，对政府治理体系产生了革命性催化，致使数字政府建设具有战略必然性和技术可行性。发达国家纷纷运用数字技术推动政府转型成为新公共管理运动（New Public Management Movement）后政府改革的主旋律之一：英国2012年11月推出政府数字战略（Goverment Digital Strategy）和政府转型战略（2017—2020），启动数字政府即平台行动计划；美国2012年发布数字政府战略（Digital Government Strategy）；韩国2012年6月实施智慧政府实施计划（Smart Government Plan）；德国2016年3月发布数字化战略2025及数字化政府（eGovernment）行动；新加坡2014年3月启动实施iN2015计划及智慧国家2025工程；日本2009年6月制定i-Japan战略2015，以上国家均通过系统的数字化路线推动政府转型，致力于引领全球数字政府转型，为经济高质量发展提供支撑，抢占数字经济先机和竞争制高点。

数字政府是数字中国、网络强国、智慧社会三大国家战略纵深推进的战略支撑。习近平总书记在中共中央政治局第三十六次集体学习时强调，要以数据集中和共享为途径，建设全国一体化的国家大数据中心，推进技术融合、业务融合、数据融合，实现跨层级、跨地域、跨系统、跨部门、跨业务的协同管理和服务，推进政府决策科学化、社会治理精准化、公共服务高效化。作为全国数字经济先发省和国家信息经济示范区，浙江省大力建设"数字经济"一号工程，将数字政府作为数字经济和数字社会的基础性工程，在全国率先建成省级政务云服务体系和政务服务"一张网"，实施全国第一部公共数据和电子政务政府规章，在全国率先制定实施数字政府建设总体方案，争创政府数字化转型先行区和示范区。根据国务院办公厅电子政务办公室委托国家行政学院电子政务研究中心评估并发布的《省级政府网上政务服务能力调查评估报告》,浙江省 2015 年、2016 年、2017 年连续三年位居省级政府服务网上政务能力榜首,以浙江省为样本深入剖析其数字政府建设路径对全国推进政府数字化转型具有参照价值和借鉴意义。

第一节 数字政府建设的战略意义

数字政府(Digital Government)是公共治理理论与数字技术深度融合催生的热点问题,强调以需求为导向的数字化变革推动政府理念革新、职能转变和体制机制重塑,逐渐成为数字治理理论应用的新动向。帕特里克·敦利威(Patrick Dunleavy)在其 2006 年出版的 *Digital Era Governance：IT Corporations, The State and E-Government* 一书中首次对数字治理做出了系统阐释,随后理论界将数字治理理论引入新公共管理,掀起了数字政府理论研究和实践探索的浪潮。数字政府治理研究并不局限于政府治理方式,更深层次的是探索政府机构改革和权责碎片化的重新整合(Reintegration)、政府体制机制的系统优化和流程再造、政务服务全面的数字化变革(Digitization Changes),从本质上讲旨在处理政府"有形之手"与市场"无形之手"、社会"自治之手"的逻辑关系,提高政府治理效能、行政质量和公信力,加速实现管制型政府向服务型政府转变。数字政府并不局限于 ICT 在政务领域的应用,而是"治理理念创新+数字技术创新+政务流程创新+体制机制创新"协同推进的全方位变革,以大平台、大数据、大系统、大集成为战略导向,以数字化、协同化、透明化、智慧化为实施路径,以跨部门、跨系统、跨地域、跨层级高效协作为重要支撑,对政府数字化思维、数字化理念、数字化战略、数字化资源、数字化技术等相关因素进行最大化集成,从而推动国家治理体系和治理能力现代化。

一是从经济治理体系和治理能力现代化视角来看,数字政府是催化数字经济快速释放、融合、增长的关键性支撑。在大数据时代,数据流通、开放、共享是实现数据资源价值的重要方式,建设现代化经济体系离不开大数据支撑,而数字政府是以大数据为生产要素的数字经济的前提条件。2018 年 4 月,全国网络安全和信息化工作会议明确的基本路径是,大力发展数字经济,推动数字产业化,依靠信息技术创新驱动,催生新产业、新业态、新模式;同时,推动产业数字化,利用互联网新技术、新应用对传统产业进行全方位、全角度、全链条的改造。政府是"数据海洋上的巨轮",掌握着极其庞大的数据渠道及数据资源,政府数字化转型是经济数字化转型的先导力量,也是数字经济的重要支撑和现代化经济体系的强大引擎,应进一步增强政府改革的自觉性、主动性和联动性,把数字政府作为数字经济的标志性、引领性工程来抓,加强数字时代的政府改革和治理能力建设,通过政府数字化撬动经济数字化和提高全要素生产率,加速互联网、大数据、人工智能等数字经济与实体经济深度融合,促进经济高质量发展和现代化经济体系建设。

二是从社会治理体系和治理能力现代化视角来看,数字政府是加快推动社会治理精准化、公共服务高效化以及社会互动信任化的迫切要求。数字政府以拥有的信息枢纽为依据,赋予每项政府工具"探测器"(Detectors)和"生效器"(Effectors)功能。依靠数据刻画而来的"镜像世界",借助算法技术处理镜像世界以得到主观认知,形成"数据+算法"双驱动模式以及诸多算法组合而成的"自学习机制"能够更透彻地揭示传统技术难以展现的关联关系,促进社会公众感知及行为的数字化。大数据具有典型的"4V+1C"特征,即 Variety(多样性)、Volume(数据量巨大)、Velocity(时效性)、Vitality(快速变化)和 Complexity(复杂性),运用大数据提高社会治理的匹配性、精准性及有效性,亟须尽快破除"信息孤岛""信息烟囱""数字鸿沟",推动信息系统相互兼容和数据实时共享。这需要构建"用数据说话、用数据决策、用数据管理、用数据创新"的管理机制,健全大数据辅助科学决策和社会治理的机制,为破解社会治理难题提供重要工具和有效手段,推动社会治理体系和治理能力现代化。

三是从政府治理体系和治理能力现代化视角来看,数字政府是对政府自身改革进行全方位、全领域、全时空系统性和数字化重塑的战略支点。数据对政府治理的影响效应至少包括以下三个方面:一是数据源从体量较小的"结构化数据"演变为复杂的大型"非结构化数据";二是大数据、人工智能等植入政府治理后,政府治理工具和技术手段更加专业化、智能化、高效化;三是政府决策一旦建立在大数据基础上,就会越来越量化、可预测化、灵敏化,能够快速响应公众诉求。运用数字技术重塑行政权力运行流程和模式,有效打破组织壁垒和信息壁垒,提高政府治理能力和公共服务质量,对高效履行政府职责以及提高行政质量、效率和政府公信力是有力促进。通过"制度创新+技术创新+流程创新"协同发力的数字化转型,按照自身运行规律与政府和社会良性互动的关系设置数字化的政府治理和服务模式,有助于实现"审批更简、监管更强、服务更优"以及"数据多跑路、群众少跑腿"。紧扣政府五大职能,加快推进审批服务、执法监管、城市管理、安全管控、智慧办公等政务数字化,增强政府治理的即时性、精准性和科学性,有利于推进政府治理体系和治理能力现代化。

第二节　数字政府"六位一体"构架与实施路径

运用数字技术深化政府改革是数字政府建设的必然方向。韦斯特（2011）认为，数字政府的发展经历了"公告板"阶段、部分服务供给阶段、系统服务的门户网站阶段、互动式民主阶段四个阶段。Klievink and Janssen（2009）从组织变革的角度提出，以数字政府系统为基础的协同型政府建设需要经历"火炉管"式组织、整合化组织、全国性入口、组织间整合以及需求驱动的协同型政府五个发展阶段。数字政府越往高级阶段发展，越需要以公众需求为导向，越需要注重政务服务的高效性、精准性、集成性及安全性。从我国各地来看，浙江率先制定实施数字政府建设总体方案，采取重点突破期、全面普及期、深度发展期"三步走"战略（见表13-1），对全国推进政府数字化转型具有引领性和示范性作用。浙江改革试点的启示意义在于，数字政府的实施具有极强的关联性、同构性、协同性特质，亟待全方位推进经济调节、市场监管、公共服务、社会管理、环境治理、政府运行"六位一体"的数字化转型。

表13-1　数字政府"三步走"战略核心任务

主攻阶段	时间表	路线图和任务书
第一阶段	重点突破期（至2018年12月底）	深度应用"互联网+政务服务"，实现信息孤岛100%全打通、数据资源100%全共享、网上办事100%全覆盖；经济运行、公共服务、市场监管等领域的数字化应用取得成效；行政审批、执法监管、便民服务、基层治理、政务办公等领域的数字化转型实现重点突破
第二阶段	全面普及期（至2020年12月底）	公共数据依法依规全面共享、有序开放，基本建成"掌上办事之省"和"掌上办公之省"；80%以上的政务服务事项可以掌上办理，部门专网整合率达到100%，基于大数据的科学决策、社会治理、风险防控、政府效能显著提升
第三阶段	深度发展期（至2022年12月底）	大数据与政府治理深度融合，掌上办公、掌上办事实现核心业务100%全覆盖，用数据说话、用数据决策、用数据管理、用数据创新的机制较为健全；政府系统纵向、横向协同治理的机制基本形成；能够满足治理现代化和社会公众需求

资料来源：根据浙江数字政府公开资料整理。

聚焦聚力推进经济调节数字化,靶向是增强经济形势分析研判和行政决策的时效性、系统性及精准性。众所周知,基于样本数据推理得出的因果关系或关联关系是不全面甚至不客观的,换言之,传统统计学意义上的随机抽样以及存在明显时滞的统计数据致使政府的经济调节职能难以实现对核心经济指标的及时、高效、精准掌控。大数据具有极大量、多维度、相关性等特质,依托大数据中心归集的多维度海量数据,彻底改变了以往依靠抽样调查所得到的少量数据进行决策的局面,从"局部→整体"的逻辑推理转向了依据"实时、全样、巨量"的大数据进行相关性分析与深度挖掘,使经济研判和预测主要指标"形"与"势"更有公信力。对此,突破口在三方面:其一,加快推进经济运行数字化。建立经济运行基础数据库,将分散在统计、发改委、财政、商务、经信、税务、海关、工商等部门的经济运行数据进行动态归集,解决部门数据采集口径不一致、中间环节多、时效性不强、相互割裂等问题,构建宏观经济、区域经济、行业经济、微观经济等数字化分析系统,对投资、生产、消费、进出口、金融、物价等指标进行大数据建模,建立经济运行实时分析、经济发展质量评价、经济指标预测等数字化分析体系,对主要指标进行数据钻取、数据挖掘、数据比对及可视化分析。其二,加快推进统计监测数字化。围绕经济增长、科技创新、产业升级、要素供给、资源利用、能源消耗等领域,建立统计监测分析系统,提升经济形势分析研判的系统性、及时性、精准性、科学性。其三,加快推进政府决策数字化。加强财政、税收、金融、价格、能源、国资、商务等领域的数字化应用,推进谋划、决策、执行、督查、反馈等数字化协同工程,以数据流支撑和引导技术流、资金流、人才流、信息流、决策流,形成政府治理闭环机制。

聚焦聚力推进市场监管数字化,靶向是构建基于"大数据+云计算"双轮驱动的对市场主体行为进行全生命周期监管的新型模式。传统监管机制"碎片化、割裂化、错位化"难以适应瞬息万变的形势,基于ICT植入的监管数字化转型有助于从根本上破解这一难题。实施路径是:其一,以集约化方式搭建标准化、通用化的行政执法监管系统与移动巡检监管系统,通过信息系统将原则性、模糊性、动态性的执法监管要求,固化为可执行、可量化、可追溯的操作要求,构建对市场主体行为全生命周期的监管链,实现执法监管行为从下达检查任务、抽取检查对象、抽取检查人员、生成检查内容、录入检查情况、公示检查结果到做出行政决定等全环节、全流程的数字化留痕管理。依托执法监管平台动态共享信用信息,将信用信息嵌入执法管理链,建立跨部门联动响应的公共信用评价机制、信用联合奖惩机制、信用综合监管机制,完善以公共信用信息服务平台为主要内容的"531X"信用监管体系。

其二，构建基于"大数据+云计算"双轮驱动的"事前管标准、事中管达标、事后管信用"的新型市场监管模式，加强对第三方网络交易平台的线上监测、信息采集和数据处理，关联分析企业市场准入、生产经营、投诉举报、违法失信等主体、客体数据，提高对网络交易违法行为的发现、取证、移交和处置能力。汲取长生生物疫苗事件教训，依托电子监管码、RFID（射频识别）、台账、抽验、二维码等技术手段，建立特殊药品追溯系统、药品电子监管追溯系统、药品全程追溯系统、医疗器械保健食品化妆品追溯系统，对药品市场监管进行全时空追溯，提高监管的及时性和灵敏度。其三，建设统一政务咨询投诉举报平台，构建"统一接收、按责转办、限时办结、统一督办、评价反馈"的闭环机制。

聚焦聚力推进公共服务数字化，靶向是构建"一窗受理+一网通办+一证办理"的数字政务服务新模式。从浙江先行先试来看，公共服务数字化转型需要从以下四个方面突破：其一，设立政务服务网一窗受理平台，围绕"无差别全科受理"和"受办分离"，加快打造"前台综合受理、后台分类审批、综合窗口出件"的政务服务新模式，向乡镇（街道）便民服务中心、村（社区）代办点延伸。其二，全面推进企业投资项目审批等重点领域系统建设，建设投资项目在线审批监管平台，打通涉及投资项目审批的信息系统，实现企业投资项目审批100%网上申请、100%网上办理；优化商事登记"证照联办"系统，推行"多证合一、一照一码"改革。其三，网上办、掌上办，实施"一证通办、一网通办"，实行企业"网上申报、网上受理、身份认证、网上签名、电子归档"，全面推广"在线咨询、网上申请、快递送达"办理模式。其四，加快推进"大数据+公共服务"，以面向公众真实的精准供给为方向，加强公共服务的供给侧结构性改革，建设健康医疗大数据中心，加快建设社保卡线上统一服务平台，完善综合交通信息平台，建设公共文化大数据中心。

聚焦聚力推进社会治理数字化，靶向是实现联动式协同、可视化指挥、智慧化分析及闭环式管理。社会治理数字化转型的底层操作逻辑是以用户为中心、以实际效果为导向、以大数据和云计算为驱动，建立综合信息指挥系统和基层治理综合信息平台，打通纵向与横向各部门、各条线、各领域的信息系统和基层信息平台。锲入路径和抓手是：其一，以"全域覆盖、全网共享、全时可用、全程可控"为目标，建立监控视频"天眼"、网格员移动"网眼"、普通群众"众眼"三位一体的立体化社会治理和风险防控体系。其二，推进基层治理信息系统一体化建设。加强纵向信息系统与基层治理平台的整合，实现基层治理信息"一个口子进、一个口子出"；构建由全科网格组成的基层治理一张网,落实全科网格员,确保群众办事在乡镇、村居或网格层面解决;针对基层政务 APP 过多的突出问题,按照统一技术标准规范,将基层现有 APP 应用集成整合到统一平台。其三,构建综合性城市管理数据库。加强城市管理综合指挥智能化应用,实现城市管理运行状态的全面可视和监测。其四,深化综合治理系统建设。搭建全科网格管理信息子系统,实行网格统一编码,加强重点人员、重点群体预警管控。

聚焦聚力推进环境治理数字化,靶向是围绕水、大气、土壤、森林、绿地等基本生态元素建立全时空监控组网实时在线监测体系。大力推进"互联网+环保""大数据+环保",彻底颠覆传统环境治理监管方式,织密生态环保"监察网",为青山绿水装上实时、动态、全天候的"千里眼""顺风耳",实现预防为先与动态治理的紧密结合。实施路径是:其一,依托政务云打造生态环境大数据平台,建立水、大气、土壤、森林、绿地等基础数据库,实现跨流域、跨部门、跨地区的生态环保信息互联互通。其二,加强水环境数字化应用。加快饮用水水源安全的环境信息体系建设,深化流域水环境治理一体化管理,建立全时空监控组网协同治理的实时在线监测体系。其三,加强土壤污染防治数字化应用。建立土壤环境质量监测网络,实现土壤环境监测点位全覆盖,构建土壤污染溯源系统、预测系统、预警系统,实现危险废物从产生到处置的全流程覆盖、全时段记录和链条式追溯。其四,建立空气质量监测预报预警体系,完善大气复合污染立体监测系统,健全一体化雾霾监测体系,加强对大气污染的溯源、模拟和预测预警。

聚焦聚力推进政府运行数字化,靶向是针对行政执行力不够强、政策落地"最后一公里"不到位等突出症结制定针对性、操作性和实效性强的解决方案。通过推广有效的数字工具、构建先进的应用场景,极大地提高行政效率和政务质量,打造富有吸引力和竞争力的政务生态。对此,大力推广三大数字工具:其一,全面推行"叮盯钉"。"叮"就是打造移动办公新平台,有效解决以往纸质文件传阅效率低、周期长、易出错等弊端;"盯"就是建立项目推进专班制,围绕重大项目建立钉钉工作群,形成"发现问题、立即上传、迅速处理、及时反馈"的工作机制;"钉"就是咬定重点项目、重点工程、重点企业、重点工作抓落实,实现"工作项目化、项目清单化、清单责任化、责任考核化"。其二,建立权威高效的电子监察系统,将行政权力运行、政务咨询投诉、公共资源交易等运行情况全面纳入监察范围,形成来源可溯、去向可查、监督留痕、责任可究的完整信息链条,实施在线即时监测。其三,将数字化技术植入政务督查系统。建立政府系统24小时全天候的指挥平台、督查平台、反馈平台和沟通平台,对重点任务分解、进展过程、完成情况等全过程动态跟踪、实时督查、评估绩效、及时反馈,实现从"人海督查"向"数字督查"转变。

第三节　数字政府"六位一体"构架的底层技术支撑

数字时代提供的工具、技术、方法能够帮助政府以更快的速度、更低的成本、更好的效果实现政府的数字化服务,但政府数字化效应的最大化呈现并非易事,利用ICT再造"六位一体"数字政府构架体系和改善政府在线服务质量,亟须对政府系统的数据共享技术、数据采集技术、数据标准、数据安全技术等底层技术进行集成运用,以支撑和保障政府组织高效响应经济社会全面数字化转型的需求。

一、瞄准"信息烟囱"和"信息孤岛",夯实数据共享技术支撑

G2G(行政机关到行政机关)数据互联互通不充分是政府数字化转型的突出症结,跨层级、跨地域、跨系统、跨部门、跨业务存在大量"信息孤岛"是数字政府建设的关键瓶颈,横向上表现在部门系统、市县系统之间存在各种各样的"护城河""防护栏",纵向上表现在垂直部门之间存在大量的"信息烟囱""隔离带"。比如,企业投资项目在线审批监管平台与国土、环保、建设等部门业务系统没有完全联通,施工许可证核发信息、评估报告审批信息、竣工验收信息等核心数据没有实时对接,垂直部门的税务、金融、国土、工商等关键性信息没有对地方政府公开,导致企业在项目审批过程中"材料重复交、部门来回跑"。打破"信息孤岛"极其错综复杂,背后是部门本位主义和利益博弈,应按照"基层数据库→主题库→大数据平台"共享路径(见图13-1),以"全统一、全打通、全归集、全共享、全对接、全覆盖、全在线"为导向,加快推进跨部门、跨层级、跨领域联办事项的业务流、信息流、数据流的联通共享,真正建立回应性、责任性、及时性、无缝隙的大数据平台。顺应"万物感知、万物互联、万物智能"趋势,按照"统一规划、统一平台、统一标准、统一建设、统一管理、统一运维"的整合导向,加快建设跨部门、跨地域、跨系统的"政务一朵云"(见图13-2),依托"政务一朵云"建立具有多样化数据存储、处理、分析能力的大数据中心,构建公共安全视频图像共享平台,完善公共数据共享平台功能和架构,最大程度地实现公共数据汇聚和共享。

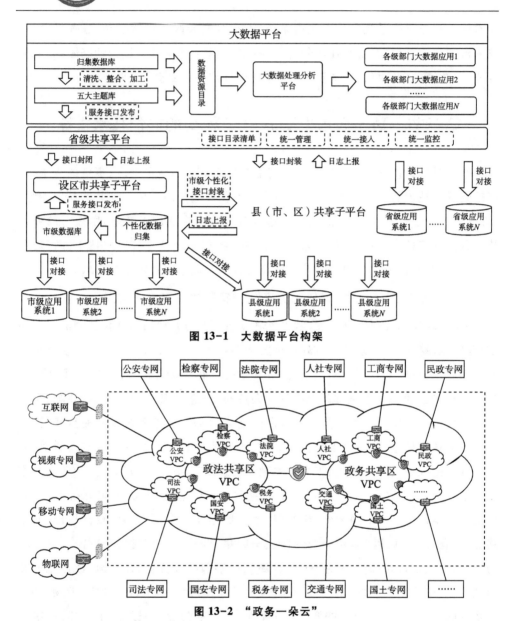

图 13-1 大数据平台构架

图 13-2 "政务一朵云"

二、坚持数据集成和数据应用相辅相成,夯实数据采集技术支撑

在一切可由数据记载和表达的大数据时代,人们有能力获得个体或者集合在空间维度和时间维度的所有数据,换言之,人是一切相关数据的总和。在非大数据情景下,人的心理偏好、利益诉求、情感表达、身心体验等个性化特征难以数据化,

对个性化特征的挖掘只能通过抽象模型表达,然而传感器、社交软件、移动互联等颠覆性地实现了非数据化心理行为的数据化,从而在技术上能够对用户和公众的心理偏好、利益诉求、情感表达、身心体验等个性化特征进行数字化定量分析。但数据集成分析必须以先进的采集技术为前提,只有传感器、移动设备、定位系统、爬虫技术、运算能力等足够先进,才能充分记录、搜取和加工处理高度相关的、海量的、完备的数据,否则数据只是政府和公众行为数据的无序堆砌。具体突破口在于:其一,深度开发应用ICT,推动集成电路、基础软件、核心元器件等薄弱环节实现根本性突破,大力开发自然语言处理(NLP)、神经网络分析、模型构建和参数设置、海量技术处理等技术工具及分析方法,拓宽ICT技术转化、可视化应用的政务场域。其二,立足"事后管信用",推动部门自建电子认证系统互认互信,把所有政务信息系统接入统一的身份认证体系,实现刷脸认证、扫码认证及信用数据集成。其三,加快建设政府数据统一开放平台,建立可信电子证照库、办事材料共享库、人口综合库、法人综合库、信用信息库等,形成政府和社会互动的大数据采集机制。

三、以数据价值最大化释放和应用为导向,夯实数据标准支撑

在实际操作层面,统一规范及技术标准的缺失、滞后影响了数字政府推进速度,必须注重数据标准和业务标准的匹配、数据流和业务流的统一、数据系统和业务系统的同步。只有建立数据标准、接口标准、平台对接标准、运行管理标准、网络安全标准等一系列标准,确保数据的唯一性、规范性、完整性、全相关性,才能实现数据价值的最大程度挖掘。要加快编制政府数字化转型总体标准框架,明确政府数字化转型总体标准、技术标准、数据标准、业务应用标准、管理标准、服务标准内容等;按照"减事项、减次数、减时间"要求,优化办事流程、简化办事环节、减少办事材料、缩短办事期限,建立标准、规范、科学的办事指南体系;加快推进数据标准化建设,制定数据汇聚、数据平台、数据安全、大数据应用等急需的标准,逐步建立《公共数据资源目录编制规范》《"互联网+政务服务"公共数据管理规范》及电子证照库、人口综合库、公共信用库等;加强数据标准规范推广,定期开展标准规范应用评估监督,推进标准规范落实到位。

四、针对大数据风险敞口,夯实数据安全技术支撑

复杂网络、新技术迭代、大数据汇聚、系统互联互通等条件下的数据安全保障不容忽视。互联网监控公司 Arbor Networks 统计显示,2011—2014年全球 DDoS 攻击量增加30倍以上,每年对全球经济造成的损失高达4 000亿美元。对此,应坚持数据安全和系统建设"同步规划、同步建设、同步运行",建立数据安全规范体系,编制数据安全管理条例,加强数据生成、存储、传输、应用、共享等全链条过程中的安全防控,建设集风险评估、情报共享、研判处置、应急机制于一体的网络安全态势动态感知云平台,加快构建以网络安全、数据安全、政务安全、用户安全等为重点内容的多层次数据安全保障体系;综合考量用户需求和数据的权利边界,严格界定数据所有权、使用权、隐私特权与数据商业化权限,依法构建开放的数据生态系统以及基于HTML(超文本标记语言)、CSV(逗号分隔值)、XLS(电子表格)、WMS(网络地图服务)、WCS(网络覆盖服务)、WFS(网络要素服务)等多元化数据格式的覆盖数据全生命周期的安全保障体系。

第四节 对策与建议

数字政府涉及诸多条线和模块且与外界存在实时互动,是错综复杂的系统工程。构筑数字化、智能化、融合化机制和操作路径,促进线下实体政府和线上虚拟政府高度融合和无缝衔接,建立政务高效化、服务线上化、治理精准化的新型政务运行模式,必须从国家层面进行系统设计、协同改革及政策支持。

一、加强顶层设计是数字政府建设的根本保障

数字政府建设是一项系统性和耦合性工程,有必要成立数字政府建设工作领导小组,建立强有力的政府数字化转型推进机制,按照全国"一盘棋、一张网"的思路通盘谋划,加强对这项改革的总体规划和顶层设计,细化落实任务书、时间表、路线图、责任状;建立政务数据管理服务体制机制,构建适应数字化的组织构架体系,对政务数据管理总体规划、顶层设计、标准规范等进行系统考虑;按照"大系统、大数据、大平台"架构,以一体化的基础设施和共建共用共享的数据资源为基础,加快建立国家大数据中心,创建数据共享模型、流程再造模型、信用体系模型,重点推进审批服务、执法监管、城市管理、安全管控、智慧办公、决策辅助、效能监察、基层治理等数字化协同工程。政府单一力量毕竟是有限的,采用外包方式推动政府数字化建设进程可以大幅度削减数字政府建设成本、提高数字政府治理效能、降低数字政府运行负担,应积极探索"政府主导+社会参与+市场化运作"机制,吸引社会资本参与数字政府建设。

二、深化政务改革是数字政府建设的重要手段

政府数字化转型既是技术变革，又是制度变革，倒逼政务服务的业务重组与流程再造。从当前来看，权力清单标准化不够，群众办事流程不统一、标准不一致，企业投资项目审批、不动产登记、商事登记、证照联办等尚未形成标准化流程是数字政府建设的拦路虎。要全面推进群众办事指南规范化和企业投资项目审批事项标准化，加快制定办事事项和审批事项标准化流程，办事目录、流程、格式、文本、技术等必须全要素、全流程标准化，重点在跨部门、跨层级、跨领域联办事项上突破，破解企业投资项目审批涉及"部门多、层级多、事项多、中介多"等难题；深化企业投资项目审批便利化改革，加快在线审批监管平台建设，推广"一口受理、在线咨询、网上办理、代办服务、快递送达"办理模式；加强行政审批中介服务改革，全面推广施工图联合审查以及联合测绘、联合验收、建筑工程竣工测验合一，建立统一的网上"中介超市"和"竞价平台"。

三、构筑统一平台是数字政府建设的前提条件

基于大数据、大系统的统一平台是数字政府建设的基本支撑，也是进一步构建数据共享模型、流程再造模型及信用体系模型的必要条件。要加快建立覆盖全域、统筹利用、统一接入的数据共享大平台以及物理分散、逻辑集中、资源共享的政务信息资源大数据平台，构建深度应用、上下联动、纵横协管的协同治理大系统，通过数据流、业务流、信息流的实时同步，实现"一次填报、全网共享"和"一处变更、全网更新"；深化一体化权力运行平台建设，将可协同、可联办行政审批和公共服务事项梳理整合成"一件事"，按"一套标准"进行前台综合受理、后台分类审批、综合窗口出件，实现数据落地和全流程监控。

四、推行"掌上办事"是数字政府建设的落脚点

数字政府是需求导向型和公众响应型的及时性政府，也就是从用户需求和公众诉求出发，基于用户和公众不同的数据维度，抽象出用户和公众360度全景画像，洞察、分析和响应公众需求，促进政府与公众（G2C）、政府与企业（G2B）良性互动。要进一步深化"互联网+政务服务"，系统整合优化政府系统中的决策流、信息流、资金流、业务流，积极探索"一证通办一生事"，广泛开展"掌上办事"，打通服务群众"最后一公里"；借助"互联网+"和人工智能，促进政务服务在线化、智能化、实时化，推广移动政务服务终端、手机终端等应用，将政务服务的触觉延伸至社会的

神经末梢;加快移动政务服务应用整合,推进行政服务中心窗口单位涉及审批收费事项与公共支付平台的对接,在教育、就业、社保、卫生、住房、交通等民生领域进一步推广"掌上办事"。

五、"云上政务"很可能是"互联网+"政府的下一个浪潮

新兴信息技术如大数据、云计算、物联网、区块链等是人类突破认知极限、超越时空资源局限的"临界点""爆发点""奇点",云技术和数字技术植入政府治理之后,政府治理工具和技术手段愈加高端化、精准化、高速化。云计算将计算、存储、记忆、网络等信息资源进行集成后,通过计算资源的交付和使用,促使私有云、公有云、混合云等应用层出不穷。比如,美国2011年9月在联邦、州、地方各级政府运行过程中实施"云计算战略",着力解决传统电子政务基础设施利用率低、资源需求分散、重复建设、工程建设滞后等问题。可以预见的是,未来"IT(互联网技术)信息时代"向"DT(数据处理技术)数据时代"的变迁会提速,互联网加快迈入"后IP(网际互连协议)时代",集成电路加快迈入"后摩尔时代",这亟待政府进行彻底的"云革命",通过云上政府与实体政府的无缝衔接与相互驱动,为公众提供更优质、更高效的全生命周期服务(Citizen Life-Cycle Service)。

六、"移动政务"(M-Government)领域和边界不断拓宽

公众通过5G通信、社交媒体等渠道随时随地便利地获取公共信息和公共服务的需求越来越强烈,这是不可悖逆的浪潮。对此,美国联邦政府2012年1月发布移动政务策略(Mobile Strategy for Federal Government),其出发点是在任何时间、任何地点,通过任何设备都能够获取政府信息和数字化服务。新加坡《电子政务总体规划(2011—2015)》将移动政务作为电子政务的核心内容,提出一站式的移动政务建设,汇集300多项移动政务服务项目,将移动媒体作为民意征集、公证听取、新闻发布、公民参与政务的重要渠道和途径。因此,广泛应用移动技术和社交媒体,创新移动服务供给方式和手段,为公民、企业及其他利益相关方提供更广泛、更便捷的移动服务,拓展移动政务的广度和深度是大势所趋。

七、"智慧政务"是数字政府建设的重要靶心

数字政府深度变革的方向是智慧化。要基于海量数据和公众线上行为轨迹的深度分析与价值挖掘,对现实问题进行快速识别并精准提炼公众需求,通过线上访问轨迹和点击行为识别公众的差异化需求,有针对性地改进政府线上公共服务,使

公共服务越来越智慧化、主动化和精准化。我们看到,迪拜2014年3月启动实施"智能迪拜"计划,在智慧城市的基础上打造数字政府,为公民提供1 000项智能服务,这对如何领跑"智慧政务"是深刻启发。从目前来看,"智慧交通"是政府数字化转型和工业4.0中具有"灯塔效应"的重大行动,它是精密仪表、智能制造、数字技术、传感技术、交通建设、GPS(全球定位系统)定位等全方位时空要素的综合集成,是公众迫切需要抢先破解的突出痛点;此外,"智慧环保""智慧医疗""智慧物流""智慧治安""智慧社保""智慧能源"等都是值得攻克的重点领域。

第四篇
2018年中国中小企业热点问题专题调研报告

第十四章　中小微企业征信体系建设调研报告

中小微企业的征信问题是我国企业征信系统的重要组成部分,同时也是它的关键难题。目前,我国中小微企业总数有 8 000 多万户(含个体工商户),占企业总数的 99%,贡献了 80% 的城镇就业岗位、70% 的 GDP、60% 的利润和 50% 的税收。但是,由于中小微企业量大面广,普遍存在"融资难、融资贵"等信用问题,成为制约我国中小企业发展、创新创业及实体经济发展的一个重要瓶颈。浙江是中小企业大省,但大量中小微企业在信贷业务中沦为"信息孤岛",由此产生的信用问题对全省中小微实体经济持续健康发展产生严重制约。浙江工业大学课题组依托理论调研,认为以征信环节建设为突破口,构建普惠性融资体系,既是打造信用浙江升级版的重要内容,又是推动中小微实体经济充分发展的重要抓手,对全国缓解中小微企业融资困境具有较为典型的示范意义。

第一节　中小微企业发展迫切需要征信体系提供支撑

通过推进征信体系建设实现中小微企业信用的准确描述和科学评价,能够有效消除借贷双方的信息隔阂,为授信机构进一步预估风险提供重要参考,从而大幅提升借贷活动的成功率。相关调查显示,浙江省 61% 的中小微企业存在资金紧张或者非常紧张的现象,只有 5% 的企业表示资金充裕。其主要原因就是浙江省中小微企业征信体系建设显著落后于现实需求,中小微企业与银行等信贷机构之间未能有效打破信息藩篱,具体存在如下问题:

第一,中小微企业成为征信体系"信息孤岛"。现行征信评价框架仍未摆脱传统金融机构"重实物轻无形"的风控理念,对中小微企业重视不足,导致绝大多数中小微企业因规模、资产等限制游离于征信体系之外,无法获取相应的金融服务。中国人民银行相关资料显示,目前浙江省在册征信机构仅有 6 家(北京 40 家,上海

34家),其中营业范围涉及中小微企业征信的不到一半,与浙江省庞大的中小微企业基数相比,征信服务存在较大缺口。

第二,征信数据采集缺乏有效途径。目前依靠以中国人民银行征信部门为主体的单一行业体系无法实现对浙江省中小微企业信用数据及信息的有效归集和整理。除去财务等日常运营数据,工商、税务、司法等公共政务相关信息因发布周期、发布格式等差异也需要较高的采集成本,数据质量和可持续性维护无法得到保证。

第三,信用指标体系不能反映中小微企业特征。浙江省企业信用数据主要来自中国人民银行征信系统中各金融机构根据统一目录所报送的信贷信息,但中小微企业自身积累少、投入大,业务稳定性不足,资金需求呈现出量少、紧急、频繁等特征,与大型企业存在显著差异,固定使用同一指标体系不仅造成部分新创企业信用信息空白,而且导致中小微企业在信用评价中处于劣势,未能如实、准确地反映其经营状况,反而加剧了中小微企业的融资困境。

第二节 "先行先试"所取得的经验借鉴

浙江省历来具有"敢为人先"的优良传统,作为中小微企业大省,部分地区及企业依托自身地域特征及技术优势对推进征信体系建设、破解小微企业融资困境做出了诸多尝试,部分做法及经验对全省推进相应工作具有重要参考价值。

一、台州小微金改:系统优化小微企业信用服务

2012年年底,浙江省委、省政府决定在台州设立小微企业金融服务改革(以下简称"小微金改")创新试验区,经过多年探索与建设,"台州小微金融品牌"在全国已有广泛影响,并于2015年年底升格为国家级小微金改试验区。其主要经验为:(1)以打通信用数据为基础。由市政府牵头成立信息平台,实行"政府建设、财政出资、人行代管、免费查询"的运作模式,对分散在公安、财税、法院、国土、市场监管等部门的公共信息进行整合,有效提升小微企业"透明度",金融机构贷前调查、贷中审批、贷后管理等各环节效率均大幅提高。(2)以专营信用机构为主体。积极发展各类小微企业金融服务专营机构,依托产业集群和商圈设立电商特色银行、科技银行、文化产业银行,重点为电子商务、科技创业、文化创意等专业化小微企业提供个性化服务,截至2017年12月,全市设立小微企业金融服务专营机构200多家,约占新设网点的80%,有效满足了小微企业的多样化需求。(3)以差异化信用

服务为核心。针对小微企业轻资产、薄积累的发展特征,将信用评价标准从抵押、利润等硬指标向发展潜力等软指标倾斜,产生了如泰隆银行的"三品三表(人品、产品、押品,水表、电表、海关报表)"、台州银行的"三看三不看(不看报表看原始、不看抵押看技能、不看公司治理看家庭治理)"、民泰银行的"九字诀(看品行、算实账、同商量)"等行之有效的实际操作模式,大幅提升了小微企业融资的成功率。

二、蚂蚁金服:基于大数据创新征信模式

互联网技术为信息的归集和处理提供了新的方式和手段,蚂蚁金服依托母公司阿里巴巴所掌握的海量数据,结合大数据和数据挖掘技术对基于互联网的信用描画进行了探索及尝试,为客观反映企业和个人信用状况提供了新渠道。其主要做法有:(1)有效利用信息渠道。蚂蚁金服将自身支付、融资、理财、保险四大平台在开展业务过程中获取的用户信息收录进数据库,并依托阿里巴巴业务网络进一步归集诚信通及淘宝中的个人与企业交易数据,从而通过互联网进行实时、高频的数据采集。(2)深度挖掘数据价值。蚂蚁金服通过应用深度学习等顶尖的大数据技术对所掌握的海量数据进行分析,实现对个人及小微企业具体形象的描画,如通过历史交易数据和现金流判断企业实际经营状态,利用沉淀消费数据分析顾客消费习惯和未来行为等。(3)营造多元应用生态。基于大数据获得的信用情况通过"芝麻信用分"直观展示,被广泛应用于贷款、出行、医疗、租赁等多种场景,为服务机构提供了重要参考,缩短了业务流程,提升了服务效率;而信用主体所产生的交易和行为数据又将被再次收集,用于丰富数据库,以便平台未来做出更全面、真实、可靠、有效的信用评估。

第三节 对策与建议

一、把征信体系建设作为破解中小微企业融资困境的一项重要而长期的任务

中小微企业融资"难、贵、繁"问题表面上看是缺钱,实质上是缺信息、缺信用。国际上无论是发达国家(如美国、英国)还是新兴经济体(如印度、马来西亚),或通过商业盈利驱动,或通过公共部门推动,都将发展中小微企业征信服务作为扶持中小微实体经济的主流选择。建议结合"小微企业三年成长计划"和"531X"工程,把中小微企业征信体系建设作为重要而长期的任务来推进,在继续深入推进台州小微金改试点的基础上,将部分成功经验在杭州、宁波、温州等城市逐步推广,创造便利条件,营造良好氛围,加速打造信用浙江升级版。

二、完善公共服务平台，构建信息归集机制

国际经验和浙江省实践表明，由政府主导的公共部门往往在征信体系中发挥核心作用。建议进一步强化浙江省信用中心的相应职能，强化与中国人民银行征信部门的业务联系，以统一社会信用代码为唯一标识，指导制定中小微企业信用信息采集标准。同时，针对台州小微金改试点情况所呈现的公共信息共享盲点、痛点，将有关直属部门信息的查询权限向地市下放，全面构建公共部门间横向到边、纵向到底的信用信息共建共享、协同推进机制。

三、借鉴国外成功模式，优化信用评价体系

在现行以银行为主体的信用评价体系中，5A级单位几乎清一色为大型企业，其重要原因之一就是评价指标过于侧重规模、利润等财务信息，造成评价结果与客观事实发生偏差。建议结合中小微企业特征研究建立信用评价模型，借鉴美国小企业信用评分系统（Small Business Scoring Service，SBSS）、日本八千代银行SOHO模型等国外较为成功的中小企业信用评价方法，在兼顾体现当前经营状况的同时，重点突出企业主个人特质、质量安全、守法经营、社会责任等非财务信息，更为准确地反映中小微企业潜在风险和盈利能力，为授信机构提供科学参考。

四、协同多种机构资源，丰富信用服务形式

中小微企业量大面广，征信服务需求日益多样化，仅靠公共征信机构无法完全满足。建议结合商事制度改革简化征信机构的设立流程，培育发展社会征信机构，发挥市场作用鼓励征信机构通过专业化、精细化丰富服务种类、提升服务水平，引导征信服务从信用调查、信用报告等基础类服务向信用评分、信用管理咨询等增值类服务拓展，驱动中小微企业征信服务向多样化、综合化、定制化方向发展。

五、利用信息技术优势，实现征信手段升级

现在我国正在深入推进"互联网+"和两化融合，建议充分利用阿里巴巴、腾讯、华为等数字产业龙头企业的技术优势，打造标准化企业云平台，推进中小微企业和征信机构共同上云，在降低企业信息系统构建成本的同时，为打通征信机构和中小微企业的信息传递渠道奠定硬件基础；推广蚂蚁金服征信服务模式，引导征信机构利用大数据技术弥补中小微企业财务信息缺失、资产抵押不足等先天缺陷；鼓励征信机构在通过互联网提供在线服务的同时，向移动端拓展，营造便捷、友好的征信服务环境。

第十五章　加强民营企业知识产权国际保护调研报告

在中央"一带一路"倡议下,加强知识产权国际保护,制定有利于知识产权保护与运用的全局性规划对民营企业的发展至关重要。国内加强知识产权保护已提上议程,习近平总书记在2019年4月第二届"一带一路"国际合作高峰论坛开幕式中强调,中国将同更多国家商签高标准自由贸易协定,并更大力度加强知识产权保护国际合作。但是,中国知识产权国际保护与自由贸易规则重构的实践基础较为薄弱,在推动中国知识产权国际保护参与双边、区域、多边贸易规则重构的过程将面临更大挑战,中国政府、产业及企业所面临的知识产权国际保护风险也势必会越来越多。

以浙江省为例,浙江省作为知识产权大省与民营企业集聚地,民营企业占全省进出口总额的近70%,民营企业参与"一带一路"走出去对知识产权国际规则的依赖程度会增强。本章通过介绍浙江省民营企业知识产权国际保护的总体状况,明确浙江省民营企业在参与"一带一路"走出去中面临知识产权国际保护的困境,总结知识产权国际保护的经验,提出进一步加强浙江省知识产权国际保护的对策与建议,为民营企业参与国际竞争提供方向性的引导,进一步推进浙江省民营企业融入"一带一路"新阶段。

第一节　民营企业知识产权国际保护的总体状况

伴随"一带一路"倡议的深入实施,浙江省以建设知识产权强省为目标,不断深化知识产权领域改革,严格知识产权国际保护,优化知识产权国际保护环境,各项工作取得新进展,具体表现在:

第一,浙江省企业境外知识产权申请稳步提升。浙江省支持民营企业通过马德里商标国际注册、国际专利合作条约(PCT)等加快商标、专利境外布局,拓展境外市场、参与国际竞争。2018 年国家知识产权局共受理 PCT 国际专利申请 5.5 万件,其中 5.2 万件来自国内,同比增长 9.3%。其中,浙江省 PCT 国际专利申请量达 0.19 万件,较 2017 年(0.14 万件)有小幅上升,位列全国第六。排名前五位的省市依次为:广东(2.53 万件)、北京(0.65 万件)、江苏(0.55 万件)、上海(0.25 万件)、山东(0.23 万件)。2018 年上半年,我国马德里商标国际注册申请量为 3 312 件,浙江省达到 307 件,较 2017 年(226 件)同比增长 35.8%,位列全国第三,仅次于山东(1 338 件)、广东(538 件),与江苏(300)接近。2018 年浙江省成立义乌商标注册受理窗口,并成为全国首个马德里商标国际注册受理窗口,大力助推民营企业"走出去"参与国际竞争。

第二,浙江省知识产权国际保护环境进一步优化。浙江省加强民营企业知识产权保护,响应"一带一路"倡议,塑造良好的营商环境和创新环境。在知识产权创造、保护方面,浙江省着力建设集"专利、商标、地标"于一体,知识产权"创造、保护、运用"全链条的知识产权服务业发展集聚区,为民营企业提供知识产权"代理、托管、维权、评估、交易、培训"一站式服务。其中,在维权支持方面,建设中国(浙江)知识产权保护中心、中国义乌(小商品)知识产权快速维权中心。杭州海关更是针对关中欧班列(义乌—马德里)的运营,主动对接以"一带一路"沿线国家为主要市场的企业商户,遴选 10 家对知识产权保护有较多需求的出口知识产权优势企业,提供国际维权服务等。

第三,浙江省民营企业抵御知识产权纠纷能力有所提升。通过持续推进重点企业(行业)知识产权保护,浙江省民营企业应对知识产权纠纷能力得到提升。2018 年,浙江巨力公司凭借拥有大量行业专利与积极应诉的强大信心,在亚萨合莱佳卫安防科技有限公司提出侵犯其外观专利时,主动维权并奋起反击,控告亚萨合莱佳卫安防科技有限公司侵犯其实用新型专利,从被告到原告,并最终获胜。诸如此类通过积极应诉与政府帮扶,浙江省杭州骑客智能科技有限公司、先临三维科技股份有限公司、正特集团有限公司等重点联系企业均在海外维权获胜。

第二节 "一带一路"倡议下民营企业面临的知识产权国际保护困境

一、浙江省民营企业知识产权国际战略意识不强，知识产权国外布局滞后于国外业务发展

知识产权保护具有地域性特征，必须提前做好目标市场的知识产权布局，否则容易在专利和商标等领域出现侵权或者被侵权。例如，2014年小米科技有限责任公司在印度被爱立信公司起诉侵犯专利权，禁止小米在印度市场推广；而"同仁堂""红塔山""康佳""大白兔"等商标却在印度尼西亚、菲律宾被抢注。总体而言，浙江省民营企业的知识产权国际战略意识、原始创新能力较弱，从PCT国际专利年申请量与马德里体系国际注册商标有效量来看，浙江省与排名前两位的广东省及山东省存在较大差距。浙江省民营企业在国外不注重知识产权事先布局，频繁遭遇知识产权诉讼。即便浙江省民营企业抵御知识产权纠纷能力有所提升，但面对国外知识产权纠纷难度大、费用高，不仅需要精通国外当地知识产权立法、司法和执法体系的高端法律人才，还需要大量的资金支持，浙江省民营企业无法有效借助政府、行业协会、专家学者及同业者等各方力量，涉案民营企业往往力不从心。

二、"一带一路"沿线国家知识产权保护制度差异大，浙江省与"一带一路"沿线国家知识产权合作交流滞后

"一带一路"横跨亚、欧、非三大区域，沿线国家法律传统和渊源差别较大，使得各国国内知识产权保护制度差异显著。例如，波兰、捷克、斯洛伐克等中东欧国家知识产权保护水平已经达到"TRIPS"协议（与贸易有关的产权协议）的要求，知识产权保护较为严格，而东南亚国家知识产权保护水平则相差较大。知识产权所涉及的行业类型和项目较多，亟须企业掌握各国、各行业知识产权相关动态的实时发布和相关知识产权法律法规及政策的实施更新情况。对此，上海、武汉等城市定期举办知识产权国际论坛，福建省2018年专门针对"一带一路"举行知识产权国际合作论坛，浙江省缺乏诸如此类高水准、高质量的知识产权国际论坛，不能为广大民营企业提供最新知识产权国际保护信息传播与学习的渠道。同时，在上海加快建设亚太地区知识产权保护中心城市、广西建设中国—东盟知识产权国际交流合作中心、新疆加强与"一带一路"沿线国家知识产权交流合作之时,浙江省与"一带一路"沿线国家知识产权合作交流与其他省份相比较为滞后。

三、知识产权保护力度与新领域、新模式、新业态保护需求不相适应,民营企业参与"一带一路"走出去易遭受数字化侵权

浙江是电子商务发展较早也较为迅速的省份,拥有世界上最大的电子商务交易市场和群体最大的电子商务企业。2017年,浙江省实现跨境电子商务零售进出口总额603.9亿元,同比增长49.6%。跨境电子商务已成为"一带一路"建设重要的落脚点,成为连接"一带一路"沿线国家的纽带,以渠道和供给的增加引领贸易和投资的发展,但同时面临涉外知识产权问题带来的一系列挑战。国际上在立法强度和执法力度上都加强对数字化知识产权的保护,如2018年签订的《全面与进步跨太平洋伙伴关系协定》中,商业方法、网络域名、数据库、网络传输、技术措施等都被纳入知识产权保护范围。针对浙江省重点推进的以"城市大脑"为标志的大数据、人工智能、工业互联网、新一代集成电路等"互联网+"领域相关产业,与之匹配的知识产权保护法律、政策支持不足,新型纠纷的出现冲击着实体规则的空白,浙江省缺乏对新业态、新领域创新特点和需求的调研与针对此类创新成果保护的新模式的探索,且行政执法也难以落到实处。

第三节　对策与建议

搭建浙江省知识产权国际保护新模式,立足浙江省民营企业发展新特点,分"五步走",为浙江省民营企业"走出去"保驾护航。

一、织好惠企便企"信息网",提供民企出海新动力

一是搭建"一带一路"知识产权大数据共享平台,系统及时搜集上传"一带一路"沿线国家的商情、政情和社情,各国知识产权法律环境信息,以及各国所签订自由贸易协定中的知识产权规则,供民营企业了解、学习。二是加大"互联网+"新载体国际知识产权宣传力度,建立浙江省"一带一路"知识产权微信公众号等普法新媒体,及时向民营企业经营管理者实时推送时政要闻、涉外知识产权等信息。三是定期举办"一带一路"知识产权国际论坛、信息通报会,为广大民营企业提供最新知识产权国际保护信息传播与学习的渠道。同时,加强区域联动,尤其是加强长三角地区国际知识产权交流与合作。

二、筑牢跨境预警"防护墙",构建民企避风新港湾

一是构建浙江省知识产权风险预警指标体系,结合浙江省企业在"一带一路"倡议下出口重点预警国家和地区,及时对所在市场的特殊风险进行预警。二是研究制定《浙江省重点产业海外知识产权预警与紧急救助机制》《企业常见涉外法律风险防范手册》等相关指导手册和必要的风险预警标准及应急措施指南,为浙江省民营企业开拓国外市场指明知识产权"雷区红线"。三是组建浙江省"一带一路"涉外知识产权联盟,做好资源整合、数据共享、风险预警等工作,为广大民营企业开拓国外业务提供知识产权领域的风险预判、知识产权维权等支持。

三、提供维权服务"及时雨",补充民企涉外"安心丸"

一是建立从申请到保护的全流程一体化知识产权维权制度,成立浙江"一带一路"知识产权快速维权中心,完善多元化国际化纠纷解决体系;同时,加强对小微企业知识产权维权行为提供援助,支持小微企业创牌"走出去"。二是定期在市(县、区)举办"一带一路"涉外企业知识产权国外布局与保护讲座,同时邀请在知识产权侵权中胜诉的企业家"传经送宝"。三是发挥典型案例宣传示范作用,面向全国海关征集查获的典型侵权样品,结合浙江省法院、海关、公安局、市场监管局等部门查办的部分知识产权侵权事件整理成典型案例集。

四、拓展一带一路"展示窗",搭建民企人才"交流桥"

一是通过建立省级、市级知识产权信息共享服务平台,引进人才,合作办学等多种方式加紧培养"懂法律、晓科技、知管理、会贸易"的高端复合型人才。二是举办"一带一路人才交流试点高峰论坛"等国际人才交流会议,邀请国际知识产权专家来浙江省讲学交流,启动知识产权高层次人才赴美国等知识产权高保护国家参加培训,为开展"一带一路"沿线国家知识产权合作与交流提供人才保障。三是加大知识产权人才培养投入力度和引进力度,探索知识产权人才培养模式,建立浙江省知识产权实训基地,强调课程教育与实训相结合,重视在实践中培养人才,开展国际知识产权专业人才培育。

五、注入创新引领"助推剂",助力民企竞争新潮流

一是倡导民营企业制定并完善知识产权战略,加强品牌建设,学习并借鉴诸如山东省"东营经验",出台相关PCT国际专利申请、马德里商标国际注册资助政策。二是鼓励民营企业参与国际技术转移,如桐乡的浙江双箭橡胶股份有限公司通过

多年的国际科技合作不断提升科技实力,从一个名不见经传的小企业发展成为国内输送带十强企业之首,在参与的"一带一路"科技创新国际合作项目中凭借过硬的技术顺利"出海",对乌兹别克斯坦橡胶制品厂提供技术支持。三是推进本土跨国公司培育工作,培育出一批具有国际竞争力和话语权的本土跨国公司,在知识产权国际立法、技术标准制定中,鼓励民营企业争取发出自己的声音。

第十六章　四换四力提升中小企业竞争力调研报告

我国经济正在从高速增长阶段迈向高质量发展阶段,加快推动中小企业转变发展方式刻不容缓。通过大力实施"腾笼换鸟、机器换人、空间换地、电商换市",以高端替换低端、智能替换人工、集约替换粗放、新型替换传统,加快推动经济发展智能化、数据化、互联网化、高端化,进一步增强产业竞争力、劳动生产力、土地配置力和市场开拓力,提高中小企业竞争力。

第一节　企业"四换"存在的主要问题

在"人口红利"即将消失、"刘易斯拐点"已到来、"中等收入陷阱"需跨越、"三明治陷阱"待突破的背景下,浙江省到了必须通过"机器换人""鸟枪换炮"来助力"装备大省""制造强省",撬动劳动生产率、劳动生产力的紧要关头,"腾笼换鸟、机器换人、空间换地、电商换市"也面临一些突出困难。

一是企业对"机器换人"感兴趣、有意愿,但动力不足。究其原因:一方面,投入太大、回收太慢不敢换。装备更新属于投资大项,少则几百万元、多则几千万元,七成以上的企业认为"机器换人"成本较高难以接受。而装备一旦投下去,回收期起码要2—4年甚至更长,挤占了企业可支配的资金流,加上短平快的投资环境,企业装备投资意愿明显弱化。另一方面,激励不够、动力不强不愿换。浙江省装备投资从2008年的1 600亿元,增加到2012年的2 500亿元,装备投资占工业投资比重在41%左右,占技术改造的70%—75%。已进行技术改造的企业动力不强,对于装备投资意愿模棱两可的企业,如何通过政策增强企业投资动力,仍要进一步研究。

二是重工不重、轻工太轻,自主研发能力不强,高端装备依赖进口,特别是核心设备、成套装备"短板"明显。浙江省装备制造业占整个工业的比重略高于30%,低于纺织工业(40%),原材料工业占比20%,还称不上"装备大省",尤其是大型设备机床、高端智能设备受制于人,自主研发上马新设备的企业只占31.8%,引进国外设备的企业却占44.5%。一些企业反映,很难买到合适的新设备,缺乏自主研发配套设备能力,缺乏新型设备熟练操作工人。

三是企业用地紧缺与用地效益不高并存。浙江省工业用地超过250万亩,但平均容积率还不到1,土地利用不充分,在用地紧约束情况下要想办法破解。

第二节 企业"四换"的目标靶向

一、以破解盈利难为靶向

据统计,截至2018年年底,浙江省新设的小微企业有45.7%处于亏损状态;2014—2016年设立当年盈利企业占比分别为39.2%、35%、34.7%,呈逐年下降趋势。对此,必须降低企业经营成本,努力提高企业盈利水平;按照国家降成本的部署,进一步加大企业减负力度,让量大面广的小微企业成为直接受益者;积极引导小微企业向质量要效益,向市场要效益,向管理要效益。

二、以破解创新难为靶向

创新投入大、风险大,许多小微企业不敢甚至不愿创新。对此,必须把补齐科技创新短板摆在首要位置,大力支持小微企业科技创新,推动科技成果产业化,优化科技创新环境,推动小微企业创新能力不断增强,培育更多的科技型中小企业和高新技术企业。

三、以破解转型难为靶向

企业加快转型升级是大势所趋。"不转等死,早转早死"是小微企业的普遍心态。对此,应积极践行"腾笼换鸟、凤凰涅槃"思想,加快"僵尸企业"市场出清,坚决淘汰落后产能和"低小散"企业,以倒逼促转型,为有发展潜力、符合发展方向的小微企业腾出发展空间。

第三节 对策与建议

一、以"腾笼换鸟"撬动产业竞争力

"腾笼换鸟"是产业结构演进的客观要求,早腾早换才能更加主动。当前,战略上"为什么腾换"已经很清楚,关键是战术上"怎么腾换"。

第一,以"市场集中度"说话,着力培育一批引领能力强的企业。现代经济是规模经济,竞争力不在于多寡,不是以多取胜,关键是市场竞争力。要握紧"五指"打造"拳头"企业,看一下行业市场集中度怎么样,各行各业领军企业有哪些,在全球生产体系中处在什么位置,从中遴选一批重点企业给予重点扶持,帮助它们在"逆水行舟"环境中"弯道超车",加速成为超千亿的具有核心竞争优势的大企业;同时,着力培育一批具有行业引领优势的千亿级后备企业,加快形成以千亿级百亿级企业为核心、大中小企业紧密协作的产业组织体系。像微软、丰田、通用、三星等全球顶级企业,在业界颇具影响力、市场力和领导力,而且"百鸟朝凤"吸引了大批配套企业集聚其麾下,这些大企业的每一步创新带动了上下游企业的联动创新,形成了行业协同创新引领优势,占据着难以撼动的市场主导地位。这才是最快解开浙江省市场主体结构低端化的一条思路。

第二,以"投入产出率"说话,深挖行业升级换代潜力。以投入产出率为评价标准,细分行业仔细比较,哪些有竞争力,哪些比较弱势,哪些需要培育,哪些必须整治,这是确保投资有效性、持续性的关键。投入产出率低的行业企业,像设备简单、工艺落后、安全系数低、污染严重的小企业、小作坊,要继续通过能耗排放标准和要素配置,坚决倒逼其转型或淘汰,不要担心一时的产业转移、劳动力转移引起的产能下降和增速趋缓,如果落后产能"鸠占鹊巢",不抓紧淘汰,那么不仅是高端产能无处可落,也容易形成粗放式路径依赖,在产业链、价值链低端被锁定,逼在"痛苦曲线"高点,将来更是高端进不来、低端退不出。技术含量高、成长性好、辐射性大、负效用小,处于产业链、价值链高端,投入产出率高的行业企业,要重中之重加以扶持,发挥龙头带头作用,引领行业整体提升。对于好的"外地鸟",要善于筑巢引凤,以大引大、以强引强、以内引外,借鸡生蛋,发挥鲶鱼效应,激活带动本土产业。行业企业怎么样,关键要植入技术,用创新支撑,由市场甄别筛选,最终以投入产出率检验,不要以传统产业还是新兴产业来划分。

第三,以"实绩论英雄",充分激活区域转型提升活力。用地、用能、用水、环境容量、排放指标等公共性资源要素,其稀缺性特质甚于市场要素,配置好了不仅有利于最优化利用,而且能够激活区域转型提升动力。尽管公共性资源要素不能完全市场化,但是可以遵循市场化配置逻辑,改变按工业规模、经济规模抑或人口规模配置的路径,构建与区域实际效益相挂钩的竞争性、激励式配置方式,使宝贵的公共性资源要素用到最有效益、转型升级最需要的地方。同时,统筹条块的专项考核和配套激励,打包作为一个整体按实绩配置,最大限度地发挥政策叠加效应,最大程度地调动区域"腾笼换鸟"积极性。"以实绩论英雄"必须是科学的实绩观,要实施差别化的绩效考评体系,不能盲目用工业绩效考核标准套用所有地区,生态区域要加大环保绩效考核权重,进一步完善生态补偿机制,激励各地应发展工业的就要大力发展工业,应保护生态的就要坚决保护好生态,避免"功能错配"以致长远发展得不偿失。

二、以"机器换人"撬动劳动生产力

抓住当前鼓励扩大有效投资和更新设备成本相对不高的难得机遇,明确"机器换人"重点设备目录,实施有针对性、有含金量、力度大的政策和服务,激励企业加大装备"硬投入",逐步淘汰落后生产线,对浙江省工业企业特别是龙头骨干企业来一次"大武装"。

一是"四两拨千斤"。实施更有力的财税激励政策,整合有关技改扶持资金,统筹形成"机器换人"专项,对符合"机器换人"目录的项目,按采购设备或自主研发改进设备投入额的8%—10%给予补助,促使企业退低进高、退旧进新。考虑到财政支持力度有限,有必要通过税收优惠形成持续激励机制,如适度缩短工业企业固定资产折旧年限,适当抵免税费以鼓励企业购买本土装备,扩大企业技改研发费用加计扣除范围;对于自主研发设备实现"机器换人"的项目,除财政补助外,还按研发费用加计扣除。

二是"靠人更要靠己"。如果装备受制于人,那么产品、技术、利润也难免受制于人。要加快发展本土装备制造业,依靠长三角沿海制造业集聚的区位优势,鼓励本土装备制造企业在高技术材料、高品质设计、精加工工艺、智能化控制上下功夫,提高本土企业设计研发、核心元器件配套及系统集成能力,开发一批高档数控机床、人工智能、工业机器人等装备,加快形成若干具有自主知识产权和品牌的高端装备方阵,推动浙江制造的智能化、数字化、高端化。

三是"扶上马轻装上阵"。量体裁衣为本土装备制造企业提供便利,减少相关审批环节、事项和时间,创造多样化的装备供需对接平台,促进"人找机器"与"机器找人"对接、"主机找辅机"与"辅机找主机"对接、技术人才与专业服务对接,着力培养一批掌握新技术、新装备的熟练工人和设备维护人员,为"机器换人"创造良好条件和环境。

三、以"空间换地"撬动土地配置力

土地是"财富之母"。土地配置力决定土地产出率。在人均耕地只有半亩的禀赋约束和建设用地供给总量的刚性约束下,要牢固树立"立体用地、惜土如金"理念,鼓励用地单位在符合有关规划的前提下创新用地方式,向地上和地下要空间,向强度和密度要空间,向农村和非工业用地要空间,以"空间换地"撬动土地配置力,提高土地产出率。

第一,既要向工业用地要空间,又要向非工业用地要空间。要仔细计算亩均投资强度、亩均产出强度、亩均税收密度,根据单位土地产出分配建设用地指标。对土地产出率高的企业,要适当减征或返回部分城城镇土地使用税,新上产能或扩大产能要给予用地保障;对投资强度、容积率、亩均产出较低,但有一定发展潜力的企业,要督促其"零增地"技改,允许在不改变土地用途且符合规划要求的前提下,通过压缩超标绿地、辅助设施用地、办公用地,或厂房改建加层腾出空间;对实施厂房加层技术改造,明显提高劳动生产率的企业,要在容积率控制上开通绿色通道。

第二,既要向地上要空间,又要向地下要空间。过去比较注重平面空间,在围海造田、滩涂利用、低丘缓坡开发、低效土地二次利用、批而未供和供而未用土地整改等方面下了很多功夫,但对"三维空间"特别是地下空间利用不够。所以,在向地上要空间的同时,还要充分挖掘地下空间,这个潜力相当大。有关部门测算,浙江省适宜开发的地下空间资源达 31 亿平方米,目前开发利用的部分不足 4%。但地下空间开发不同于地上空间,地下功能布局以及地下地上设施衔接的要求很高,这需要对地下空间资源进行科学开发,建立全省一盘棋的地下空间利用规划体系,考虑好地下空间的利用强度、空间布局、地上地下连通、地下设施配套等因素,体现规划的科学性、可行性、前瞻性和系统性,以达到最大化利用地下空间资源的目的。

第三,既要向城市要空间,又要向农村要空间。城市建设用地特别是工业用地是社会关注的热点,实际上农村建设用地集约利用的空间也很大。即使不算建制镇,农村建设用地也有 49 万多公顷,城市建设用地仅 17 万多公顷,而城镇人口超过了农村人口,这样算下来,农村人均建设用地数倍于城市人均建设用地。在城乡建设用地增减挂钩、耕地占补平衡的机制下,向农村建设用地要空间,城市建设用地的余地就更大,这样既可以有效缓解城市化用地瓶颈,又可以使级差收益部分反哺新农村建设,促使城乡土地、资产、资本流动形成良性循环。农村建设用地进一步整理的潜力很大。一些村庄整治后公共设施建设用地增多,农村建设用地总量未减反增,特别是一些农民退出后"建新不拆旧",进城后"购新不弃旧",下山后"移民不退耕","一户多宅""四荒地""空心村""空心宅"等现象仍不少。在新农村建设过程中,农村建设用地规划一定要跟上,农村土地整治一定要同步,要加强对田、水、路、林、宅、村的综合整治,进一步优化农村人口、农业生产力、农地资源格局,促使农民居住向中心村、中心镇集中,产业向现代农业园区、粮食生产功能区集中,耕地向种粮专业户、农业合作社集中,尤其要加大村庄合并整治力度。日本在明治维新之后进行了三次大规模的"町村合并",以此整理复垦了大量农村建设用地。可以借鉴日本农村土地整治做法,抓住美丽乡村建设、农村住房改造、中心镇小城市培育、"三改一拆""下山移民"等契机,鼓励"村庄合并"和"合村进镇",加强对农村闲置宅基地、空闲地、废弃工矿用地的复垦整理,进一步完善宅基地复垦利益分配机制,切实解决"一户多宅""建新不拆旧""违章不拆迁""拆旧不复垦"等问题,减少因村落分散和农村公共设施建设对农地的过多占用,进一步盘活农村建设用地存量资源。

四、以"电商换市"撬动市场开拓力

市场开拓力决定市场占有率。在过剩经济时代,如何以最快的速度、最低的成本,把市场触角延伸到最广的范围,是对市场开拓力的极大考验。抓住浙江省专业市场和虚拟电商的双重先发优势,以"电商换市"推进交易方式"e"化,构筑电商龙头企业集聚地、电商信息资源汇聚高地、产品服务交易成本低洼地,打造响当当的"电商强省",是进一步拓展浙货(即浙江产品)市场版图、促使浙货行销天下的有效之举。

长远来看,交易方式"e"化是大势所趋;但短期内,虚拟电商完全取代实体市场还不现实,实体、虚拟市场在一定时期内将共存,实体市场特别是专业市场要抓住机遇,嫁接或自主搭建电商平台,加快从"坐商"向"行商"转变,这是实体市场转型的必经之路。如果把虚拟电商与实体市场这两大优势强强结合,形成"线下体验、线上购买、融合发展"的集成优势,则必将有力地助推浙货走出去,实现"促电商"与"拓市场"共举共赢。

一是鼓励浙商"嫁接"电商。电商网络铺得越广,浙货销路就越广。要大力鼓励浙商、浙货进驻阿里巴巴,鼓励量大面广的中小企业、个体户与阿里巴巴对接,加快浙系特色产品加盟电商,推动电商进社区、进山区,让更多浙货上网销售,行快车道"卖遍全球"。

二是鼓励专业市场对接阿里巴巴。加快推进电子商务城、电商产业园建设,加强专业市场信用体系建设,整合专业市场电子商务资源,鼓励专业市场与电商市场融合,特别是继续推进小商品市场与阿里巴巴深度合作。

三是鼓励阿里巴巴进军境外。电子商务发展,不只是产业之争,更是市场之争。全球电商巨头亚马逊、易贝、乐天等都加快了境外扩张的步伐,要加快跨境电商发展,支持本土电商向境外扩张,尤其要支持阿里巴巴兼并收购境外电商资源,拓展境外电商疆土,提升对全球商流、物流、信息流、资金流的整合,进一步巩固全球最大的 B2B(企业对企业)电商平台地位,为浙货行销天下奠定基础。

四是开辟电子化专业市场。借助中国化工网、中国化纤网等电商行业平台,重点打造一批专业性电商载体,与专业市场、块状经济、产业集聚区、工业园区构筑产销联盟,无缝对接,同步提升。

五是加强电商交易保障。电商潜力无限,但喜中带忧,忧的是安全。要进一步完善相关政策服务,特别是电子认证、第三方支付、信用资质、信息安全、物流配送等方面要切实加强安全保障,确保电商安全、规范、健康发展。

第十七章 中小出版企业转型升级路径与特征调研报告

中国出版业的健康发展离不开中小出版企业的转型升级。数字信息技术的发展给中小出版企业带来了结构调整的机遇和挑战。一方面,中国数字化阅读接触率连年攀升,有声阅读、社交阅读等新方式改变着人们的阅读习惯;另一方面,十年来中国的图书阅读量和阅读率都处于相对平稳的态势。数媒和纸媒并存发展将为中小出版企业转型升级提供基础和想象空间。

国内外文献主要聚焦数字化变革给传统出版业带来的冲击,例如信息技术(如"云出版")、管理创新(如编辑流程重构、"融"出版、众筹出版等)和政策扶持等对传统出版业的经营理念、营销渠道和产业分工合作等产生的重要影响。然而,现有文献更多关注大型出版企业的信息化变革与应对,忽略了对中小出版企业的转型升级研究。位于产业"金字塔"底部的中小出版企业转型升级到底有哪些路径可走?这需要理论界进一步开展研究。本章基于新三板挂牌新闻和出版企业数据,揭示中小出版企业转型升级的实践,弥补现有文献对出版企业实践分析的不足,对国家政策实施和企业经营具有现实意义。

截至2018年6月底,中国新三板挂牌企业12 775家,按照行业进行筛选,新闻和出版业共有30家企业挂牌,其中27家为民营企业,北京和上海共有13家,其他基本分布在省会城市,可见新闻和出版企业主要集中在大中型城市。

本章对2015—2017年30家样本企业已披露的87份年报进行数据和信息的提取,主要考察的财务指标包括:营业收入及其增长率、净利润及其增长率、营业收入复合增长率、净利润复合增长率、平均资产收益率、研发投入等;并对企业主要产品与服务、商业模式、子公司情况、股东信息等涉及转型升级的行为进行编码,采取分组背对背校验(即互不看互不通气各自校对),确定具体分析内容。

第一节 中小出版企业转型升级路径

与大型出版企业相比,中小出版企业在资源垄断、出版许可、网点布局、文化沉淀、社会责任等方面差距较大。因此,中小出版企业转型升级不能效仿大型出版企业的"高、大、上、全"。

当前,读者阅读习惯和方式的变革以及内容产品展示方式和技术的变革,推动着传统出版业从单链式发展向多闭环价值增值转变。处于产业链中端的中小出版企业,一边联结读者,一边联结内容供应商,如果能够在新增的两端价值闭环中找到"专、精、特、新"的位置,赢得"蓝海"或"长尾"优势,就能形成核心竞争力。同时,数字化浪潮下,出版业越来越"快",采、编、印效率要求大大提高,而"快速"反应和迭代也意味着"试错"风险同步攀升。因此,中小出版企业对内加强流程再造、对外整合有限资源也成为转型升级的战略选择。所以,本章通过梳理30家样本企业的经营情况,总结出头部升级、尾部升级、业务流程优化和组织生态优化四条中小出版企业转型升级的具体路径(详见图17-1)。

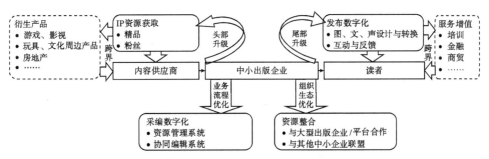

图17-1 中小出版企业转型升级路径

一、头部升级充实内容供给

头部升级,即在传统内容生产的同时加大IP(Intellectual Property,知识财产)资源的获取。真正有价值的IP可以实现精品与粉丝引流,并催生游戏、影视、玩具、文化周边产品乃至房地产业的跨界经营机会。中小出版企业往往体制机制较灵活,可以提供更高的版权费、更多的出版机会、更宽松的内容限制等,更能吸引头部民间IP的加盟,这个IP包括网络写手、民间艺人、一线优秀教师等。大部分样本企业在深耕优势产品线内容的基础上,适度开发"新头部"以充实内容供给。

"北教传媒"通过与"三好网"和"作业帮"的战略合作,实现基于知名产品的头部IP扩充。"天下书盟"加强原创文学IP引入,目前已经与超过千名作者长期签约,其中小有名气的作者7人,并通过采取版权授权、战略合作等方式多角度开发影视、有声读物等,实现原创文学IP的增值获利。

二、尾部升级丰富用户体验

尾部升级以产品发布数字化为主要特征,通过优化产品数字化输出,以文字、图形和声音的综合呈现满足读者多元化的阅读需求,同时加强作者与读者之间的互动,通过线下场馆活动和线上社交阅读丰富读者体验,并提供与之配套的培训、金融及其他商贸增值服务。2017年,"圣才教育"通过整合15年的成人教育核心资源,推出数字化产品59 700种,建立了交互性社区化移动学习系统——圣才电子书APP,集电子书、题库、网络课程于一体,实现了笔记共享、学习交流、交友互动等社区功能。"郎朗教育"出版全系、十大类、学前核心课程并同步开发朗云™智慧幼教整体解决方案,满足幼儿园信息化建设所需的定制化一站式解决方案,将学前教育学习材料、学前教育人力资源培训、活动装备和智能软硬件进行了整合,2015—2017年营业收入复合增长率和净利润复合增长率达99.42%和167.64%。

三、业务流程优化实践绿色出版

业务流程优化是指中小出版企业通过自主研发和外购系统,实现采、编、印、版、售等技术创新,聚焦于出版产业全链数字化辅助技术,促进绿色印刷业务的开拓。"四维传媒"基于云计算,将数字出版技术与移动平台技术顺利嫁接,形成了每个在线服务技术模块,实现了远程创意、中央图库、在线编辑、远程批注、色彩管理、远程打样、绿色印刷及在线全媒体阅读等全链整合,极大地提高了数字出版效率。截至2017年年底,"四维传媒"的"绿色出版"系统已经获得多项海外机构认证,并与欧美4个国家建立了战略合作伙伴关系。"龙源数媒"不断创新和迭代触控阅读和互联网技术,提高了产品"按需出版"的能力,为新增公共文化产品线预留了出版空间。

四、组织生态优化提高抗风险能力

组织生态优化是指中小出版企业处理好与市场其他同业主体的关系。一方面,中小出版企业主动嵌入大型出版企业业务模块,或者与新兴电商平台、文化平台进行业务对接实现共赢。例如,"金版文化"与多家大型出版企业形成了"个性化选题定制"的版权合作模式,通过建立自主选题库,结合各出版企业的差异化需求,有针对性地推送选题。在"喜马拉雅FM"听书平台上,中小出版企业既能销售自有有声书,又能招募主播录制有声书,借力主播粉丝推广产品。另一方面,企业联盟也成为中小出版企业"抱团"应对变革浪潮的重要方式。横向联盟使企业联合某一领域的众多作者,联手开发某一重大选题,共同开展市场推广;纵向联盟使企业加强产业链协作,克服信息不对称,提升产品线整体议价能力。2017年,"中教产业"发起成立中国馆配区域联盟,并当选理事长单位,中教网上馆配会成为中国馆配区域联盟统一的行业服务平台。

第二节　中小出版企业转型升级特征

2015—2017年,30家样本企业转型升级呈现出整体业绩升中有调、价值链上移、制度性和创新性相结合的特征。

一、转型升级整体业绩上升,结构性调整显现

根据2017年年报数据计算,新三板新闻和出版企业营业收入约为47.75亿元,扣除非经常性损益净利润约为4.77亿元,较2015年分别增长48.11%和68.85%。2015—2017年,新三板新闻和出版企业营业收入复合增长率和净利润复合增长率均为正的企业数量为19家,占总数的63.3%,且18家企业增速达两位数及以上,表明整体业绩积极向上。

与此同时,结构性调整加速优胜劣汰。2017年,新三板整体退市率为6.1%,其中只有14.7%的企业达到IPO(首次公开募股)财务标准。另外,30家新三板新闻和出版企业的平均净资产收益率出现波动,负值企业从2015年的4家上升到2017年的8家,其中2家面临退市风险。

二、转型升级行动多样,以价值链上移为主

企业转型升级的具体行为主要包括跨界、转轨、创新和整合。中小出版企业在主业不变的前提下,通过加强上游内容生产、中游绿色印刷及下游增值服务来实现产业链的延伸,并不断加深与房地产、文化创意产品、金融服务等跨界融合,完成行业"纵横"多元化。例如,"梓耕教育""学海文化"自建印刷子公司,"中信出版"形成书店、理想家和咖啡矩阵等。但是,通常情况下,跨界经营对资本和战略风险把控的要求较高,因此30家企业中只有30%采取了跨界行动。

面对纸张等原材料的大涨和数字媒体的冲击,绝大部分实力有限的中小出版

企业更倾向于通过相对较小的代价实现转型升级。一是转轨,即通过调整现有产品线、提高O2O(在线离线/线上到线下)销售效率、进入新市场等来改变增长方式,如"书网教育"放弃毛利率低的学习一体机和期刊销售,"佳友科技"增加学校信息咨询服务等。二是创新,即通过加大研发投入、增强品牌运营能力、优化产品质量、提高创新能力,推进企业向低消耗、高附加值的价值链前端上移,如"仙剑文化"创立AR(增强现实)早教,"荣信教育"建立"乐乐趣童书"品牌等。另外,以兼并重组、设立控股子公司、剥离并出售部分业务等为主要渠道的资源整合也成为中小出版企业提升竞争力的重要工具(详见表17-1)。

表17-1 中小出版企业转型升级类型及占比

类型	转型升级主要行动	行动占比
跨界	产业链上下游延伸;跨行业/领域生产/经营	30%
转轨	改变增长方式(进入新市场、调整产品线和商业模式)	73.3%
创新	加大技术研发;开发新产品;关注品牌和质量	83.3%
整合	并购重组;设立全资/控股子公司;出售部分业务线	60%

三、制度性转型升级与创新性转型升级相结合

中国出版业政策导向性显著,客观上要求中小出版企业在转型升级过程中必须考虑制度因素。在层层推进的市场化改革中,中小出版企业,尤其是民营企业迎来政策红利期。它们通过有效解读政策信息,以政府项目为背书,搭上政策扶持快车道加快制度性转型升级。具体做法包括及时申请各类政府项目获得补贴和奖励,通过申报专项出版资助或策划区域性重大出版产品抢占市场空白,通过设立研究机构、参加或举办相关赛事获得社会声誉、集聚社会资源。样本企业平均年龄为10.2岁,绝大部分负责人都有和主营产品内容同专业的背景(如教育)和出版从业经历,部分负债人还有一定的行政部门工作经历,这些都有助于企业加强政治关联和社会资本积累,从而紧跟政策导向。2015—2017年,19家成长性中小出版企业(营业收入复合增长率和净利润复合增长率均为正数)中,12家企业负责人或者企业获得荣誉称号,7家企业获得省部级以上出版专项资助。

但是,制度性转型升级也容易形成路径依赖。越来越开放的市场环境将会抑制"制度寻租"。因此,创新性转型升级成为在这个"慢"行业赢得时间价值的又一出路。当前,出版市场要素竞争逐渐聚焦在"人、技、品"。人才需求已经从倚重采

编人员发展到抢夺原创资源上来。技术创新引领传统出版数字化发展,但是目前内容资源的数字化转化率只有55%。大数据可以实现用户需求和内容呈现的最大化匹配,如何深度挖掘数据、完成流量变现成为中小出版企业角力的关键。2017年,30家样本企业超过半数在年报中明确注明研发和创作人员占比,最少的为19%,最多的达71%。伴随出版业垂直领域的崛起,在知识爆炸环境下,品牌可能极大地影响读者的优先选择,而托起品牌价值的正是产品质量。30家样本企业中63.3%建立了核心品牌和拳头产品,如"天一文化"将品牌进行了全面整合。

第三节 对策与建议

变革时代,中小出版企业机遇和挑战并存。传统链式产业形态已经演化为多角色、多循环价值增值嵌套闭环。中小出版企业通过产业链头尾两端升级,辅以适度跨界经营,对内优化业务流程,提高出版效率,对外建设与大企业、大平台及其他中小企业的合作生态圈,走向转型升级之路,并表现出整体向好两极分化、侧重价值链升级、制度性和创新性相结合的特点。近年来,政府部门通过放松市场准入、扩大出版补助范围、鼓励资本上市等手段不断优化中国出版业市场环境。未来,主管部门还可以在以下四个方面出台优惠政策:一是加强版权尤其是数字版权保护,在立法、执法、标准、技术等方面开展顶层设计和系统建设,尤其是探索利用区块链技术实现信息和作品溯源,降低原创侵权和盗版风险,为中小出版企业开拓创新扫清制度障碍;二是加大共性技术研发,探索融合出版国家实验室和科技标准国家实验室技术外溢机制,降低中小出版企业共性技术开发成本;三是鼓励大、中、小出版企业开展分工合作,设立孵化基金协同申报重大出版项目,深入推进数字出版产业集聚,打造更多"小而专""小而美"的长青出版企业;四是修订出版从业资质人才认定体系,对中小出版企业给予适度的政策倾斜,帮助企业留住人才、发展人才。

第十八章　推进中小企业智能化转型发展调研报告

随着物联网、5G、区块链、人工智能、云计算等关键技术"核聚变"式爆发,各主要工业国围绕智能制造所制定的"再工业化"战略甚嚣尘上。我国在2019年政府工作报告中首次提出了"智能+"概念,将智能制造确定为国家发展经济新动能的重要战略。相较于大企业,中小企业智能化转型过程有其自身的特点和路径,浙江省作为中小企业大省,其中小企业占比达99%以上,同时杭州市作为信息经济的高地,拥有一批具备自主研发能力的高新技术企业,例如阿里云、海康威视、大华股份等。据不完全统计,浙江省2019年信息经济核心产业占GDP的比重超10%。因此浙江省在中小企业智能化转型上具备充足的先发优势和主动意识,故本调研报告主要以浙江省中小企业智能化转型发展中遇到的突出问题为研究对象进行分析,并给出对策与建议。

第一节　中小企业智能化转型发展现状

浙江省智能制造尚处于初期发展阶段,除一些龙头企业外,大部分中小企业仍面临共性技术研发不足、协同平台支撑不够、人才和资本储备不足、缺乏产业标准指导等突出问题。运用智能制造推动中小企业转型发展,亟须从中小企业创新、质量、客户服务、竞争力和可持续发展等多方面完善提升,全方位支持促进中小企业融入智能制造生态系统,真正推动中小企业智能化转型发展。

第二节　推进中小企业智能化转型发展面临的突出问题

一、中小企业实施智能制造的共性技术研发不足

一是对高端机床、智能传感、高档仪器仪表、工业机器人等共性技术研发不足，侧重技术追踪和技术引进，忽视基础技术的自主研发和引进技术的集成创新；二是对3D打印、云计算、大数据等共性技术的开发服务不足，缺乏针对中小企业应用场景的颠覆式创新，亟待加强关键共性制造技术的开放式创新，不断强化工业制造业2.0的补齐、3.0的普及和4.0的推进。

二、中小企业实施智能制造的协同平台支撑不够

一是龙头企业与中小企业仅有网络协同的1.0平台模式，缺乏数据智能协同的2.0平台模式，企业间协同资源无法充分整合，难以形成研制、生产、制造、销售、集成、服务等一体化的精细产业链；二是缺乏管理多个协同平台的云服务平台，缺乏构建以一体化数据生产线形成的"数据中台"，亟须构建应用人工智能、物联网、区块链、新SaaS（Software-as-a-Service，软件即服务）实现"平台+应用"的智能化协同战略。

三、中小企业实施智能制造的人才和资源储备不足

一是高端机床、智能传感等高端制造装备领域缺少专业技术人才和统筹装备制造管理人才，缺乏能将来自不同服务商的智能机器系统兼容的专业人员，对融合信息技术与制造技术的复合型人才培养投入不足；二是中小企业缺乏资本运用的动力，大多数中小企业资本实力有限、资信不足、缺乏有效抵押物，盈利水平及管理水平低，又面临市场不确定等多方面的风险，企业依靠自筹资金进行智能化转型的动力不足。

四、中小企业实施智能制造缺乏产业标准指导

一是智能制造发展的深度和广度日益提升，以新型传感器、工业机器人为代表的智能制造体系初步形成，但智能制造系统缺乏统一的产业标准，新旧智能制造系统之间存在不兼容，甚至无法互联互通的问题，阻碍了中小企业高效推进智能化转型；二是缺乏对中小企业智能化转型中标准化需求的深入分析，在开发支撑中小企业智能化转型的基础通用、关键核心技术标准，以及构建智能制造综合标准化技术

体系等方面还存在明显欠缺,亟须加强智能制造标准治理工作的统筹协调。

第三节 对策与建议

以打造一批智能制造服务平台、发展一批智能制造装备专精特新企业、培育一批智能工厂中小企业、扶持一批智能生产服务中小企业为发展目标,坚持建设智能工厂/车间、强化智能生产服务、开展个性化定制、嵌入云制造体系、实现绿色升级等五大发展方向,实施传统产业智能提升工程、智能制造装备扶持工程、智能制造服务平台建设工程、智能制造标准联通工程、智能制造人才培养工程、智能制造金融服务工程等六大工程,不断完善推进中小企业智能化转型发展的政策支撑体系。

一、实施传统产业智能提升工程,促进中小企业产业升级

支持传统产业中小企业建设基于信息物理系统的智能产业生态,加快推行数字工厂、智能工厂和无人工厂的全面建设,将智能制造核心技术、自动化机器人、信息物理系统等融入柔性制造系统,深化中小企业电子商务应用率,通过大数据平台的信息,使企业生产模式向"制造+服务"转型发展。鼓励装备制造业中小企业重点发展以机器人设计、生产和集成应用为主的智能制造,在核装备、航空设备等特种高端装备等多领域实现智能产业生态。鼓励食品业中小企业重点发展粮食精深加工等特色产品,以品牌建设引导企业向价值链高端攀升。鼓励化工制造业中小企业向特种先进高分子材料企业转型,发展以铁基、钼基、硅基、磁性材料、光电子材料等为主的先进结构材料产业、电子功能材料产业、新型建材等高端材料产业。鼓励纺织业与服装制造业中小企业以数字化、智能化装备的开发与应用加快企业由大规模生产向柔性化、个性化定制等服务转型。

二、推进智能制造装备扶持工程,打造中小企业专精特新优势

要保持中小企业在转型发展过程中平稳且持续成长,必须加快智能制造装备产业的发展,使之成为传统产业升级改造,乃至新兴产业培育的重要支撑。巩固并扩大中小企业在智能制造装备基础领域(如电子元器件及材料、通信、计算机及网络、应用电子、软件与信息服务等)的特色优势,发展中小企业在智能制造装备高端领域(如光伏及新能源材料、高效节能环保材料等硬件基础设施,以及大数据和云计算产业、数字内容服务产业等软件支撑产业)的后发优势。鼓励中小企业发展自动化、智能化、成套化装备,在智能制造与机器人、数控机床与基础智能制造装备、

传感器、工业软件、工控系统、解决方案供应商等国家重点支持领域创新发展,在传统产业改造提升所急需的装备工程化、产业化项目中加强技术创新,形成专精特新的产业发展优势。在基础条件好、需求迫切的重点地区、行业,遴选一批在智能装备、智能工厂、智能服务、智能供应链、制造新模式领域具有引领示范作用的试点企业,不断提炼和总结有效的经验和模式,开展行业示范和应用推广,加快形成一批创新能力强、品牌贡献大、经营收益好、有国际竞争力的"单项冠军"。

三、开展智能制造服务平台建设工程,构筑中小企业创新生态

中小企业智能化转型发展的深度推进,还需要以公共服务平台为载体,以骨干企业为龙头,以科研院所为智力支撑,探索产学研深度结合的长效机制,建立一批创新战略联盟,在企业间形成共享产能、协同合作、共同接单、柔性生产等聚合的"单边协同"效应。同时,支持制造企业、互联网企业、信息技术服务企业跨界联合,建设工业云平台,为中小企业核心业务提供服务。组织开展工业云服务创新试点,推进研发设计、生产制造、营销服务、测试验证等资源的开放共享,打造工业云生态系统。鼓励开发开放的智能制造数据中台和智能制造集市,助力中小企业便捷地获取敏捷IT基础设施,降低中小企业打造制造执行系统(MES)的开发及使用成本。开展工业电子商务区域试点,培育一批工业电子商务示范区、平台和企业,推动工业电子商务平台、第三方物流、互联网金融等形成业务协同创新和互动发展的"跨边协同"效应,构筑有平台支撑、技术供给、人才集聚的智能制造创新生态系统。

四、推动智能制造标准联通工程,提升中小企业转型效能

鼓励中小企业积极参与"标准化+智能制造""标准化+现代服务",不断强化中小企业"标准化+"意识,紧密围绕智能装备、智能工厂、智能服务、工业软件和大数据工业互联网等重点领域,凝聚产学研用各方共同开展基础通用、关键核心技术标准制定工作,构建智能制造综合标准化技术体系。推动建立政府主导制定与市场自主制定的标准协同发展、协调配套的新型标准体系。聚焦智能制造跨行业、跨领域的融合创新领域,建成覆盖五大类基础通用标准(基础、安全、管理、检测评价、可靠性)、五大类关键核心技术标准(智能装备、智能工厂、智能服务、工业软件和大数据、工业互联网)以及十大领域重点行业应用标准的智能制造标准体系。鼓励中小企业探索设立专门负责标准化管理的组织机构,一方面继续整合国内标准化资源,加强与标准组织、行业龙头企业、上下游企业的联系与沟通,积极参与新标准的

制定,保证标准在中小企业中的实用性与先进性;另一方面加强参与国际标准化组织的核心力量以及与先进制造国家和国际标准化组织的交流与沟通。充分利用中德智能制造/工业4.0标准化工作组平台,开展标准化领域更深层次的合作,加强具有自主知识产权标准的制定与产业化,建立兼容性好、开放性强的智能制造标准联通体系。

五、深化智能制造人才培养工程,推进中小企业持续发展

着力构建三支智能制造领域的高素质创新人才队伍:一是高素质领军人才队伍,着重面向智能制造领域企业主要负责人,着力打造智能制造领域创业人才集聚的天堂;二是高层次技术创新人才队伍,着重面向企业、高等院校和科研院所,培养一批优秀的从事智能制造装备研发和创新的高层次科研团队,尤其是有海外背景的顶尖创新团队;三是高技能专门人才队伍,积极引导在职业院校加大智能制造相关职业技能人才培养力度,尤其是机械加工技术、电气运行与控制、自动化生产线等领域的专门技术人才。以国家重大人才工程、产业联盟等为载体,建立重大智能制造项目与人才引进联动机制及重大项目产业人才绿色通道,依托居住证加分、"居转户"、直接落户等制度,引进一批智能制造领域国际一流的领军人才和创新团队。深化产教融合,鼓励智能制造骨干企业与有条件的高等院校、行业协会、科研院所等开展协同育人。深入实施智能制造管理人才素质提升计划,加大优秀企业家和职业经理人的培养力度,营造更加舒适、便捷的生活环境,提供柔性化公共服务等,以满足人才多层次的生活需求。

六、完善智能制造金融服务工程,助推中小企业转型发展

进一步加大对中小企业智能化转型发展的融资扶持,吸引企业、社会资本建立多元化的投融资体系,加强中小企业发展基金对智能化转型发展的支持。鼓励信息化智库、银行、政府、工业信息工程公司等"四方"合作开展智能制造金融服务模式创新、信贷审批模式创新试点,系统推出"融资、融物、融服务"的智能制造金融服务方案,助推智能制造技术推广,加快中小企业转型升级发展。鼓励各中小企业主管部门建立智能化评测体系,监测、评价、分析各中小企业智能化政策及资金的投入效果,提高政府推进中小企业智能化建设的针对性及实效性。鼓励信贷机构依托电子商务、供应链管理平台构建多元化的中小企业信用信息收集渠道,支持其依据大数据发放中小企业智能化建设的信用贷款。优化企业帮扶机制,建立数据共享平台和政务服务信息系统,形成开放的智能制造创新服务体系,持续推进中小企业智能化转型的高质量发展。

第五篇
2018年中国中小企业景气指数调研报告

第十九章 中小企业景气指数的评价流程与方法

景气指数(Climate Index)是用来衡量经济发展状况的"晴雨表"。本章首先跟踪国内外有关景气指数研究的理论前沿和最新动态,其次阐述分析中国中小企业景气指数研究的意义,最后介绍本研究报告采用的中小企业景气指数编制流程及评价方法。

第一节 国外景气指数研究动态

一、经济周期波动与景气指数研究

对经济周期波动的研究最早可以追溯到20世纪初。1909年,美国巴布森统计公司(Babson)发布了巴布森经济活动指数,这是最早较为完整分析景气指数的经济评价活动。早期影响最大的是哈佛大学1917年开始编制的哈佛指数,其在编制过程中广泛收集了美国经济发展的历史数据,选取了与经济周期波动在时间上存在明确对应关系的17项经济指标,在三个合成指数的基础上,利用它们之间存在的时差关系来判断经济周期的波动方向并预测其转折点,20世纪以来美国的四次经济波动都得到了较好的反映。哈佛指数从1919年起定期发布,此后欧洲各国诞生了各类指数研究小组,从不同角度分析经济、产业与市场等运行情况。

1927年,W.C.米切尔(W.C. Mitchell)总结了历史上对经济景气指数以及经济周期波动测定等方面的应用结果,从理论上讨论了利用经济景气指标对宏观经济进行监测的可能性,提出经济变量之间可能存在时间变动关系,并由此超前反映经济景气波动的可能性。这些理论为米切尔和A.F.伯恩斯(A.F. Burns)初步尝试构建先行景气指数提供了基础。他们从500个经济指标中选择了21个构成超前指示器的经济指标,最终正确地预测出经济周期转折点出现的时间。1929年美国华尔街金融危机爆发后,学术界认为仅凭借单个或几个指标难以全面、准确地反映整个经济运行状况,由此季节调整成为经济监测的基本方法。

在对经济周期进行系统性的研究后,米切尔和伯恩斯于 1946 年在 *Measuring Business Cycles* 一书中提出了一个关于经济周期的定义,"一个周期包括同时发生在许多经济活动中的扩张、衰退、紧缩和复苏,复苏又溶入下一个周期的扩张之中,这一系列的变化是周期性的,但并不是定期的。在持续时间上各周期不同"。这一定义成为西方经济学界普遍接受的经典定义,并一直作为美国国家经济研究局(NBER)判断经济周期的标准,也为企业景气指数的研究提供了理论支撑。

从 1950 年开始,NBER 经济统计学家 J. 穆尔(J. Moore)的研究团队从近千个统计指标的时间序列中选择了 21 个具有代表性的先行、一致和滞后三类指标,开发了扩散指数(Diffusion Index,DI),其中先行扩散指数在当时能够提前 6 个月对经济周期的衰退进行预警。虽然扩散指数能够很好地对经济周期波动转折点出现的时间进行预测,却不能表示经济周期波动的幅度,没能反映宏观经济运行的效率与趋势,这使得扩散指数的推广和应用受到了一定的限制。为了弥补这一缺陷,J. 希斯金(J. Shiskin)和 G. H. 穆尔(G. H. Moore)合作编制了合成指数(Composite Index,CI),并且在 1968 年开始正式使用。合成指数有效地克服了扩散指数的不足,它不仅能够很好地预测经济周期的转折点,而且能够指出经济周期波动的强度。其中,经济周期波动振幅的标准化是构建合成指数的最核心问题,不同的经济周期波动振幅标准化后获得的合成指数也不相同。合成指数为经济周期波动的度量提供了有力工具,至今广泛应用于世界各国景气指数评价研究。

20 世纪 70 年代,NBER 建立了西方七国经济监测指标体系,构建了基于增长循环的开发景气指标体系。由于指标选取会直接影响到最终构建的景气指数,一些经济学家开始尝试利用严谨的数学模型作为分析工具,利用多元统计分析中的主成分分析法来合成景气指数,以尽量减少信息损失。J. H. 斯托克(J. H. Stock)和 M. W. 沃森(M. W. Watson)还利用状态空间模型和卡尔曼滤波建立了 S-W 型景气指数,这种指数方法也被许多国家用来监测宏观经济周期波动状况。

20 世纪八九十年代以后,经济监测体系延伸到多个国家,斯托克和沃森引入系统化回归的方法,建立了先行指标和同步指标的总和模型,并论证了建模分析的可实施性,季节调整方法也有较大进展,开发了 X-12-ARIMA 软件,利用自回归移动平均模型进行预测。另外,对合成指数、信息提取方法和多维分析方法的探测取得了较好成果。总之,景气指数的研究在国外发展趋于成熟,对经济运行状态预警和行业动态分析起到了重要作用。

二、企业与行业景气研究

经济衰退和经济增长过快都会影响到企业运营与行业发展。而客观判断企业与行业发展景气状况主要是通过企业景气指数分析来实现的。企业景气指数是对企业景气监测调查所得到的企业家对本企业生产经营状况及对本行业景气状况的判断和预期结果的定量描述，用以反映企业生产经营和行业发展所处的景气状况及发展趋势。1949年德国伊弗研究所首次实施了企业景气调查，具体对包括制造业、建筑业及零售业等在内的各产业部门的7 000余家企业进行了月度调查，主要依据企业评估的日前的处境状况、短期内企业的计划及对未来半年的看法等编制指数。这种企业景气指数评价方法很快被法国、意大利及欧洲共同体等采用，并受到包括日本、韩国与马来西亚等亚洲国家的重视。

日本是世界上中小企业景气调查机制最为健全、完善的国家之一。日本在1957年以后实行了两种调查，即判断调查和定量调查。日本的权威性企业景气动向调查主要有日本银行的企业短期经济观测调查（5 500家样本企业）、经济企划厅的企业经营者观点调查和中小企业厅的中小企业景况调查。其中，中小企业景况调查和指数编制及研究始于1980年，其会同中小企业基盘整备机构，依靠全国533个商工会、152个商工会议所的经营调查员、指导员及中小企业团体中央会的调查员，对全日本近19 000家中小企业（2011年度）分工业、建筑业、批发业、零售业、服务业五大行业按季度进行了访问调查，并通过实地获取调查问卷信息来实施。2004年以后，日本还从全国420万家中小企业中选出11万家，细分10个行业，在每年8月进行定期调查，并发布研究报告。

此外，美国独立企业联合会（NFIB）自1986年开始面向全美47万家小企业每月编制发布小企业乐观程度指数（The Index of Small Business Optimism），该指数至今为反映美国小企业景气状况的"晴雨表"。

三、景气监测预警研究

经济预警（Economic Early Warning）基于经济景气分析，但比景气分析预测要更加鲜明，属于经济突变论的概念范畴。其最早的应用可追溯到1888年巴黎统计学大会上发表的以不同色彩评价经济状态的论文。但经济预警机制的确立是在1929年至1933年的世界经济大危机之后。20世纪60年代引入合成指数和景气调查方法之后，美国商务部开始定期发布NBER经济预警系统的输出信息。具有评价功能的预警信号指数始于法国政府制定的"景气政策信号制度",其借助不同颜色的信号灯对宏观经济状态做出了简明直观的评价。

1968年,日本经济企划厅发布了"日本经济警告指数",以红、黄、蓝等颜色对日本宏观经济做出评价。1970年,联邦德国编制了类似的警告指数。1979年,美国建立了"国际经济指标系统"(IEI)来监测西方主要工业国家的景气动向,这标志着经济监测预警系统研究开始走向国际化。到20世纪80年代中期,印度尼西亚、泰国、新加坡等国家以及中国台湾、香港地区先后将景气监测预警作为宏观经济的政策支持基础。

作为反映国际贸易情况的领先指数,波罗的海干散货运价指数(BDI)近年来日益受到企业和行业的重视。该指数是目前世界上衡量国际海运情况的权威指数,是由若干条传统的干散货船航线的运价,按照各自在航运市场上的重要程度和所占比重构成的综合性指数,包括波罗的海海岬型指数(BCI)、巴拿马型指数(BPI)和波罗的海轻便型指数(BHMI)三个分类指数,由波罗的海航交所向全球发布。其预警功能表现为,如果该指数出现显著的上扬,则说明各国经济情况良好,国际贸易火热。上海国际航运研究中心发布的2018年国际干散货航运市场报告显示,受消费需求普遍不足、全球贸易持续低迷及金融市场频繁震荡等不利因素的影响,2018年一季度运价震荡下跌,中小船市场表现亮眼。预计传统淡季市场过后,二季度市场将震荡上行,但上行空间较小。其中,美国加征钢材铝材关税对中国铝出口影响增大。

另外,摩根大通全球制造业采购经理指数(PMI)显示,2018年一季度全球制造业PMI小幅扬升。得益于全球需求持续回暖及国内经济稳步改善,新兴市场经济增长基本向好。主要经济指标中,制造业综合PMI维持在多年高位,多数国家通货膨胀保持回落态势,主要国家货币兑美元出现升值,个别国家开始尝试加息以应对可能到来的全球货币紧缩。不过,受到发达国际资本市场震荡冲击,新兴国家资本市场压力也显著提升,尤其是伴随特朗普贸易政策的调整,二季度开始一些过多依靠外需拉动经济增长的国家压力会明显增大。

第二节 国内景气指数研究动态

一、宏观经济景气循环研究

在中国,吉林大学董文泉的研究团队与国家经济贸易委员会合作首次开展了中国经济周期的波动测定、分析和预测工作,编制了中国宏观经济增长率周期波动的先行、一致和滞后扩散指数和合成指数(董文泉等,1987)。后来,国家统计局、国家信息中心等政府机构也开始了这方面的研究,并于20世纪90年代初正式投入应用(朱军和王长胜,1993;李文溥等,2001)。

陈磊等(1993)通过多元统计分析中的主成分分析方法,构建了先行、一致两组指标组来判断中国经济景气循环特征。毕大川和刘树成(1990)、董文泉等(1998)、张洋(2005)等全面系统地总结了国际上研究经济周期波动的各种实用的经济计量方法,并利用这些方法筛选的指标合成了适合中国的景气指数和宏观经济预警机制。李晓芳和高铁梅(2001)利用HP滤波方法和阶段平均法对中国的经济指标进行了趋势分解,利用剔除趋势因素的一致经济指标构造了中国增长循环的合成指数,并与增长率循环进行了比较。阮俊豪(2013)实证研究了BDI指数风险测度及其与宏观经济景气指数的关系。陈乐一等(2014)运用合成指数法分析了当前中国经济景气走势。史亚楠(2014)基于扩散指数对中国宏观经济景气进行了预测分析。顾海兵和张帅(2016)通过建立国家经济安全指标体系来预测分析"十三五"时期中国经济的安全水平。近年来,不少研究者从投资、物价、消费、就业和外贸等宏观经济的主要领域,对转型期中国经济的周期波动进行了实证研究(高铁梅等,2009;许谏,2013;许洲,2013;王亚南,2013;冯明和刘淳,2013;谌新民等,2013;陆静丹等,2014;胡培兆和朱蕙莉,2016;丁勇和姜亚彬,2016;肖强,2017;刘玉红,2017;陈磊等,2017;冷媛等,2017;卓勇良,2018)。还有学者研究了"新常态"下中国宏观经济的波动趋势及消费者景气指数(王桂虎,2015;吴君和吴业明,2015;李思,2015;赵军利,2015;张彦等,2015;张同斌,2015;于德泉,2016;杨晓光,2016;刘元春和杨丹丹,2016);孔宪丽和梁宇云(2016)对中国工业经济景气态势及特点进行了分析;张勇和姜亚彬(2016)对中国制造业PMI与宏观经济景气指数的关系进行了实证分析;胡涛等(2016)基于VAR(向量自回归)模型研究了中国国房景气指数与宏观经济景气指数的联动关系;伊军令(2017)研究了中国经济L形走势对相关行业的影响;闫绍武和王筝(2017)基于宏观经济政策目标构建了多维景气指数系统;郭路等(2017)研究了区域经济周期波动与全国经济协同性;罗蓉等(2017)研究了中国双创景气指数;张言伟(2017)分析了经济景气循环对股市波动的影响;杨武和杨淼(2017)基于景气视角对中国科技创新驱动经济增长中短周期测度进行了研究;邓创等(2018)研究了中国金融体系与宏观经济运行的系列结构性变化及其关联动态。

二、企业与行业景气研究

中国人民银行 1991 年正式建立 5 000 户工业企业景气调查制度,但所选企业以国有大、中型工业生产企业为主。1994 年 8 月起,国家统计局开始进行企业景气调查工作,调查主要是借助信息公司的技术力量,直接对工业和建筑业企业进行问卷调查。1998 年,国家统计局在全国开展企业景气调查,编制了企业家信心指数和企业景气指数,分别按月度和季度在国家统计局官网发布。

1997 年,王恩德对企业景气调查方法进行了改进,设计了对问卷调查结果进行统计和分析的计算机软件,对得到的结果进行定性、定量分析,使问卷调查法更加严谨、科学。同年,国家统计局建立了一套专门针对中国房地产发展动态趋势和变化程度的"国房景气指数"。从 2001 年开始,国家统计局又根据对商品与服务价格进行抽样调查的结果,编制发布了全国居民消费价格指数(CPI)。王呈斌(2009)基于问卷调查法分析了民营企业景气状况及其特征。浙江省工商局 2010 年结合抽样调查、相关部门的代表性经济指标,运用合成指数法编制发布了全国首个民营企业景气指数。黄晓波等(2013)基于 2007—2012 年中国上市公司的会计数据信息研究了企业景气指数。中国社会科学院金融研究所企业金融研究室尝试开发编制了中国上市公司景气指数。浙江工商大学开发编制了义乌中国小商品指数。中国国际电子商务中心中国流通产业网开发编制了中国大宗商品价格指数。迄今国内学术界对中小企业景气指数的研究大都集中在工业企业领域。其他相关指数有中国中小企业国际合作协会与南开大学编制的中国中小企业经济发展指数,复旦大学编制的中小企业成长指数,中国中小企业协会编制的中小企业发展指数,中国企业评价协会编制的中小企业实力指数,宁波大红鹰学院团队研究编制的浙江省小微企业创新指数,浙江省浙商研究中心编制的浙商发展指数,阿里巴巴为中小微企业用户提供行业价格、供应及采购趋势的阿里指数,以及百度推出的百度中小企业景气指数等。

伴随景气指数分析的进一步深入,关于景气指数的评价对象也逐渐出现了分化,近年来更多的研究将景气指数评价应用于具体区域、行业、领域的企业及其他组织的分析。中国学术界迄今对行业和企业景气的研究主要集中在工矿业(张艳芳等,2015;任旭东,2015;屈魁等,2015;庞淑娟,2015;吴卫华和王红玲,2016;莫欣达,2016;张凌洁,2016;孔宪丽和梁宇云,2016;岳福斌,2017;李园等,2017)、房地产业(朱雅菊,2011;崔霞和李贝贝,2013;张红和孙煦,2014;张宇青等,2014;闫珂胜等,2016;胡涛等,2016;袁宁,2016;李园等,2017;叶青,2017)、交通及旅游业(刘晓明,2011;何勇和张云杰,2014;孙赫和王晨光,2015;如姵,2016;刘改芳等,2017;陈建华等,2017)、金融证券及财富业(周世友,2009;薛磊,2010;刘恩猛和汪波,2011;徐国祥和郑雯,2013;肖欢明,2015;周程程,2016;王彤彤,2016;张言伟,2017)、商业、互联网及其他服务业(张伟等,2009;曹继军,2015;黄隽,2015;邬关荣等,2015;姚静,2016;姚燕清,2016;韩兆洲和任玉佩,2017;李秀娣等,2017;袁静和李锋,2017)、海洋航运及进出口贸易业(周德全,2013;殷克东等,2013;上海国际航运研究中心,2016;黄伟,2017)、资源及能源业(支小军等,2013;余韵等,2015;彭元正,2015;肖欢明等,2015)以及其他特定行业与企业(霍晨,2015;刘存信,2015;孙延芳和胡振,2015;张炜等,2016;陈文博等,2015;李平,2015;唐福勇,2015;丁勇和姜亚彬,2016;胡佳蔚,2016;许慧楠等,2016;赵陈诗卉和祝继举,2016;杨婷,2016;曹晓昂和赵黎,2017;李晓梅等,2017;雷英杰和陈婉,2017)。

在近两年的研究中,刘轶芳等(2017)等研究开发了中国绿色产业景气指数;李宝娟等(2017)构建了中国环保产业景气指数体系并开展了实证研究;孙颖(2017)对物流业景气指数与制造业采购经理指数的关系进行了检验研究;陈越(2017)研究了软件与信息技术服务业景气指数;陈国政(2017)研究了上市公司景气指数指标体系;耿林和毛宇飞(2017)基于网络大数据研究了中国就业景气指数的构建、预测及劳动力市场景气状况;吴凤菊(2017)基于调研数据研究了中小企业政府融资支持指数;王燕茹和王凯凯(2018)探讨了加权马尔可夫模型在企业景气指数预测中的应用;曹小艳和沈杰(2018)基于宏观数据、工业景气调查和实地调研数据对中国钢铁企业经营状况及其对下游企业经营的影响进行了分析;许亚岚(2018)研究了产业景气指数助力智慧城市建设状况;高骞和徐超等(2018)基于重点行业用电情况研究了江苏省宏观经济景气状况。

三、景气监测预警研究

1988年以前,中国经济预警研究主要侧重于经济周期和宏观经济问题的研究,最早是国家经济贸易委员会委托吉林大学系统工程研究所撰写的中国经济循环的测定和预测报告,而首次宏观经济预警研讨会是东北财经大学受国家统计局委托于1987年9月以全国青年统计科学讨论会为名召开的。

1988年以后,中国学者更多地关注先行指标,在引入西方景气循环指数和经济波动周期理论研究成果的基础上,将预测重点从长期波动向短期变化转变。中国经济体制改革研究所于1989年在月度经济指标中选出先行、一致和滞后指标,并利用扩散指数法进行计算,找出了三组指标分别对应的基准循环日期。同年,国家统计局也研制了六组综合监测预警指数,并利用五种不同颜色的灯区来代表指数不同的运行区间,从而更直观地表示经济循环波动的冷热状态。

相关早期研究方面,毕大川和刘树成(1990)首次从理论到应用层面对中国宏观经济周期波动进行了全面分析;顾海兵和徐刚(1993)从农业经济、固定资产投资、通货膨胀、粮食生产和财政问题等五个方面进行了预警讨论;吴明录和贺剑敏(1994)利用经济扩散指数和经济综合指数设计了适合中国经济短期波动的监测预警系统,并对近年来中国经济波动状况进行了简要评价。

新近的区域景气监测预警研究方面,池仁勇等(2012,2013,2014,2015,2016,2017)连续六年基于浙江省中小企业景气监测数据对浙江省11个地市中小企业的综合景气及主要行业景气指数进行了研究分析;王亚南(2013)对湖北省20年文化消费需求景气状况进行了测评;何勇和张云杰(2014)探讨了海南省旅游景气指数的构建;肖欢明等(2015)从产业链视角专门研究了浙江纺织业景气预警;吴凤菊(2016)专门研究了江苏省中小企业政策景气指数;庄幼绯等(2016)基于景气循环理论及基本规律,结合上海市实际,提出了影响上海市土地市场景气的指标因素,在此基础上构建了上海市土地市场当前景气指数、未来景气指数和综合景气指数,并通过主客观赋权法进行赋权;武鹏和胡海峰(2016)在原来金融形势指数(FCI)的基础上构建了金融风险指数(FRI);吴卫华和王红玲(2016)基于工业景气企业财务调查数据,对工业企业景气指数和预警信号系统构建进行了研究,以此对江苏省工业企业景气状况和未来走势进行了分析预测;王红云和李正辉(2016)研究构建了虚拟经济运行景气监测指标体系;李博和王建国(2017)等构建了基于神经网络的景气预测模型;陈敏(2017)研究了滞后合成指数在区域经济中的预警作用;任保平和李梦欣(2017)研究了构建新常态下地方经济景气增长质量检测预警系统的理论与方法,从经济增长的动态检测、趋势预测、识别预测以及政策选择四大模块构建系统,且以山西省为例进行了演示分析与指数模拟;韩兆洲和任玉佩(2017)主要针对广东省经济运行监测预警指数进行了研究;许雪(2017)用时序差分方法并结合MTV(多元时间序列方差成分)模型研究了陕西省投资经济周期波动监测分析;王金明(2018)基于具有时变转换概率的马尔可夫区制转换模型(MS-TVTP)研究了利差能否预警中国经济周期的阶段转换,结果表明国债期限利差的波动对经济周期阶段转换具有显著的预警作用。

在应用网络大数据进行景气监测预警方面,阿里指数2012年11月上线,根据每天阿里巴巴网站运营的基本数据(包括每天网站浏览量、每天浏览人次、每天新增供求产品数、每天新增公司数和产品数),为用户提供企业生产和采购预测以及区域、行业商品流通最新动态。百度指数2014年上线,是以其网民行为数据为基础研发的大型数据分享平台,编制发布全国部分地区的中小企业景气指数和宏观经济指数。微信指数2017年3月推出,基于微信大数据分析,提供关键词的热度变化,成为当前组合营销的最新渠道之一。

第三节 中国中小企业景气指数研究的意义

一、中国中小企业的重要地位与研究短板

中小企业是中国数量最大、最具活力的企业群体,是吸纳社会就业的主渠道,是技术创新和商业模式创新的重要承担者。但转型期中国宏观经济运行的波动规律愈发复杂和难以把握。近年来,企业,特别是中小微企业仍未摆脱"用工贵、用料贵、融资贵、费用贵"与"订单难、转型难、生存难"这"四贵三难"的发展困境,中小微企业所面临的经营风险和不确定性日趋增加。

在中小企业管理方面,中国长期以来实行"五龙治水",即工业和信息化部负责中小企业政策制定与落实,商务部负责企业国际化,农业农村部乡镇企业局负责乡镇企业发展,国家工商管理部门负责企业工商登记,国家统计局负责统计规模以上企业,而占企业总数97%以上的小微企业总体在政府统计跟踪范围之外。这样,各部门数据统计指标不统一,数据不共享,统计方法各异,经常存在数据不全及数据交叉的混乱状况,缺乏统一的数据口径。这使得现行数据既不能客观地反映中小微企业的景气现状,又难以用来做科学监测预警,这不仅影响到政策制定的前瞻性和针对性以及政策实施效果评价,还影响到小微企业的健康持续发展。

中国中小企业信息不对称、缺乏科学的监测预警和决策支持系统是当前政产学研共同关注和亟待解决的理论与现实课题。尤其是随着中国中小企业面临的区域性、系统性风险的增大,今后有关区域中小企业和行业景气监测预警的研究更具有重要的学术价值与现实意义。

二、中国中小企业景气指数研究的理论意义与应用价值

如前所述,在经济发达国家或地区,客观地判断企业发展景气状况主要是通过

企业景气监测预警分析来实现的。在企业景气指数编制方面,世界上自1949年联邦德国先行实施以来已有70多年的研究与应用历史。在企业景气指数预警理论及应用研究方面,目前国际通用的扩散指数和合成指数受到了广泛应用,各个国家和地区越来越重视先行指数和一致指数的指导作用,这也说明了这两种经典的指数分析方法的可靠性。随着景气指数研究的深入,世界上对中小企业景气指数的评价也日益成为经济景气研究领域的重要内容。

从预警方法来看,基于计量经济学的指标方法和模型方法,以及基于景气指数监测的景气预警方法是三种比较有效的方法。其中,计量经济学方法是政府部门使用一定的数学计量方法对统计数据进行测算,从而向公众发布对经济前景具有指导性作用的信息;而景气预警方法是利用结构性模型的构建,以及它们之间的相关关系来推测出经济发展可能位于的区间。目前,研究宏观经济和企业运行监测预警过程,多是两种方法结合使用。

中国自1998年起正式将企业景气调查纳入国家统计调查制度。近年来,中国政府部门、科研机构、金融机构等虽然在经济景气预警方面的研究比较多,但政府和学术界对企业景气指数的研究和应用受长期以来"抓大放小"的影响,迄今主要以特定行业为对象,而对企业、特别是中小微企业的景气波动过程少有系统研究,对中小企业的监测预警研究更少,大多数研究还停留在理论探索阶段,还没有形成较成熟的理论与实证分析模型,特别是对小微企业发展景气预警进行全面系统的研究基本上还是空白。

本研究报告正是基于上述国内外研究现状,旨在建立和完善中国中小微企业景气指数与预警评价体系,并开展区域中小微企业发展的实证研究。课题研究既跟踪国内外企业景气监测预警理论前沿,又直接应用于中国区域中小微企业发展的实践,因此研究具有理论意义和现实价值。

三、中国中小企业景气指数评价的经济意义

相较于大型企业而言,中小企业一般是指规模较小、处于成长或创业阶段的企业。中小企业景气指数是对中小企业景气调查所得到的企业家对本企业生产经营状况以及对本行业发展景气状况的判断和预期结果的定量描述,用以反映中小企业生产经营和行业发展的景气程度,并预测未来发展趋势。由于中国中小企业量大面广,为了尽可能全面地反映中国中小企业的景气状况,本研究报告以中国规模

以上工业中小企业,中小板、创业板和新三板上市企业及重点监测调查的中小微企业为评价对象,先根据数据指标的特性基于扩散指数及合成指数的方法分别计算出分类指数,然后基于主成分分析法及专家咨询法等确定各分类指数的权重,最后进行加权计算,合成得到中国中小企业综合景气指数(Composite Climate Index of Chinese SMEs,CCSMECI)。

第四节 中小企业综合景气指数编制流程及评价方法

编制景气指数是一项系统工程。本研究报告的中小企业综合景气指数编制流程主要包括确定评价对象,构建分类指数指标体系,数据收集、选取及预处理,综合景气指数计算与评价等步骤。本研究报告构建的中国中小企业综合景气指数编制流程如图19-1所示。

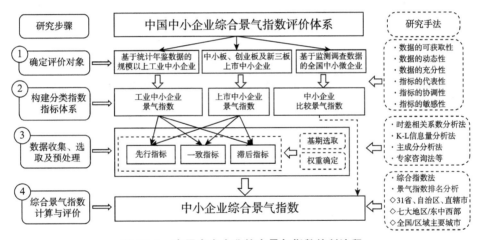

图 19-1 中国中小企业综合景气指数编制流程

图19-1中,虚线框表示该步骤只存在于某些特定的景气指数评价分析中,例如合成指数评价中的先行指标、一致指标与滞后指标分类等。

需要特别指出的是,本研究报告在对中国中小企业景气状况进行分析时,是依据上一年度各省级行政区或地区的中小企业景气指数值作为当年度景气测评依据的。本研究报告按以下五个步骤来计算中国中小企业综合景气指数。

一、确定评价对象

中小企业是指与所在行业的大企业相比人员规模、资产规模与经营规模都比较小的经济单位。中国中小企业量大面广,为了客观、全面地反映中小企业景气状况,本研究报告根据数据的可获取性、动态性及充分性等原则,确定三类中小企业作为评价分析的对象:(1)规模以上工业中小企业(2010年以前主营业务收入达到500万元及以上,2011年以后同标准提高到2 000万元及以上);(2)中小板、创业板及新三板上市中小企业;(3)重点监测调查的中小微企业。

本研究报告根据这三类评价对象分别构建分类指数指标体系,再根据各类数据指标的特性,基于扩散指数及合成指数的方法分别计算出分类指数,然后用主成分分析法及专家咨询法等确定各分类指数的权重,最后进行加权计算得到中国中小企业综合景气指数。

二、构建分类指数指标体系

本研究报告基于指标的代表性、协调性及对经济波动的敏感性原则,采用定量与定性相结合、宏观和微观相结合、官方统计和非官方调研相结合的方法,构建中国中小企业景气评价各分类指数指标体系(见表19-1)。

表19-1 中国中小企业景气指数分类指数指标及样本数据

分类指数	主要数据指标项目	样本的选取与数据来源
工业中小企业景气指数	流动资产 流动负债 财务费用 总资产 主营业务收入 税金总额 利润总额 工业总产值 企业单位数 固定资产 负债合计 所有者权益合计 全部从业人员平均人数 企业综合生产经营指数 企业家信心指数等	样本企业:全国规模以上工业中小企业21 000家 数据来源: ● 国家统计局 ● 各省市统计局 ● 中小企业年鉴等

（续表）

分类指数	主要数据指标项目	样本的选取与数据来源
上市中小企业景气指数	流动资产 流动负债 财务费用 总资产 主营业务收入 税金总额 利润总额 存货 固定资产合计 负债合计 股东权益合计等	样本企业：全国上市中小企业约1 000家 数据来源： ● 深圳证券交易所 ● 全国中小企业股份转让系统（NEEQ） ● 上市中小企业动态信息资料等
中小企业比较景气指数	财务指标约30项（月/季度） 产品产销存指标3项（月/季度） 景气调查问卷15项（年度）	样本企业：全国中小微企业约4万家 数据来源： ● 中国中小企业生产经营运行监测平台（工信部） ● 中小企业动态数据库（中国中小企业研究院） ● 其他非官方监测调查数据（百度、阿里研究院等）

其中，工业中小企业景气指数（Climate Index of Manufacturing SMEs，ISMECI）基于国家及各省区市统计局和《中国中小企业年鉴》数据，主要选取反映工业中小企业经营现状和未来发展潜力的流动资产、流动负债、财务费用、总资产、主营业务收入、税金总额、利润总额、工业总产值、企业单位数、固定资产、负债合计、所有者权益合计、全部从业员平均人数及企业综合生产经营指数、企业家信心指数等15项指标；上市企业景气指数（Climate Index of SMEs Board、ChiNext Board & the New Third Board，SCNBCI）基于深圳证券交易所上市中小企业财报数据、NEEQ挂牌交易的中小企业数据及相关上市中小企业的动态信息资料等，主要选取反映中小板、创业板及新三板上市中小企业发展景气状况及特征的流动资产、流动负债、财务费用、总资产、主营业务收入、税金总额、利润总额、存货、固定资产合计、负债合计、股

东权益合计等 11 项指标;中小企业比较景气指数(Comparison Climate Index,CCI)基于工业和信息化部中国中小企业生产经营运行监测平台数据、浙江工业大学中国中小企业研究院中小企业动态数据库数据及百度研究院、阿里研究院等非官方研究机构的中小微企业调查数据,主要选取百度中小企业景气指数和中国中小企业研究院的景气调查问卷数据 2 项指标。

三、数据收集、选取及预处理

本研究报告收集了中国 31 个省、自治区、直辖市的 2 万余家工业中小企业数据,时间跨度为 2001—2018 年;收集了全国约 1 000 家中小板、创业板及新三板上市中小企业财务数据、全国近 4 万家重点监测调查的中小微企业运行及景气监测调查数据,时间跨度为 2011—2018 年第一季度。

由于数据庞大,有些年份和地区的数据存在缺失。另外,不同指标的数据在数量级上的级差有时也较大。为此本研究报告对收集到的年度数据分别进行了预处理,主要包括无量纲化、消除季节性因素及剔除非常规数据等。

四、指标权重的确定

对于工业中小企业景气指数和上市中小企业景气指数,本研究报告根据前述指标权重的确定方法,选择使用主成分分析法,通过 SPSS 软件实现。首先,将原有指标标准化;其次,计算各指标之间的相关矩阵、矩阵特征根及特征向量;最后,将特征根从大到小排列,并分别计算出其对应的主成分。本研究报告关于重点监测调查的中小企业比较景气指数的权重采用专家咨询法确定。而对于中国中小企业综合景气指数,本研究报告运用 AHP 法(层次分析法)来确定工业中小企业景气指数、上市中小企业景气指数和中小企业比较景气指数的权重。

五、综合景气指数计算与评价

在本研究报告考察期间,中国经济处于低速增长的新常态阶段,经济周期性并不是很明显,因此在后续运用合成指数计算时,课题组将经济周期对工业中小企业景气指数的影响要因做了忽略处理。

课题组根据各类指数指标的特性,先基于扩散指数及合成指数的方法分别计算出各分类指数。具体计算过程中,使用时差相关系数分析法、K-L 信息量法等并结合专家咨询意见,分别确定各分类指数的先行指标(流动资产、资本、存货、企业数量等)、一致指标(总资产、产值、利税、费用等)和滞后指标(固定资产、负债、所有者权益、从业人员数等),根据主成分分析法求出先行指标组、一致指标组和滞后指标组各小类指标的权重,再确定各大类指标的权重,最后进行加权计算,合成得到中国中小企业综合景气指数。

中国中小企业综合景气指数的取值范围为 0—200,景气预警评价以 100 为临界值,100 上方为景气区间,100 下方为不景气区间;100 上下方又根据指数值的高低分别细分"微弱景气/微弱不景气"区间、"相对景气/相对不景气"区间、"较为景气/较为不景气"区间、"较强景气/较重不景气"区间及"非常景气/严重不景气"区间。

第二十章 2018年中国中小企业景气指数测评结果分析[①]

第一节 2018年中国工业中小企业景气指数测评

一、评价指标的选取

工业中小企业景气指数的计算基于中小企业统计整理汇总数据。本研究报告根据经济的重要性和统计的可行性选取了以下指标(见表20-1)。

表20-1 工业中小企业景气指标选取指标

指标类型	指标项目
反映工业中小企业内部资源的指标	总资产
	流动资产
	固定资产
反映工业中小企业股东状况的指标	所有者权益
	国家资本
反映工业中小企业财务状况的指标	税金
	负债
	利息支出
反映工业中小企业经营状况的指标	主营业务收入
	利润
反映工业中小企业经营规模的指标	总产值
	企业数量
	从业人员数

[①] 本章图表的资料来源,如无特别说明,均由本报告执笔者绘制。凡执笔者自制图表,全部省去图表资料来源说明。

（一）反映工业中小企业内部资源的指标

具体包括三项指标：(1)总资产，反映企业综合实力；(2)流动资产，体现企业短期变现能力，确保企业资金链；(3)固定资产，反映企业设备投资及其他固定资产投资的状况。

（二）反映工业中小企业股东状况的指标

具体包括两项指标：(1)所有者权益，反映资产扣除负债后由所有者享有的剩余利益，即股东所拥有或可控制的具有未来经济利益资源的净额；(2)国家资本，反映工业中小企业得到国家投资政府部门或机构以国有资产投入的资本，体现了国家对中小企业的扶持力度。

（三）反映工业中小企业财务状况的指标

具体包括三项指标：(1)税金，包括税金及附加和应交增值税，主要体现企业支付的生产成本，影响企业收入和利润；(2)负债，影响企业的资金结构，反映企业运行的风险或发展的条件和机遇；(3)利息支出，作为财务费用的主要科目，反映企业的负债成本。

（四）反映工业中小企业经营状况的指标

具体包括两项指标：(1)主营业务收入，企业经常性的、主要业务所产生的基本收入，直接反映一家企业的生产经营状况；(2)利润，直接反映企业生产能力的发挥和市场实现情况，也显示企业下期的生产能力和投资能力。

（五）反映工业中小企业经营规模的指标

具体包括三项指标：(1)总产值，体现企业创造的社会财富，直接反映出区域中小企业的发展程度；(2)企业数量，直接反映中小企业在一个区域的聚集程度；(3)从业人员数，反映企业吸纳社会劳动力的贡献率和企业繁荣程度。

二、数据收集及预处理

工业中小企业景气指数计算数据来自国家及各地的统计年鉴及工业经济统计年鉴。最新年鉴为2017年版，实际统计时间跨度为2009—2016年，在指标信息齐全和不含异常数据的基本原则下采集数据。课题组先收集了中国31个省、自治区和直辖市的工业中小企业数据，然后按七大行政区域，即东北、华北、华东、华中、华南、西南和西北地区分别进行了汇总整理。

由于基于统计年鉴所获得的数据较为庞大，有些省份和年份的数据存在缺失。

另外，不同指标的数据在数量级上的级差较大，为了保证后续数据分析和数据挖掘的顺利进行，课题组对收集到的年度数据进行了预处理，包括无量纲化、消除季节性因素及剔除非常规数据等。一方面，尽量保证数据的完整性，避免缺失年份或省份的数据的存在；另一方面，考虑到中国各地区经济发展差异性较大，在数据处理过程中，本研究报告还关注了数据样本中孤立数据与极端值的影响。

三、指标体系及权重的确定

为了确定指标体系，工业中小企业景气指数主要采用时差相关系数法对指标进行分类。最能反映工业中小企业经济状况的指标确定为工业增加值增长率。同时，本研究报告通过考察全国工业中小企业总产值与GDP、第二产业产值和工业总产值之间的相关性，确定一个能敏感地反映工业中小企业经济活动的重要指标作为基准指标。结果表明，工业中小企业总产值基本和整个经济循环波动保持一致，这种相关性很好地反映了工业中小企业的发展状况，因此选取工业中小企业总产值作为基准指标。此外，本研究报告沿用上年度报告的计算方法计算得出工业中小企业景气指数的先行、滞后、一致的期数指标，并根据主成分分析法求出先行指标组、一致指标组和滞后指标组小类指标的权重；然后利用全国规模以上工业中小企业数据，具体计算出各分类项目评价指标的权重；最后采用专家咨询法确定先行指标组、一致指标组和滞后指标组大类指标的权重，结果如表20-2所示。

表 20-2　工业中小企业景气评价指标的权重

指标类别	指标项目	小类指标权重	大类指标权重
先行指标组	流动资产	0.339	0.30
	国家资本	0.322	
	利息支出	0.339	
一致指标组	总产值	0.167	0.50
	企业单位数	0.166	
	总资产	0.167	
	主营业务收入	0.167	
	利润	0.166	
	税金	0.167	

(续表)

指标类别	指标项目	小类指标权重	大类指标权重
滞后指标组	固定资产	0.250	0.20
	负债	0.250	
	所有者权益	0.250	
	从业人员数	0.250	
合　计			1.00

四、2018年中国省际工业中小企业景气指数计算结果及排名

为了使各省、自治区和直辖市(以下简称"省份")的工业中小企业景气指数波动控制在0—200的取值范围内,2018年工业中小企业景气指数计算以2008年的全国平均值为基年数据。由于实际统计的2007—2016年间,中国经济总体处于平稳减速发展时期,没有明显出现多个起伏的经济周期循环,因而本研究报告在运用合成指数算法进行计算时省略了趋势调整。经过计算,分别获得了中国省际工业中小企业先行、一致与滞后合成指数,并按三组大类指标的权重(见表20-3),最终合成计算省际工业中小企业综合景气指数。

由于各省份工业中小企业景气指数受各省份企业数量影响较大,因此本研究报告在计算景气指数的过程中考虑到企业数量因素,进行了无量纲化处理等。具体步骤和方法是,首先采用Min-max标准化将企业数量进行无量纲化处理,其次根据专家咨询法获得修正调整前的景气指数和企业数量的权重,并与其相对应的权重相乘,最后将获得的结果相加得到各省份工业中小企业景气指数值。表20-3及图20-1为2018年中国省际工业中小企业景气指数评价结果及排名状况。

表20-3　2018年中国省际工业中小企业景气指数

省份	先行指数	一致指数	滞后指数	工业中小企业景气指数(ISMECI)	排名
江苏	142.26	152.89	162.68	151.66	1
广东	137.11	139.99	169.49	145.02	2
浙江	130.99	143.14	149.83	140.83	3
山东	128.71	116.21	128.39	119.40	4

（续表）

省份	先行指数	一致指数	滞后指数	工业中小企业景气指数（ISMECI）	排名
河南	72.39	63.02	74.17	68.06	5
河北	60.25	50.05	57.90	54.68	6
福建	50.14	47.64	55.31	49.92	7
湖北	50.68	45.78	52.38	48.57	8
安徽	50.43	46.04	51.99	48.54	9
四川	49.24	38.91	47.47	43.72	10
上海	38.15	42.17	44.67	41.46	11
辽宁	51.73	30.73	42.66	39.42	12
湖南	41.46	36.33	43.33	39.27	13
江西	29.40	24.23	29.00	26.74	14
天津	24.18	22.74	25.17	23.66	15
陕西	27.65	17.11	23.41	21.53	16
北京	24.86	19.31	21.91	21.49	17
吉林	24.52	17.95	23.38	21.01	18
山西	25.49	15.50	25.71	20.54	19
重庆	21.71	16.98	20.97	19.20	20
广西	24.98	14.89	20.06	18.95	21
云南	25.04	13.13	18.34	17.74	22
贵州	19.69	13.59	16.74	16.05	23
黑龙江	18.70	13.48	17.95	15.94	24
内蒙古	20.83	12.48	16.48	15.78	25
新疆	21.50	9.39	13.92	13.93	26
甘肃	14.29	9.68	12.36	11.60	27
宁夏	4.04	2.68	3.48	3.25	28
海南	4.86	2.25	3.15	3.22	29
青海	2.97	1.81	2.80	2.36	30
西藏	1.99	0.62	0.98	1.10	31

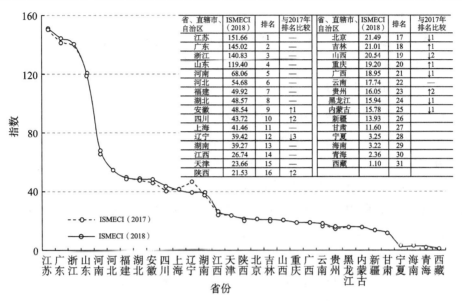

图20-1 2018年中国省际工业中小企业景气指数

注："与2017年排名比较"一栏,"—"表示与2017年持平,"↑""↓"的数字分别表示与2017年相比升降的位数。

2018年中国省际工业中小企业景气指数波动趋势具有以下特点：

（一）高位省份持续领跑,低位省份稳中求进

江苏省的工业中小企业景气指数仍以较大优势独占鳌头,持续领跑全国工业中小企业发展。广东省和浙江省分列第二与第三,连续多年处于高位,发展态势持续向好。江苏、广东、浙江及山东等前八位省份的排名与2017年持平,同时新疆等后六位省份的排名也与2017年保持一致,体现出工业中小企业的转型发展正处于平稳过渡期,部分省份的发展以求稳为先。

（二）省际排名梯次感较强,工业景气提升任务完成度较好

2018年,中国省际工业中小企业景气指数分布可划分为四个梯队,并且地区分布梯次感加强：江苏、广东、浙江三省分列前三,加之山东省构成第一梯队,平均指数在100以上；河南、河北、福建、湖北、安徽、四川、上海等7个省份的指数在40—100,构成第二梯队；辽宁、湖南、江西等8个省份的指数在20—40,构成第三梯队；重庆、广西等其余12个省份为第四梯队,指数都低于20。与2017年相比,四个梯队的指数总体略微上升（曲线总体呈上移趋势）,第一梯队、第二梯队指数上升

幅度较其余梯队更大,第二梯队、第三梯队省份数量明显增加,但个别省份如上海、辽宁等指数大幅下滑;第四梯队景气指数仍处于低位,但省份数量亦在持续减少,各省份不断向第三梯队赶超,反映出 2018 年中国工业经济整体上缓慢升温,工业景气提升任务完成度较好。

(三)加权指数小幅上升,工业增速压力犹在

2018 年以工业总产值为权重的全国工业中小企业加权平均指数为 82.71,较 2017 年小幅上升 1.22%,表明全国工业中小企业运行总体平稳,呈现出稳中向好的发展态势。但是,除第一梯队外,全国大部分省份的工业中小企业景气指数仍低于全国平均水平,说明中国工业过剩行业去产能任务依然艰巨,投资增速存在向下调整的压力,出口需求的改善也面临一定的不确定性,工业增速存在一定的下行压力。

(四)四大直辖市排名差异性分化,五大自治区仍有上升空间

2018 年四大直辖市的工业中小企业景气指数排名与 2017 年相比存在差异性分化。其中,北京(21.49)稍有退步,排名下跌一位,位处中等;天津(23.66)保持其排名,稳中求进;上海(41.46)排名与上年相同,其工业中小企业景气指数继续在四大直辖市中领头;重庆(19.20)排名较上年提升一位,仍在直辖市中垫底,但展现了强劲的发展潜力。五大自治区中,广西的工业中小企业景气指数排名下降一位,仍居于第四梯队,尚有较大的提升空间;其他自治区工业中小企业景气指数排名总体靠后,与上年相比排名没有大的变化,西藏的工业中小企业景气指数继续全国垫底。

(五)省际工业中小企业景气指数两极分化现象仍然显著

从 2018 年中国省际工业中小企业景气指数来看,第一梯队省份维持较大优势,后三个梯队的部分省份的排名有些许微调,但各省份总体排名变化不大。总体来看,2018 年中国省际工业中小企业景气指数差异仍然显著,2018 年最高的江苏与最低的西藏差距虽与 2017 年相比略有缩小(138.5 倍),但仍达 137.9 倍。

五、2018 年七大地区工业中小企业景气指数计算结果及排名

按中国七大地理分布划分进行数据整理,得到 2018 年中国七大地区工业中小企业景气指数评价结果及排名状况(见表 20-4 和图 20-2)。

表 20-4　2018 年中国七大地区工业中小企业景气指数

地区	先行指数	一致指数	滞后指数	工业中小企业景气指数（ISMECI）	排名	与 2017 年排名比较
华东	136.35	139.10	150.08	140.47	1	—
华南	35.32	33.33	41.13	35.48	2	—
华中	35.63	31.20	36.81	33.65	3	—
华北	31.83	24.09	30.09	27.61	4	—
西南	23.47	15.70	20.49	18.99	5	—
东北	17.10	9.85	14.65	12.98	6	—
西北	11.42	4.68	8.11	7.38	7	—

注："与 2017 年排名比较"一栏，"—"表示与 2017 年排名持平，"↑""↓"分别表示与 2017 年排名相比升降的位数。

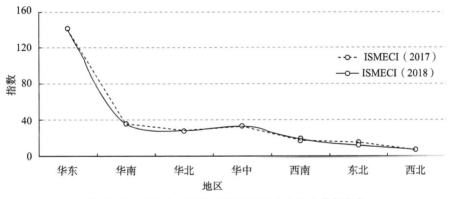

图 20-2　2018 年中国七大地区工业中小企业景气指数

从 2018 年中国七大地区工业中小企业景气指数测评结果来看，地区间工业中小企业发展仍不平衡，景气指数由东南沿海发达地区向中西部内陆地区分层递减。

从七大地区排名来看，2018 年华东地区以 140.47 的高位指数蝉联工业中小企业景气指数榜首，以不容追随的绝对优势持续领先全国。相比 2017 年，在供给侧结构性改革的推动下，中国经济运行继续呈现稳定性增强、质量提高、结构优化的态势，工业生产结构不断优化，工业供给质量和经济效益明显提升，给中小企业创新发展带来了不竭动力。

具体来看，华南地区以 35.48 的指数位列第二，同比小幅上升，反映了近年来珠三角地区在振兴工业中小企业实体经济以及工业去产能、降成本、补短板等方面所取得的显著实效。华中、华北地区景气指数水平较为接近,同比有较大提升,体现了这些地区工业中小企业转型升级进入攻坚期,既面临严峻的挑战,又有良好的发展机遇。西南、东北、西北地区景气指数总体偏低,其中东北地区同比有所下降,仍处于不景气区间低位运行。总体来看,中西部地区工业中小企业具有承接东部地区产业转移的广阔空间,特别是"一带一路"倡议为西部地区工业中小企业"走出去"提供了良好的环境,发展潜力增大。

此外,从七大地区工业中小企业的景气曲线来看,该曲线总体位移不大,与上年相比指数波动幅度较小(见图20-2),表明中国宏观经济将继续保持稳中向好、稳中提质的良好状态,同时工业增速较为平稳,2018年中国大部分地区工业中小企业总体将呈现缓中趋稳、稳中有进的态势。

第二节　2018年中国上市中小企业景气指数测评

一、指标体系构建及评价方法

在上市中小企业景气指数测评方面,本年度研究报告的评价指标和评价方法沿用2017年度研究报告的指标体系及方法、步骤,数据预处理采用扩散指数(DI)的编制方法,最后运用权重法合成计算综合指数。

扩散指数是所研究的经济指标系列中某一时期扩张经济指标数的加权百分比,表达式为:

$$DI_t = \sum_{i=1}^{N} I_i = \sum W_i [X_i(t) \geqslant X_i(t-j)] \times 100\%$$

其中,DI_t为t时刻的扩散指数;$X_i(t)$为第i个变量指标在t时刻的波动测定值;W_i为第i个变量指标分配的权数;N为变量指标总数;I为示性函数;j为两个比较指标值的时间差。若权数相等,公式可简化为:

$$DI_t = \frac{t\text{时刻扩张指数}}{\text{指标总数}} \times 100\% \quad (t = 1,2,3,\cdots,N)$$

扩散指数是相对较为简单的景气评价指数,具体按以下三个步骤进行推导计算:(1)确定两个比较指标值的时间差j,本研究报告中确定$j=1$,将各变量在t时刻和$t-1$时刻的波动测定值进行比较,若t时刻的波动测定值大,则是扩张期,$I=1$;若$t-1$时刻的波动测定值大,则$I=0$;若两者基本处于相等水平,则$I=0.5$。(2)将这些指标值升降状态所得的数值相加,即得到扩张指数,即在某一阶段的扩张变量个数,并以扩张指数除以全部指标数,乘以100%,即得到扩散指数。(3)绘制扩散指数变化图,即将各阶段的景气指数运用图表来表达。

深圳证券交易所(深交所)及全国中小企业股份转让系统(NEEQ)公开的数据资料显示,截至2017年4月末,中国国内共有各类上市中小企业13 159家,其中中小板上市中小企业931家、创业板上市中小企业743家、新三板上市中小企业11 485家。由于部分上市中小企业财务公开数据存在不同程度的缺失,兼顾到抽样企业样本的代表性和财务数据的完整性,本研究报告基于深交所500指数选取了240家中小板上市中小企业、88家创业板上市中小企业,基于NEEQ选取了114家新三板上市中小企业,共收集了442家上市中小企业的有效样本。

同时,由于上市中小企业景气指数受企业数量影响较大,因此计算上市中小企业景气指数时,本研究报告也将企业数量作为调整系数尽量对计算结果进行修正。具体方法是:先采用Min-max标准化将企业数量进行无量纲化处理,再将合成的景气指数和企业数量与其相对应的权重相乘,最后将获得的结果相加作为反映上市中小企业景气指数的值。此外,对于上市中小企业数量少且企业财报数据缺失严重的吉林、广西、内蒙古、黑龙江和西藏5个省份,因与其他省份不具有可比性,本研究报告未对这些省份的上市中小企业景气指数进行测评比较。

二、2018年中国省际上市中小企业景气指数排名分析

2018年中国省际上市中小企业景气指数测评结果如表20-5和图20-3所示。2018年,广东、浙江和北京继续位居中国上市中小企业景气指数前三甲,而全国平均景气指数同比也有所上升。具体分析2018年中国上市中小企业景气指数的动态趋势,主要可以概括出如下四个特点:

表20-5 2018年中国省际上市中小企业景气指数

省份	先行指数	一致指数	滞后指数	上市中小企业景气指数(SCNBCI)	排名	与2017年排名比较
广东	156.22	141.79	147.33	147.22	1	—
浙江	132.55	123.99	127.01	127.16	2	—
北京	131.23	121.77	127.36	125.73	3	—

（续表）

省份	先行指数	一致指数	滞后指数	上市中小企业景气指数（SCNBCI）	排名	与2017年排名比较
江苏	106.56	101.56	108.33	104.41	4	—
上海	102.94	99.16	103.71	101.20	5	—
湖南	103.04	90.39	96.99	95.50	6	↑2
四川	103.16	90.62	95.76	95.41	7	↑2
河南	103.64	90.43	91.79	94.67	8	↓2
山东	95.42	92.65	95.92	94.13	9	↑1
安徽	97.98	90.01	94.10	93.22	10	↑1
辽宁	99.78	89.87	91.74	93.21	11	↓4
福建	97.67	86.80	91.45	90.99	12	↑4
陕西	87.72	87.60	96.16	89.35	13	↓1
天津	94.35	85.83	89.67	89.15	14	↓1
重庆	99.45	81.37	86.19	87.76	15	—
新疆	88.47	84.04	95.05	87.57	16	↓2
湖北	94.81	82.23	79.67	85.49	17	—
宁夏	84.55	85.35	81.85	84.41	18	↑2
贵州	84.18	79.50	86.33	82.27	19	—
河北	76.83	86.44	79.63	82.19	20	↑1
青海	101.97	69.39	82.54	81.79	21	↑3
甘肃	86.16	77.19	86.13	81.67	22	↓4
云南	69.11	79.81	86.99	78.04	23	↑2
海南	78.95	79.21	69.32	77.15	24	↓2
江西	71.42	78.98	76.67	76.25	25	↓2
山西	77.40	75.41	48.90	70.70	26	—

注："与2017年排名比较"一栏，"—"表示与2017年排名持平，"↑""↓"分别表示与2017年排名相比升降的位数。

中国中小企业发展报告 2019 | 217

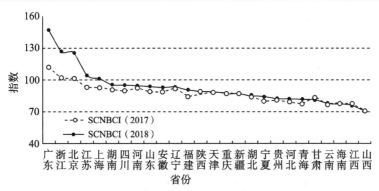

图 20-3　2018 年中国省际上市中小企业景气指数

（一）省际上市中小企业数量与其景气指数正相关

据统计，截至 2018 年 4 月末，广东省中小企业中小板上市 237 家，创业板上市 168 家，新三板上市 1 806 家，整体以 2 211 家位居全国第一且远超其他省份，与其 2018 年景气指数排名一致。北京、江苏、浙江、上海四个省份的上市企业数量都在 1 000 家以上，其对应的中小企业景气指数排名也在全国前五位，指数值均在 100 以上。其中，北京、江苏两省份的新三板上市中小企业数量便达到 1 000 家以上，对景气指数影响较大；江苏、浙江两省份中小板上市中小企业数量达到 100 家以上，大部分省份活跃度较高；其他上市中小企业较少的省份，景气指数相应较低（见图 20-4）。

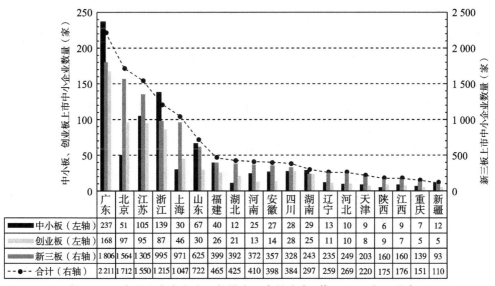

	广东	北京	江苏	浙江	上海	山东	福建	湖北	河南	安徽	四川	湖南	辽宁	河北	天津	陕西	江西	重庆	新疆
■ 中小板（左轴）	237	51	105	139	30	67	40	12	25	27	14	29	13	10	9	6	9	7	12
创业板（左轴）	168	97	95	87	46	30	26	21	13	14	28	25	11	10	8	9	7	5	5
新三板（右轴）	1 806	1 564	1 305	995	971	625	399	392	372	357	328	243	235	249	203	160	160	139	93
--●-- 合计（右轴）	2 211	1 712	1 550	1 215	1 047	722	465	425	410	398	384	297	259	269	220	175	176	151	110

图 20-4　中国上市中小企业数量主要省份分布（截至 2018 年 4 月末）

（二）全国上市中小企业景气指数发展态势良好

2018年，全国上市中小企业平均景气指数为92.95，比2017年上升5.68。其中，高于全国平均指数的有广东、浙江、北京、江苏、上海、湖南、四川、山东、河南、安徽和辽宁11个省份，较2017年有所下降。该现象主要源于广东、浙江、北京、江苏、上海五个排头兵省份较2017年上市中小企业景气指数上升幅度较大，拉动了全国上市中小企业平均景气指数的上浮。虽然低于全国上市中小企业平均景气指数的省份数量增加，但大多数省份上市中小企业景气指数较2017年有所上升，并呈现出前排省份带动后排省份保持稳健发展的态势。由此可以发现，全国上市中小企业景气指数发展态势良好。

（三）全国上市中小企业景气指数层级变动明显

2018年，江苏、上海两省份上市中小企业景气指数达到100以上，成功进入原由广东、浙江和北京三省份组成的第一梯队，平均景气指数为121.15。其中，广东省上市中小企业景气指数仍旧遥遥领先，显示出其上市中小企业发展的绝对优势；浙江、北京两省份的上市中小企业景气指数较2017年也有大幅上升。第二梯队的上市中小企业景气指数在90—100，由湖南、四川、河南、山东、安徽、辽宁及福建七个省份组成，其平均景气指数为93.88。其中，四川、山东、安徽、福建四省上市中小企业景气指数首次达到90以上，晋升第二梯队；福建省上市中小企业景气指数排名上升幅度最大，从2017年的第16位上升至2018年的第12位，这可能是由于福建省自"金砖会议"受到高度关注以来，进一步加大了对中小企业创新服务平台的构建，并积极推行投资新策略寻求融资新机遇，有效改善了福建省近年来中小企业"融资难、融资贵""创新转型平台不稳定"等问题；而辽宁省由于仍旧受到投融资困局的影响，上市中小企业景气指数由2017年的第7位下降至2018年的第11位。第三梯队主要包括陕西、天津、重庆、新疆、湖北、宁夏、贵州、河北、青海、甘肃10个省份，其上市中小企业平均景气指数达到85.17。其中，河北、青海两省份脱离第四梯队迈入第三梯队，景气指数上升至80以上；甘肃省上市中小企业景气指数排名下降4位，从2017年的第18位下降至2018年的第22位，原因可能是其传统产业主要以农业、大型制造业为主，其智能化转型升级仍需经历磨合消化阶段。第四梯队目前仅包括云南、海南、江西、山西四省，其上市中小企业平均景气指数仅为75.54，与其他三个梯队差距较为明显。该梯队中，除山西省仍旧排名全国末位以外，其他三省的排名均有所变动。

(四) 高层次省份带动周边较低层次省份上市中小企业发展

以江、浙、沪为代表的东南地区省份在上市中小企业方面发展迅速,其中浙江省的上市中小企业景气指数最高(127.16),江苏省也保持着相同水平的发展速度(104.41),而上海身为直辖市其上市中小企业景气指数也达到100以上。以江、浙、沪为中心向四周辐射,周边地区中的山东、安徽、河南及福建受到影响,其上市中小企业景气指数排名也较为靠前,且山东、安徽、福建三省的排名均有不同程度的上升。由此说明高层次省份可以影响周边较低层次省份,带动其上市中小企业的发展。

三、2018年七大地区上市中小企业景气指数排名分析

2018年,中国七大地区中小板、创业板及新三板上市中小企业景气指数的计算结果如表20-6和图20-5所示,中国七大地区2018年上市中小企业景气指数及其排名与2017年相比变动不大,但背后仍然存在三大特点,具体如下:

表20-6 2018年中国七大地区上市中小企业景气指数

地区	先行指数	一致指数	滞后指数	上市中小企业景气指数(SCNBCI)	排名	与2017年排名比较
华东	134.89	132.58	131.41	133.04	1	—
华南	101.87	97.98	94.72	98.49	2	—
华北	101.87	96.57	97.94	98.43	3	—
华中	90.82	81.09	78.87	83.56	4	—
西南	83.73	80.82	81.67	81.87	5	—
东北	81.36	73.24	74.92	76.01	6	↓1
西北	79.02	71.84	81.01	75.83	7	↑1

注:"与2017年排名比较"一栏,"—"表示与2017年排名持平,"↑""↓"分别表示与2017年排名相比升降的位数。

(一) 地区间中小企业发展差距明显

区域上市中小企业景气指数最高的华东地区(133.04)与最低的西北地区(75.83)相差近1倍,与2017年相比并未缩小太多差距,表明东部、西部地区中小企业发展依旧处于不平衡状态。其中,华东地区、华南地区、华北地区因各大板块

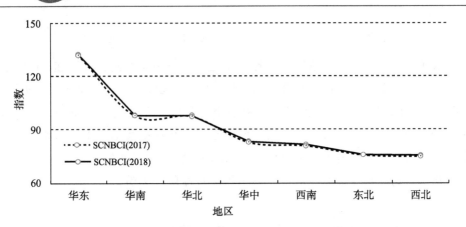

图 20-5 2018 年中国七大地区上市中小企业景气指数

上市的中小企业数量较多,活跃度较高,且发展质量较好,在区域上市中小企业景气指数排名中明显靠前。而对于东北、西北地区而言,中小企业发展本来就晚于东部地区,在企业数量上不占据优势,而且受到中小企业转型升级的资源限制,使得两个地区的上市中小企业景气指数排名处于末位。此外,东部地区中,广东省上市中小企业景气指数最高(147.22),中部地区中最高的是湖南省(95.50),西部地区中最高的是四川省(95.41)。可以明显地发现,上市中小企业景气指数高的地区所对应的省际上市中小企业景气指数也明显较高。

(二)东北和西北地区上市中小企业景气指数停滞不前

东北地区上市中小企业景气指数与 2017 年相比略有下滑,但与西北地区相比排名稍有上升。西北地区受 2016—2017 年近百家上市公司被实施退市风险警示(ST)影响,2018 年上市中小企业景气指数排名全国垫底。

(三)改善区域上市中小企业发展不平衡的过程任重而道远

2018 年,七大地区上市中小企业景气指数与 2017 年的指数水平相比基本持平,但区域中小企业发展不平衡问题依旧突出。结果显示,东部地区的上市中小企业景气指数持续在高位运行,而中西部地区不仅仅是近年来的上市中小企业景气指数基数较低,其指数在 2017 年大幅上升后又跌落低谷。由此可以明显地发现,区域上市中小企业发展不平衡问题仍需要通过政策支持、技术提升、融资渠道改善等各方面努力得到改善,此过程任重而道远。

第三节 2018年中国中小企业比较景气指数测评

一、2018年中国省际中小企业比较景气指数排名分析

中小企业比较景气指数是对中小企业家对当前微观层面企业经营状况的信心、宏观层面经济经营环境的判断和预期结果等进行量化加工整理得到的景气指数,是对基于统计年鉴的工业中小企业景气指数和基于上市企业数据的上市中小企业景气指数的必要补充。

为了获得2018年中小企业比较景气指数,本研究报告根据最新的大数据资料获得了31个省份的中小企业综合发展数据;同时,面向中小企业家、创业者及中小企业研究专家等实施了中国中小企业景气问卷调查,然后根据专家权重法,合成计算得到了2018年中国中小企业比较景气指数(见表20-7和图20-6)。

表20-7 2018年中国省际中小企业比较景气指数

省份	比较景气指数（CCI）	排名	与2017年排名比较	省份	比较景气指数（CCI）	排名	与2017年排名比较
浙江	106.66	1	—	河南	98.67	17	↓1
北京	104.11	2	↑3	贵州	98.29	18	↑2
广东	104.09	3	↑1	云南	98.02	19	↓1
福建	103.73	4	↑3	安徽	97.90	20	↑3
江苏	103.62	5	↓3	陕西	97.89	21	↓2
上海	103.29	6	↓3	山西	96.94	22	↓1
山东	102.72	7	↑1	内蒙古	96.63	23	↓1
天津	102.42	8	↓2	青海	96.31	24	↑1
重庆	101.04	9	—	宁夏	96.27	25	↓1
四川	100.57	10		西藏	96.17	26	—
湖北	99.54	11		甘肃	95.88	27	↑1
河北	99.40	12	↑3	新疆	95.78	28	↓1
江西	99.28	13	↑4	辽宁	95.64	29	—

（续表）

省份	比较景气指数（CCI）	排名	与2017年排名比较	省份	比较景气指数（CCI）	排名	与2017年排名比较
湖南	99.15	14	—	吉林	95.47	30	—
海南	99.09	15	↑3	黑龙江	94.84	31	—
广西	98.72	16	—				

注："与2017年排名比较"一栏，"—"表示与2017年排名持平，"↑""↓"分别表示与2017年排名相比升降的位数。

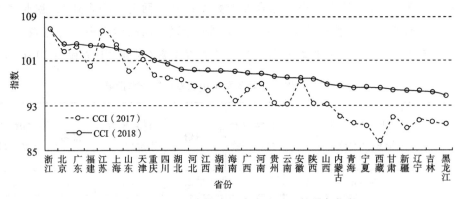

图20-6 2018年中国省际中小企业比较景气指数

测评结果反映出的动态趋势与特征具体如下：

（一）当前中国中小企业家的生产经营信心总体有所提升

2018年，中国省际中小企业比较景气指数较2017年总体有所提升，平均指数上升了3.41，且省际指数差异较小，表明当前中小企业家的生产经营信心总体有所提升，对宏观经济发展及企业经营环境的判断和预期基本面良好。

（二）比较景气指数梯度差距逐渐减小

2018年，中小企业比较景气指数大致可划分为三个梯队。第一梯队包括浙江、北京、广东、福建、江苏、上海、山东、天津、重庆、四川10个省市，其比较景气指数波动上升且均突破100，但上升幅度有限，表明第一梯队的中小企业家对宏观市场环境的精准判断及较高的生产经营信心；第二梯队包括湖北、河北、江西、湖南、海南、广西、河南、贵州、云南9个省份，第三梯队则为剩下的省份，第二、三梯队比较景气指数较第一梯队差距缩小，且比较景气指数上升幅度相对较大，平均上升幅度达4.89%，反映出第二、三梯队的中小企业家信心指数与日俱增，对未来的发展定位逐渐清晰，发展空间较大。

（三）指数上下波动状况反映了不同地区当前的客观现实

与2017年相比，北京、河北的排名均上升了三位，反映了雄安新区对京津冀经济圈的拉动作用，也表明了京津冀地区的协同发展初见成效；同时，广东、海南的排名稳定上升，说明粤港澳大湾区及海南自由贸易试验区促使中小企业发展迸发出勃勃生机，区与区之间的联动发展优势逐渐显现；河南、山西、宁夏、内蒙古等省区排名有所下降，反映了这些省区在中小企业创新创业发展方面还存在信心不足、面对复杂多变的经济发展环境不能及时调整企业发展模式等问题。

二、2018年中国七大地区中小企业比较景气指数排名分析

2018年中国七大地区中小企业比较景气指数排名见表20-8。

表20-8　2018年中国七大地区中小企业比较景气指数排名

地区	比较景气指数（CCI）	排名
华东	102.46	1
华南	100.63	2
华北	99.90	3
华中	99.12	4
西南	98.82	5
西北	96.43	6
东北	95.32	7

2018年中国七大地区中小企业比较景气指数具有以下特点：

（一）七大地区中小企业比较景气指数皆小幅上升

2018年，中国七大地区中小企业比较景气指数排名相较于2017年并无变化，但皆有所上升，尤其是西南与东北地区，这表明目前中国中小企业发展呈现出稳定发展态势，同时七大地区中小企业比较景气指数相差无几，显示出大多数中小企业对宏观经济发展及企业经营环境的判断和预期基本面良好。

（二）中西部地区中小企业信心相对较弱

基于不同的区域基础设施、环境条件及中小企业公共服务水平，中西部地区中小企业家对本地区发展预期和判断与东部地区相比存在较大差异。2018年，华中、西南、西北地区指数排名不变，但与华东、华南地区略有差距，反映出中西部地区中小企业信心相较于东部地区仍有不足。

（三）东北地区中小企业信心仍居后位

2018年，东北地区中小企业比较景气指数排名仍全国垫底。分析其原因，工业中小企业提质增效业绩尚未充分显现，上市中小企业数量相对较少，企业转型升级总体面临企业家信心低迷、企业内生动力不足等问题。

第四节 2018年中国中小企业综合景气指数测评

一、计算与评价方法

鉴于数据的扩充和方法的完善，课题组在评价2007—2009年中小企业景气指数时，采用工业中小企业景气指数作为中小企业景气指数。在此基础上，2010年以后加入了中小板及创业板上市中小企业景气指数和中小企业比较景气指数。2017年中小企业景气指数基于工业中小企业景气指数、上市中小企业景气指数和中小企业比较景气指数三部分指数，根据专家咨询法确定权重，最终按合成指数的计算方法进行综合测评。2018年中小企业景气指数沿用2017年的测评方法。

二、2018年中国省际中小企业综合景气指数排名分析

2018年中国中小企业综合景气指数的计算结果及排名情况见表20-9、图20-7。分析最新综合景气指数波动的趋势，主要有以下三大特征。

表20-9　2018年中国省际中小企业综合景气指数排名

省份	综合景气指数（CCSMECI）	排名	与2017年排名比较	省份	综合景气指数（CCSMECI）	排名	与2017年排名比较
广东	141.59	1	↑1	江西	48.85	17	—
浙江	133.31	2	↑1	重庆	47.95	18	—
江苏	132.68	3	↓2	新疆	44.21	19	—

（续表）

省份	综合景气指数 (CCSMECI)	排名	与2017年排名比较	省份	综合景气指数 (CCSMECI)	排名	与2017年排名比较
山东	110.15	4	—	贵州	44.14	20	↑2
河南	79.10	5	—	云南	43.86	21	—
福建	67.62	6	↑2	山西	43.23	22	↓2
河北	67.41	7	↓1	甘肃	41.05	23	—
安徽	66.88	8	↑1	宁夏	36.90	24	—
上海	65.57	9	↑2	青海	35.58	25	↑1
四川	64.91	10	↑2	海南	34.99	26	↓1
湖北	64.74	11	↓1	吉林	22.15	27	—
湖南	62.13	12	↑1	广西	21.24	28	—
辽宁	61.18	13	↓6	内蒙古	19.13	29	↑1
北京	61.03	14	—	黑龙江	19.05	30	↓1
天津	51.18	15	—	西藏	10.28	31	—
陕西	49.51	16					

注："与2017年排名比较"一栏，"—"表示与2017年排名持平，"↑""↓"分别表示与2017年排名相比升降的位数。

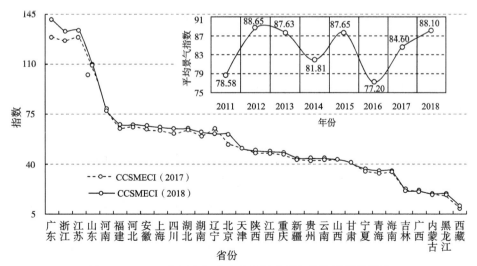

图20-7 2018中国省际中小企业综合景气指数及平均指数

（一）综合景气指数继续回升，中小企业发展信心恢复

近年来，广大中小企业受到国际金融危机和国内经济下行压力影响，普遍面临劳动力成本上升、原材料价格上涨、融资成本上升、盈利水平下降等问题，生存与发展的压力不断加大。为了改善中小企业生存发展与市场经营环境，深入解决中小企业发展过程中的融资难、资金不足、转型升级难、负担重等问题，国家积极回应中小企业的诉求和呼声，于2018年1月1日正式实施新修订的《中华人民共和国中小企业促进法》，时隔14年，中小企业再次收获来自立法层面的"礼包"。新促进法立足当前中国中小企业实际情况，为中小企业提供更多的财税支持、融资促进、创业扶持、市场开拓、权益保护，进一步改善了中小企业市场经营环境，促进了中小企业健康发展。在这些利好因素的推动下，2018年，基于工业总产值加权计算的全国中小企业平均景气指数从2017年的84.60上升到88.10，平均景气指数重回升势，显示出2018年中国中小企业发展的基本面良好。

（二）广东省重登综合景气指数榜首，景气指数排名上下波动较小

2018年，广东省、浙江省、江苏省中小企业综合景气指数排全国前三名，其中广东省作为珠三角经济带的中心，以其高端科技制造、创新高地建设、周边发展联动等综合优势重夺综合景气指数冠军，且与江、浙两省较2017年差距拉大。浙江省则是以微弱的指数差击败2017年的冠军江苏省夺得综合景气指数亚军。广东、浙江、江苏三省持续霸守综合景气指数全国前三的位置，反映出近年来珠三角、长三角经济带发展日趋成熟稳定，作为全国经济发展的重要增长极与"发动机"，珠三角与长三角地区主要省市在振兴中小实体经济、协调区域中小企业经济发展、完善各类资本市场促进上市中小企业发展、提振中小企业生产经营信心等方面有所增益。总体来看，山东、河南、陕西、江西、重庆等省份的中小企业综合景气指数排名维持不变，其他省份的中小企业综合景气指数排名均有不同程度的浮动。其中，福建省位于珠三角、长三角经济带交界处，受到两方经济带的拉动，中小企业综合景气指数同比上升2位排名全国第六；上海、四川、安徽、湖南2018年中小企业生产经营状况有所改善，中小企业综合景气指数排名皆有所上升；辽宁省受人才流失严峻、研发投入不足、投资金融环境不完善等问题影响，省际排名下降6位，为中国所有省份下降之最。河北、北京、天津中小实体经济薄弱制约着京津冀经济圈的繁荣稳定发展，北京、天津中小企业综合景气指数排名并无变化，仍未能跻身全国前十，河北同比下降1位排名全国第7。

（三）综合景气指数地区分布分层递减，省际差距不容乐观

2018年，中国中小企业综合景气指数的地区分布仍为由东南沿海发达地区向中西部欠发达地区分层递减。第一层次集中于东南沿海地区及部分中部地区，包括广东、浙江、江苏、山东、河南、福建、河北、安徽、上海9省市，综合景气指数在65—150；第二层次集中于中部地区及北部沿海地区，包括四川、湖北、湖南、辽宁、北京、天津6省市，综合景气指数在50—65；第三层次分散于中南部地区及西北部地区，包括陕西、江西、重庆、新疆、贵州、云南、山西、甘肃8省区，综合景气指数在40—50；第四层次主要集中于中国两大长对角区，东北及西南地区，包括宁夏、青海、海南、吉林、广西、内蒙古、黑龙江、西藏8省区，综合景气指数在40以下。2018年，东部地区中广东省中小企业综合景气指数最高（141.59），中部、西部地区与2017年相比维持不变，仍为河南省（79.10）、四川省（64.91）最高。四个直辖市中，中小企业综合景气指数较2017年均有所上升，其中北京市（61.03）增幅最大，同比增长13.80%，但仍不敌上海市（65.57）。五个自治区中小企业综合景气指数略微上升，但排名仍比较靠后，西藏（10.28）更是连续几年处于中小企业综合景气指数末位。全国省际中小企业综合景气指数最高的广东省与最低的黑龙江省（19.05）相差近7倍，区域发展不平衡问题不容小觑。

三、2018年中国七大地区中小企业综合景气指数排名

测评结果显示，2018年，中国七大地区中小企业综合景气指数排名与2017年一致（见表20-10、图20-8），具体可划分为四大阵营来分析其特征。

表20-10　2018年中国七大地区中小企业综合景气指数排名

地区	指数	排名	与2017年排名比较
华东	134.44	1	—
华南	60.90	2	—
华北	56.09	3	—
华中	55.17	4	—
西南	45.83	5	—
东北	40.13	6	—
西北	36.82	7	—

注："与2017年排名比较"一栏，"—"表示与2017年排名持平。

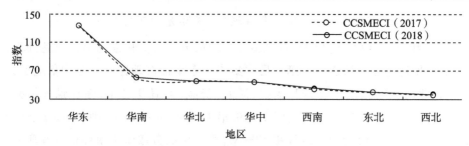

图 20-8　2018 年中国七大地区中小企业综合景气指数

（一）华东地区独占鳌头，综合景气指数稳步上升

华东地区为第一阵营，以其优越的地理位置、繁荣的长三角经济带、强劲的辐射带动能力稳居中国中小企业综合景气龙头，其综合景气指数节节攀升，较 2017 年上升 0.5%，且为第二阵营的华南地区的 2 倍以上。华东地区的中小企业数量与种类之多、辐射的中小企业范围之广、创新能力之强、比较景气指数之高，使其综合景气指数长期处于榜首，独树一帜。

（二）第二阵营努力追赶，区域发展百花齐放

2018 年第二阵营仍为华南地区、华北地区、华中地区，综合景气指数虽较为接近，但与华东地区差距明显。为缩小区域发展差距，"一带一路"牵动第二阵营三大地区中小企业"走出去"，雄安新区拉动华北地区的京津冀经济圈共同发展，海南自由贸易试验区驱动泛珠三角经济带多功能发展。三大地区机会与挑战并存，其迎难而上，构建区域发展新动能。

（三）第三、四阵营指数偏低，发展潜力巨大

第三阵营为西南地区，第四阵营为东北地区和西北地区。这三大地区地域辽阔，但经济发展较东部、中部地区仍有一定差距，其综合景气指数总体偏低，且三大地区之间综合景气指数差距明显。为促进中国西部地区开发，振兴东北地区综合产业，东部地区部分产业逐渐向西部地区转移，"一带一路"又为东北三省、西部地区提供了良好的经营环境，形成了更为开放的对外贸易格局。总的来说，西南、西北、东北地区中小企业发展未来可期。

第二十一章 中国中小企业景气指数变动趋势分析

本章根据2018年中国31个省、自治区、直辖市和七大地区中小企业综合景气指数排名的先后顺序,具体分析中国中小企业综合景气指数的发展趋势,考察近5年中国各省、直辖市、自治区和各地区中小企业发展动态,总结中国中小企业景气指数波动的规律和特征。

第一节 中国省际中小企业景气指数变动趋势分析

一、广东省

2018年,广东省中小企业综合景气指数排名超越江苏省,继2017年下滑至第2位后再度位居全国第1。从分类指数来看,2018年,广东省上市中小企业景气指数以绝对优势位居全国榜首,工业中小企业景气指数保持2017年排名,仅次于江苏省位居全国第2,反映企业家信心的中小企业比较景气指数排名全国第3。广东省中小企业综合景气指数走势见图21-1。

图21-1 广东省中小企业综合景气指数走势

近年来,广东省大力推进供给侧结构性改革,促进实体经济提质增效、健康发展,大力推动产业转型升级,持续抓好"三去一降一补",制定出台支持实体经济发展的十项措施,为企业新减负超过600亿元。在项目库、投资、审批制度供给方面重点发力,启动基础设施供给侧结构性改革。同时,广东省出台广深科技创新走廊规划,着力打造全国创新发展重要一极;深入实施高新技术企业培育等八项举措,扎实推进重大创新平台建设,推动中小企业创新发展。2017年《深化粤港澳合作推进大湾区建设框架协议》正式签署,大湾区建设上升为国家战略,为广东省的发展提供了重要的发展机遇。这些措施与机会有力拉动了广东省中小企业综合景气指数的回升,2018年其中小企业综合景气指数排名重返全国第1。

二、浙江省

2018年,浙江省中小企业综合景气指数排名比2017年上升1位,仅次于广东省位列全国第2。从分类指数来看,反映企业家信心的中小企业比较景气指数排名全国第1,上市中小企业景气指数和工业中小企业景气指数均维持前几年排名,分别位于全国第2和第3。浙江省中小企业综合景气指数走势见图21-2。

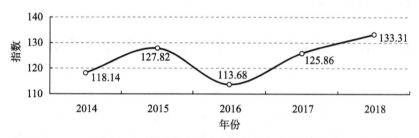

图21-2 浙江省中小企业综合景气指数走势

近年来,浙江省实施"个转企、小升规、规改股、股上市"政策,为小微企业发展提供相关政策支持,从税费政策、财政资金、强化融资、公共服务等方面为小微企业转型升级提供相关配套支持,助力小微企业转型升级。同时,浙江省深入实施创新驱动发展战略,走"专精特新"发展道路,坚持供给侧结构性改革主线,创新实施"最多跑一次"改革,减轻中小企业负担,推动中小企业创新发展。《中国制造2025浙江行动纲要》的制定与实施,"数字化+""互联网+""智能化+""标准化+"的推进,使得浙江省数字经济快速发展。此外,环杭州湾大湾区建设为浙江省经济社会发展带来了新机遇,浙江省中小企业综合景气指数有所上升。

三、江苏省

2018年,江苏省中小企业综合景气指数排名位居全国第3。从分类指数来看,2018年江苏省工业中小企业景气指数位居全国榜首,拥有绝对优势;上市中小企业景气指数依然维持2017年的排名,位居全国第4;反映企业家信心的中小企业比较景气指数位居全国第5,较2017年有所下滑。江苏省中小企业综合景气指数走势见图21-3。

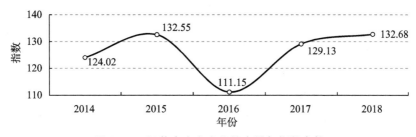

图21-3 江苏省中小企业综合景气指数走势

近年来,江苏省大力调整产业结构,发展高新技术产业及战略性新兴产业,深入实施创新驱动发展战略,制定实施科技创新"40条"等政策,加快推进产业科技创新中心和先进制造业基地建设,推动产业结构优化升级及产业创新的发展。同时,全面取消非行政许可审批事项,"放管服"改革取得重大成效;"营改增"试点全面推开,科技体制改革、生态文明制度改革、国税地税征管体制改革等试点顺利开展,营商环境进一步优化。但是,江苏省经济社会发展中还存在不少困难和问题,如苏南和苏北区域发展不平衡、不充分的问题仍较突出,自主创新能力和经济发展质量需进一步提高,转型升级任务艰巨,实体经济面临不少困难。特别是近年来,江苏省花大力气推进"三去一降一补"和环境整治工作,集中关停了一批高耗能、高污染企业,加之部分外资企业撤资离苏,这些都使江苏省区域经济发展受到了一定的冲击,使得江苏省中小企业综合景气指数升幅较小,在全国排名被广东省和浙江省反超,滑落至全国第3。

四、山东省

2018年,山东省中小企业综合景气指数排名全国第4,与2017年相同。从分类指数来看,工业中小企业景气指数和中小企业综合景气指数都维持在全国第4位;上市中小企业景气指数和中小企业比较景气指数稍许拉低了整体排名,二者排名较2017年均上升1位,景气保持稳中向好趋势。山东省中小企业综合景气指数走势见图21-4。

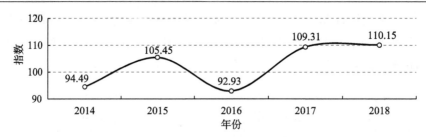

图 21-4 山东省中小企业综合景气指数走势

近年来,山东省注重中小企业发展,联合山东省中小企业协会、山东省管理咨询协会、山东省担保行业协会等综合协会开展一企一策、金融财税等特色服务,推动建设新旧动能转换综合试验区,推动中小企业新旧动能转换,借力"一带一路"倡议,推动全省中小企业"走出去",并且打造"隐形冠军"、建设创新创业基地等政策都得到落实。总体来看,得益于各项政策的落实推进,近年来山东省中小企业综合景气指数持续上升,并保持良好态势。

五、河南省

2018年,河南省中小企业综合景气指数有所上升,排名与2017年相同,仍为全国第5。从分类指数来看,工业中小企业景气指数仍与2017年相同,保持在全国第5位的水平,上市中小企业景气指数和反映企业家信心的中小企业比较景气指数都有一定程度的下降,这拉低了全省中小企业综合景气指数的增速。河南省中小企业综合景气指数走势见图21-5。

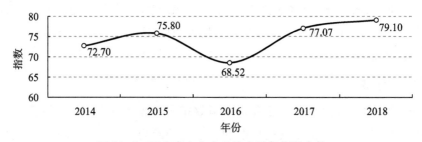

图 21-5 河南省中小企业综合景气指数走势

总体来看,近三年河南省中小企业综合景气指数呈现触底反弹的发展趋势,在2017年大幅上升后,2018年全省中小企业综合景气指数仍有一定程度的上升。河南省作为中部经济大省,一直在促进中小企业发展,近几年一直致力于建成省级中小企业枢纽平台,"小升规""专精特新"等相关政策也得到进一步落实,郑洛新国家自主创新示范区、众创空间、孵化器等创新平台也为省内中小企业带来了更好的发展机会。但是省内劳动力成本、融资成本和非制度交易成本仍居高不下,工业运行压力加大,外贸低速增长成常态等问题影响了中小企业家的信心与上市中小企业的发展,全省中小企业综合景气指数增速有所放缓。

六、福建省

2018年,福建省中小企业综合景气指数排名较2017年上升2位,排名全国第6。从分类指数来看,上市中小企业景气指数排名上升4位,居全国第12位,中小企业比较景气指数排名上升3位,居全国第4位,有力地拉动了其中小企业综合景气指数的上升;工业中小企业景气指数排名则保持不变,居全国第7位。福建省中小企业综合景气指数走势见图21-6。

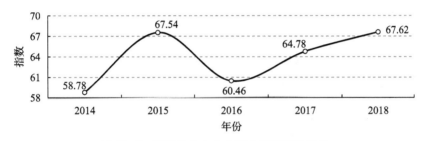

图21-6 福建省中小企业综合景气指数走势

近年来,福建省"三去一降一补"重点任务和创新"五个一批"项目扎实推进,投资结构优化,一批重大产业项目相继建成;同时,福建省主动融入"一带一路"建设,加快建设"海丝"核心区,与沿线国家和地区进行经贸合作,加强对外投资。此外,福建省供给侧结构性改革深入实施,减少办事流程,取消非行政许可审批,为中小企业的发展提供了良好的环境,从而推动了全省中小企业综合景气指数的上升。

七、河北省

2018年,河北省中小企业综合景气指数排名全国第7,比2017年下降1位。从分类指数来看,中小企业比较景气指数排名上升3位,上市中小企业景气指数排名上升1位,工业中小企业景气指数保持2017年排名。尽管分类指数排名有所上升,但中小企业综合景气指数排名仍略有下滑。河北省中小企业综合景气指数走势见图21-7。

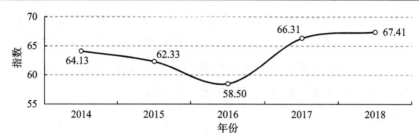

图 21-7　河北省中小企业综合景气指数走势

近年来,河北省出台实施《加快推进科技创新的若干措施》等政策文件,加大产业核心技术攻关力度,强化高新技术企业培育,实施新一轮科技型中小企业成长计划,深入开展京津冀协同创新,打造产学研合作和创新平台,创新型河北建设扎实推进;同时,深化"放管服"改革,优化营商环境,取消行政许可、行政审批中介服务事项56项,行政审批局实现了市县全覆盖,全面实行"三十八证合一"。这些措施使得反映企业家信心的中小企业比较景气指数排名上升,其良好的营商环境也使得上市中小企业景气指数有所上升。

八、安徽省

2018年,安徽省中小企业综合景气指数排名较2017年上升1位,居全国第8位。从分类指数来看,工业中小企业景气指数和上市中小企业景气指数排名都与2017年相比上升1位,分别居全国第9位、第10位;反映企业家信心的中小企业比较景气指数跌至第20位,较2017年下滑了3位。安徽省中小企业综合景气指数走势见图21-8。

图 21-8　安徽省中小企业综合景气指数走势

总体来看,安徽省出台促进经济平稳健康发展"30条"和支持"三重一创"、科技创新、制造强省、技工大省建设等若干"10条"意见,实施"四送一服"双千工程,近年来中小企业综合景气指数平稳上升。

九、上海市

2018年,上海市中小企业综合景气指数排名较2017年上升2位,居全国第9位。从分类指数来看,工业中小企业景气指数与上市中小企业景气指数均与2017年相同,分别为第11位和第5位;中小企业比较景气指数排名全国第6,较2017年下降3位。总体来看,上海市中小企业综合景气指数继续上升,但上升幅度不大。上海市中小企业综合景气指数走势见图21-9。

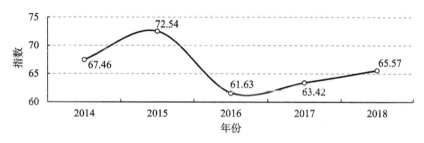

图21-9 上海市中小企业综合景气指数走势

近年来,上海市坚持制度创新、先行先试,率先建设自由贸易试验区,全面深化改革开放,实现重大突破;深入推进全面创新改革试验,创新创业普惠税制、股权激励机制等在全国复制推广;制定实施科技成果转化、金融服务创新、支持外资研发中心参与科创中心建设等一批重大政策,推动中小企业提高创新能力。同时,上海市积极落实"中国制造2025"和"互联网+"行动计划,制定实施巩固提升实体经济能级"50条",深入推进"四新"经济、智能制造、产业创新、工业强基、质量提升等系列工程,这些措施促进了上海市中小企业综合景气指数的持续上升。

十、四川省

2018年,四川省中小企业综合景气指数排名居全国第10位,较2017年上升2位。从分类指数来看,工业中小企业景气指数和上市中小企业景气指数排名均上升2位,分居全国第10位与第7位;中小企业比较景气指数居全国第10位,与2017年排名持平。近年来,四川省供给侧结构性改革深入推进,开放崛起"3+5"行动方案出台,从而推动其中小企业综合景气指数上升。四川省中小企业综合景气指数走势见图21-10。

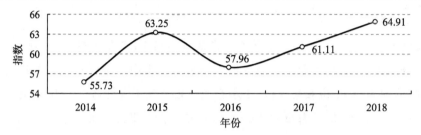

图 21-10　四川省中小企业综合景气指数走势

十一、湖北省

2018年,湖北省中小企业综合景气指数排名较2017年下降1位,居全国第11位。从分类指数来看,工业中小企业景气指数、上市中小企业景气指数和反映企业家信心的中小企业比较景气指数均与2017年排名持平。湖北省中小企业综合景气指数走势见图21-11。

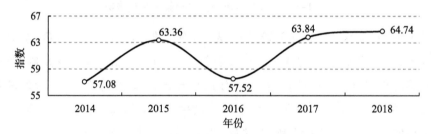

图 21-11　湖北省中小企业综合景气指数走势

近年来,湖北省"互联网+放管服"改革持续深化,投融资、财税等改革取得积极进展,推动其中小企业综合景气指数小幅上升。

十二、湖南省

2018年,湖南省中小企业综合景气指数排名较2017年上升1位,居全国第12位。从分类指数来看,上市中小企业景气指数排名上升2位,居全国第6位;工业中小企业景气指数和反映企业家信心的中小企业比较景气指数排名不变。2018年,湖南省中小企业综合景气指数有较大提升,创历史新高。湖南省中小企业综合景气指数走势见图21-12。

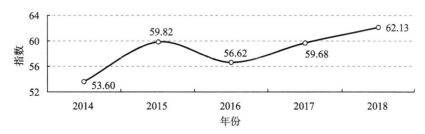

图 21-12　湖南省中小企业综合景气指数走势

十三、辽宁省

2018年,辽宁省中小企业综合景气指数排名明显下降,跌至全国第13位,较2017年下降6位。从分类指数来看,上市中小企业景气指数和中小企业比较景气指数排名均下降4位,分别居全国第11位和第29位;工业中小企业景气指数排名居全国第12位,下降3位。辽宁省中小企业综合景气指数走势见图21-13。

图 21-13　辽宁省中小企业综合景气指数走势

近年来,由于辽宁省产业结构主要以传统老工业为主,冶金产能过剩、房地产泡沫、装备制造业不景气、汽车制造增长乏力等使其经济持续低迷。"三期叠加"大环境加之体制性、结构性矛盾的集中爆发,产业结构问题的集中显现,以及"投资不过山海关"的营商环境共同造成了辽宁省中小企业综合景气指数的明显下降。

十四、北京市

2018年,北京市中小企业综合景气指数排名居全国第14位,与2017年相同。从分类指数来看,中小企业比较景气指数排名上升3位,居全国第2位;上市中小企业景气指数排名不变,仍居全国第3位;工业中小企业景气指数排名下降1位,居全国第17位。总体来看,由于京津冀协同发展顺利推进,对外贸易转型升级,外资利用提高,2018年北京市中小企业综合景气指数触底回升。北京市中小企业综合景气指数走势见图21-14。

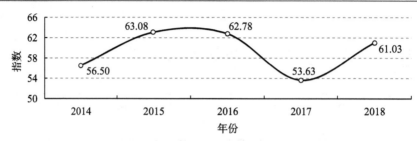

图 21-14　北京市中小企业综合景气指数走势

十五、天津市

2018年,天津市中小企业综合景气指数排名居全国第15位,与2017年相同。从分类指数来看,反映企业家信心的中小企业比较景气指数排名居全国第8位,较2017年下降2位;上市中小企业景气指数居全国第14位,下降1位;工业中小企业景气指数居全国第15位,与2017年相同。总的来看,随着京津冀协同发展和全方位开放的持续推进,天津市中小企业综合景气指数缓慢上升。天津市中小企业综合景气指数走势见图21-15。

图 21-15　天津市中小企业综合景气指数走势

十六、陕西省

2018年,陕西省中小企业综合景气指数排名与2017年持平,仍保持在全国第16位。从分类指数来看,全省工业中小企业景气指数全国排名第16位,比2017年上升2位;上市中小企业景气指数和中小企业比较景气指数排名则都比2017年下降2位。陕西省中小企业综合景气指数走势见图21-16。

陕西省是西部中小企业大省,一直注重改善中小企业的发展环境。中国(陕西)自由贸易试验区、"一带一路"五大中心等有关政策的推进落实使得近五年陕西省中小企业综合景气指数有了较大幅度的提升,且一直保持上升的势头。

图 21-16　陕西省中小企业综合景气指数走势

十七、江西省

2018年,江西省中小企业综合景气指数排名居全国第17位,与2017年相同。从分类指数来看,全省工业中小企业景气指数排名没有变动,上市中小企业景气指数排名下降2位,但中小企业比较景气指数排名比2017年上升4位,有较大幅度提升,这预示着江西省企业家信心有了大幅度提升。总的来看,近五年江西省中小企业综合景气指数呈现波动上升的态势,并且增速趋于平稳。江西省中小企业综合景气指数走势见图21-17。

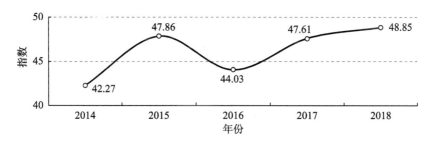

图 21-17　江西省中小企业综合景气指数走势

十八、重庆市

2018年,重庆市中小企业综合景气指数排名居全国第18位,与2017年相同。从分类指数来看,工业中小企业景气指数排名上升1位,而中小企业比较景气指数和上市中小企业景气指数排名皆没有变化。重庆市中小企业综合景气指数走势见图21-18。

近年来,重庆市积极建设自由贸易试验区,探索两江新区开放型经济新体制,建成一批特色小镇,为中小企业发展营造了良好的环境。总的来看,近年来重庆市中小企业综合景气指数呈现稳中向好的态势。

图 21-18 重庆市中小企业综合景气指数走势

十九、新疆维吾尔自治区

2018 年,新疆维吾尔自治区中小企业综合景气指数排名与 2017 年相同,仍为第 19 位。从分类指数来看,工业中小企业景气指数排名与 2017 年相同,上市中小企业景气指数排名下降 2 位,拉低了整体增速,但是反映企业家信心的中小企业比较景气指数排名比 2017 年上升 1 位。新疆维吾尔自治区中小企业综合景气指数走势见图 21-19。

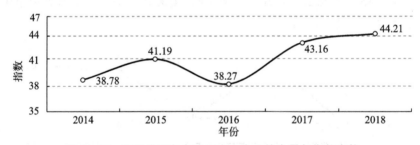

图 21-19 新疆维吾尔自治区中小企业综合景气指数走势

近年来,新疆维吾尔自治区全面推进"放管服"改革,实现"十二证合一",全面推开"双随机、一公开"监管改革;同时,凭借独特的地理位置与"一带一路"的支持,实现了丝绸之路经济带和 21 世纪海上丝绸之路大贯通,为新疆维吾尔自治区中小企业"走出去"创造了良好的条件。一系列措施的落地使得新疆维吾尔自治区中小企业综合景气指数继续保持全国五个自治区排名首位。

二十、贵州省

2018 年,贵州省中小企业综合景气指数排名居全国第 20 位,比 2017 年上升 2 位。从分类指数来看,工业中小企业景气指数排名上升 2 位,居全国第 23 位;中小企业比较景气指数排名上升 2 位,居全国第 18 位;上市中小企业景气指数排名没有变化。近年来,贵州省中小企业综合景气指数呈现平稳上升的态势。贵州省中小企业综合景气指数走势见图 21-20。

图 21-20　贵州省中小企业综合景气指数走势

二十一、云南省

2018 年,云南省中小企业综合景气指数排名居全国第 21 位,与 2017 年相同。从分类指数来看,工业中小企业景气指数排名没有变化,中小企业比较景气指数排名下降 1 位,上市中小企业景气指数排名上升 2 位。2016—2018 年云南省中小企业综合景气指数一直保持着稳定上升的态势。云南省中小企业综合景气指数走势见图 21-21。

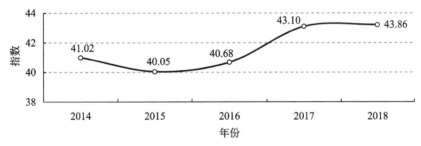

图 21-21　云南省中小企业综合景气指数走势

二十二、山西省

2018 年,山西省中小企业综合景气指数排名居全国第 22 位,比 2017 年下降 2 位。从分类指数来看,工业中小企业景气指数排名下降 2 位,上市中小企业景气指数排名没有变化,中小企业比较景气指数排名下降 1 位。总体来看,山西省中小企业综合景气指数在 2017 年有了大幅上升后,增速放缓,呈现缓慢上升的态势。山西省中小企业综合景气指数走势见图 21-22。

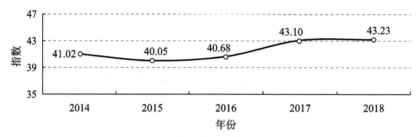

图 21-22　山西省中小企业综合景气指数走势

二十三、甘肃省

2018 年,甘肃省中小企业综合景气指数排名居全国第 23 位,与 2017 年相同。从分类指数来看,上市中小企业景气指数排名下降 4 位,中小企业比较景气指数排名上升 1 位,工业中小企业景气指数排名没有变化。总的来看,甘肃省中小企业综合景气指数在缓慢上升后增速趋缓。甘肃省中小企业综合景气指数走势见图 21-23。

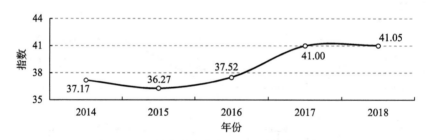

图 21-23　甘肃省中小企业综合景气指数走势

二十四、宁夏回族自治区

2018 年,宁夏回族自治区中小企业综合景气指数排名居全国第 24 位,与 2017 年相同。从分类指数来看,上市中小企业景气指数排名上升 2 位,中小企业比较景气指数排名下降 1 位,而工业中小企业景气指数排名没有变化。总的来看,宁夏回族自治区中小企业综合景气指数比 2017 年仍有小幅上升,保持着持续上升的良好态势。宁夏回族自治区中小企业综合景气指数走势见图 21-24。

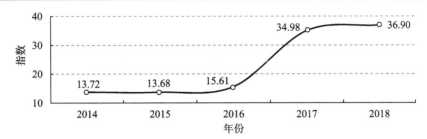

图 21-24　宁夏回族自治区中小企业综合景气指数走势

二十五、青海省

2018年,青海省中小企业综合景气指数排名居全国第25位,比2017年上升1位。从分类指数来看,上市中小企业景气指数排名上升3位,中小企业比较景气指数排名上升1位,工业中小企业景气指数排名依然没有变化。总的来看,近年来青海省中小企业综合景气指数自2016年以来有较大提升。青海省中小企业综合景气指数走势见图21-25。

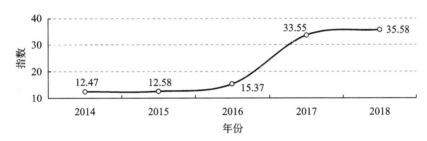

图 21-25　青海省中小企业综合景气指数走势

二十六、海南省

2018年,海南省中小企业综合景气指数排名居全国第26位,与2017年相比下降1位。从分类指数来看,工业中小企业景气指数排名没有变化,上市中小企业景气指数排名下降2位,反映企业家信心的中小企业比较景气指数排名上升3位。总体来看,海南省中小企业综合景气指数仍处于低位运行状态。海南省中小企业综合景气指数走势见图21-26。

2018年,海南省抢抓"一带一路"建设机遇,加强与沿线国家和地区的交流合作,全面推广国际贸易"单一窗口",扎实推进服务贸易创新发展试点,圆满举办博鳌亚洲论坛年会,全面落实小微企业税收优惠政策,这都为中小企业发展提供了利好环境,增强了企业家的信心,其中小企业综合景气稳中向好。

图 21-26　海南省中小企业综合景气指数走势

二十七、吉林省

2018 年,吉林省中小企业综合景气指数排名居全国第 27 位,与 2017 年相比没有变动。从分类指数来看,工业中小企业景气指数排名较 2017 年上升 1 位,中小企业比较景气指数排名不变。由于吉林省近两年上市中小企业数据缺失,因此不对上市中小企业景气指数进行比较评价。总的来看,吉林省中小企业综合景气指数近年来呈下滑走低态势。吉林省中小企业综合景气指数走势见图 21-27。

图 21-27　吉林省中小企业综合景气指数走势

二十八、广西壮族自治区

2018 年,广西壮族自治区中小企业综合景气指数排名居全国第 28 位,与 2017 年相比没有变化。从分类指数来看,工业中小企业景气指数排名比 2017 年下降 1 位,居全国第 21 位;反映企业家信心的中小企业比较景气指数排名没有变化。由于广西壮族自治区近两年上市中小企业数据缺失,因此不对上市中小企业景气指数进行比较评价。总的来看,2018 年广西壮族自治区中小企业综合景气指数略有回升。广西壮族自治区中小企业综合景气指数走势见图 21-28。

图 21-28　广西壮族自治区中小企业综合景气指数走势

二十九、内蒙古自治区

2018 年,内蒙古自治区中小企业综合景气指数排名居全国第 29 位,比 2017 年上升 1 位。从分类指数来看,工业中小企业景气指数排名比 2017 年下降 1 位,中小企业比较景气指数排名下降 1 位。因内蒙古自治区近几年上市中小企业数据缺失而不对上市中小企业景气指数进行比较评价。总的来看,近五年内蒙古自治区中小企业综合景气指数波动幅度较大,回升较慢。内蒙古自治区中小企业综合景气指数走势见图 21-29。

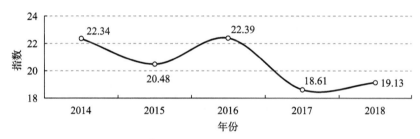

图 21-29　内蒙古自治区中小企业综合景气指数走势

三十、黑龙江省

2018 年,黑龙江省中小企业综合景气指数排名居全国第 30 位。从分类指数来看,反映企业家信心的中小企业比较景气指数排名与 2017 年持平,工业中小企业景气指数排名下降 1 位。由于黑龙江省近两年上市中小企业数据缺失,因此不对上市中小企业景气指数进行比较评价。总的来看,黑龙江省中小企业综合景气指数虽有小幅波动,但仍持续走低。黑龙江省中小企业综合景气指数走势见图 21-30。

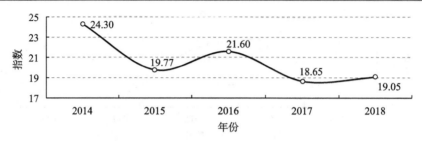

图 21-30　黑龙江省中小企业综合景气指数走势

三十一、西藏自治区

2018 年,西藏自治区中小企业综合景气指数排名全国垫底。从分类指数来看,中小企业比较景气指数排名与 2017 年持平,工业中小企业景气指数排名没有变化。由于西藏自治区近两年上市中小企业数据缺失,因此不对上市中小企业景气指数进行比较评价。总的来看,西藏自治区中小企业综合景气指数虽然略有上升,但仍未摆脱全国垫底的处境。西藏自治区中小企业综合景气指数走势见图 21-31。

图 21-31　西藏自治区中小企业综合景气指数走势

第二节　七大地区中小企业景气指数变动趋势分析

一、华东地区

华东地区包括上海市、江苏省、浙江省、山东省、福建省、江西省和安徽省。2018 年,华东地区中小企业综合景气指数变动较小,呈微弱上升趋势(见图 21-32)。从各省市来看,华东地区各省市中小企业综合景气指数均有所上升。近年来,华东地区中小企业综合景气指数稳居全国七大地区首位,显示了长三角经济带中小企业的发展活力。华东地区凭借其人口集聚优势,有着广阔的市场前景。教育、研发等领域的持续高投入为华东地区第三产业的发展提供了人力与技术支持,第三产业持续增长,为经济增长提供了新动能。数字经济、智能制造等创新产业率先在华东地区得到快速发展,推动了华东地区经济的持续增长。

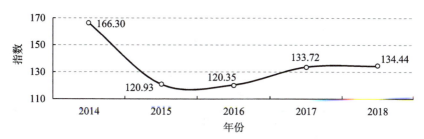

图 21-32　华东地区中小企业综合景气指数走势

二、华南地区

华南地区包括广东省、海南省和广西壮族自治区。2018 年,华南地区中小企业综合景气指数排名居全国第 2 位,与 2017 年相同,且各项分类指数在全国排名均没有变化。三个省、自治区中,广东省依然是华南地区中小企业发展的"领头羊"。2018 年世界宏观经济逐渐回暖,而随着粤港澳大湾区具体政策的部署,华南地区中小企业的发展机会越来越多。但全球贸易市场回暖仍需时日,经济下行压力依然存在,并且地区内各省、自治区中小企业发展并不均衡,故与 2017 年相比,华南地区 2018 年中小企业综合景气指数只是略有回升,总体仍处于低位运行状态(见图 21-33)。

图 21-33　华南地区中小企业综合景气指数走势

三、华北地区

华北地区包括北京市、天津市、河北省和内蒙古自治区。2018 年,华北地区各省、自治区、直辖市中小企业综合景气指数均有所上升,北京市上升幅度较大,其余省、直辖市、自治区均小幅上升。总体来看,随着京津冀协同发展和全方位开放的持续推进,以及对外贸易的转型升级,华北地区2018年中小企业综合景气指数与2017年相比有微弱上升,但仍处于低位运行状态(见图21-34)。

图21-34　华北地区中小企业综合景气指数走势

四、华中地区

华中地区包括河南省、湖北省和湖南省。2018年,华中地区中小企业综合景气指数在近五年首次上升(见图21-35),各省的中小企业综合景气指数也明显上升。随着中部崛起规划的推进实施,华中地区基础设施逐渐完善,基础动能逐步增强,市场环境等显著改善。投融资、财税等领域的改革也使得华中地区的投资环境得到改善,为中小企业提供了良好的发展条件,华中地区的中小企业综合景气指数开始上升。但由于产业结构等矛盾还未解决,转型升级也还未完成,华中地区的中小企业综合景气指数仍处于低位运行状态。

图21-35　华中地区中小企业综合景气指数走势

五、西南地区

西南地区包括重庆市、四川省、贵州省、云南省和西藏自治区。2018年,西南地区中小企业综合景气指数在全国七大地区中排名第5,与2017年相同,且各项分类指数在全国排名也与2017年相同。近年来,西南地区积极开展产业转移、升级工作,中新互联互通项目、中国(四川)自由贸易试验区、中国(重庆)自由贸易试验区的建设为该地区中小企业"走出去"与升级带来了新机会,"互联网+四川制造""大数据+工业深度融合"等工作的进一步推进也有利于中小企业的整体发展。这些措施使得2018年西南地区中小企业综合景气指数有所上升,但是由于原有的经济基础和各项改革落地不够快,该地区中小企业综合景气指数上升速度有限,整体仍处于较低位运行状态(见图21-36)。

图21-36 西南地区中小企业综合景气指数走势

六、东北地区

东北地区包括辽宁、吉林和黑龙江三省。2018年,东北地区中小企业综合景气指数在全国七大地区中排名第6,与2017年持平。分类指数中中小企业比较景气指数排名下降1位。东北地区一直致力于传统工业转型与整体经济改革,2018年该地区整体宏观经济出现了一定程度的回暖,但受历史因素影响,地区改革速度较慢,工业下行压力依然较大,经济增速在全国依然处于较为落后的状态,这大大影响了该地区中小企业家的经营信心。东北地区中小企业综合景气指数走势见图21-37。

图21-37 东北地区中小企业综合景气指数走势

七、西北地区

西北地区包括陕西省、甘肃省、青海省、宁夏回族自治区和新疆维吾尔自治区。2018年,西北地区中小企业综合景气指数在全国七大地区中排名与2017年持平,居七大地区末位,但是分类指数中反映企业家信心的中小企业比较景气指数排名比2017年上升1位。西北地区是全国经济最不发达的地区之一,经济基础较为薄弱。但近年来国家对该地区的建设力度大大加强,新疆维吾尔自治区定位为"丝绸之路经济带核心区",陕西省成立自由贸易试验区,兰新高铁等交通干线贯通,这都为整个西北地区的中小企业带来了更多的发展机遇。2018年该地区中小企业综合景气指数稍有上升(见图21-38)。

图21-38　西北地区中小企业综合景气指数走势

第三节　中国中小企业景气状况综合分析

综合分析2018年中国中小企业景气指数的变动趋势,研究发现,2018年中国中小企业景气指数持续上升,支撑实体经济稳中向好;普惠金融缓解中小企业融资困局,包容共生环境初步形成;智能制造推动中小企业创新发展,"专精特新"企业成长显著;数字经济助推中小企业转型发展,创新创业动能不断增强;特色小镇推动农村中小企业发展,区域发展差距不断缩小。同时,研究表明,当前中国中小企业发展面临债务风险累积增大、产品竞争力薄弱、产业结构调整困难、高端人才匮乏、体制机制束缚企业发展等突出问题。正视发展过程中存在的问题并加以解决,才能推动中小企业稳健发展。

一、五大研究发现

(一) 2018年中小企业景气指数持续上升,支撑实体经济稳中向好

2017年以来,世界经济温和复苏,国内经济平稳增长,供给侧结构性改革成效

显著,中小企业投资经营环境进一步改善。特别是党的十九大明确提出进一步加强对民营企业的发展和中小企业创新的支持,促使企业家信心大幅提升。随着"三去一降一补"和"放管服"改革的深入实施,中小微企业的税费负担进一步减轻,制度交易成本明显降低,新技术、新产业、新业态、新模式大量涌现,创新创业活力持续增强。得益于环境、政策及企业信心等诸多利好因素的相互作用,2018年中国中小企业景气指数持续上升(见图21-39),并支撑实体经济稳中向好。

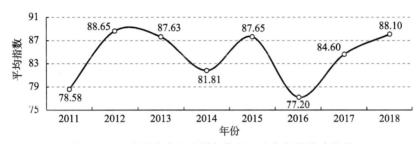

图21-39 中国中小企业景气指数平均指数的波动趋势

(二)普惠金融缓解中小企业融资困局,包容共生环境初步形成

普惠金融的精髓在于包容共生,使中小企业在获取金融服务方面享有机会均等、自主选择的权益。近年来,中小企业通过桥梁模式、平台模式、网络模式、金融仓储模式及科技金融模式等普惠金融创新实现互惠共生,有力缓解了中小企业融资困境。同时,新兴的区块链技术基于去中心化的共识机制为构建智能普惠金融生态环境提供了最新技术支持和信用保障。特别是互联网消费金融为普惠金融落地提供了便捷的技术支撑,使更多的中小企业能够通过网络享受到普惠金融带来的实际好处,中小企业获得感大大提升,创新创业动力明显增强。

(三)智能制造推动中小企业创新发展,"专精特新"企业成长显著

智能制造推动中小企业实现纵向集成发展,通过实现"智能化机器生产",逐步升级为"云制造",并且推进"互联网+制造"模式,全面提升企业的研发、生产、管理和服务水平。智能制造推动中小企业实现横向融通发展,在降本增效、拓展销售渠道的同时,实现生产和经营的无缝集成及上下游企业间的信息共享。越来越多的"云制造"平台向中小企业开放资源和服务入口,通过协同研发、协同制造、资源开放、需求对接、线下孵化等方式,使得中小企业能够与上下游企业实现各类资源的共享。目前,中国量大面广的中小企业已成为各类智能工厂和数字化车间的"排头兵"。借智能制造的东风,更多的中小企业致力于"专精特新"发展,从行

业内的"小巨人"逐步成为细分市场的"隐形冠军",部分企业成长为行业"独角兽"企业。

(四)数字经济助推中小企业转型发展,创新创业动能不断增强

2018年,中国数字经济规模达31.3万亿元,占GDP的比重达到34.8%。平台化、生态化是数字经济的显著特征。数字经济时代,互联网平台新主体快速涌现,传统制造业也开启平台化转型。平台建设推动中小企业从线性竞争到生态共赢转变,线上线下一体化成为数字经济时代产业发展的新方向。中小企业尤其在创意前端和商业化后端催生新型业态,在生产性服务业和消费性服务业领域成为提供公共产品、公共服务的新力量和经济发展的新源泉,并极大地丰富市场供给、缩短创新周期、激发市场竞争活力。当前,数字经济推动中小企业跨界协同实现数字化转型,已经成为中国中小企业创新创业的基础涵养源和强劲动力源。

(五)特色小镇推动农村中小企业发展,区域发展差距不断缩小

近年来,始于浙江省的特色小镇建设在全国范围内如火如荼地展开,通过实现"产、城、人、文"融合发展,成为新时代乡村振兴的主要抓手。农村中小微企业既是特色小镇建设的主力军,又是特色小镇建设的受益者。目前,全国的特色小镇形式多种多样。以浙江省为例,既有一大批发展区域传统产业的"一镇一品"式的专业小镇,又有互联网、基金、创意、梦想等现代创新型小镇。在特色小镇建设中,中小企业主动对接"互联网+",通过"触网入云"参与现代生产协作与流通服务等全过程,并逐渐实现转型升级。特别是以"淘宝村"为代表的农村电子商务发展迅猛,大批返乡农民工、大中专毕业生、专业技术人员、退役军人和个体工商户等参与现代农业产业园和特色农产品优势区建设,发展农村新业态、新模式,促进农村三次产业融合发展。通过"个转企、小升规、规改股、股上市",促进农村中小微企业提质增效,使中国区域经济发展差距不断缩小。

二、五大突出问题

(一)企业杠杆率水平上升债务风险累积增大

近年来,在大规模的经济刺激下,中国经济杠杆率水平显著上升。根据国际清算银行(BIS)的数据,中国全社会非金融部门杠杆率由2008年的141%上升至2016年的257%,累计上升116个百分点。由于中国资本市场仍不发达,社会融资结构中,间接融资和债务性融资占比较高,而股权融资占比较低。中小企业由于缺

乏抵押很难获得银行贷款,也难以通过资本市场获得资金,加之企业税费负担较重,无力自我补充资本金,大部分企业依靠负债发展。2016—2017年的中国经济复苏主要是受到多项托底政策的支撑,在此过程中企业信用随业务急速扩张而扩张,企业杠杆率水平快速提升,债务风险不断累积。进入2018年,随着前两年多项托底政策效果的消退,累积风险集中增大,企业债券违约和总债务危机频繁曝光。根据Wind资讯的资料,截至2018年5月末,全国约有20只信用债违约,违约企业包括盾安集团、中城建、神雾环保、富贵鸟、春和集团、中安消等10家公司,其中包含多家上市公司,特别是连续16年入选"中国500强企业"的盾安集团深陷450亿元债务危机,体量惊人。为此,中国亟须加快资本市场改革,提高直接融资比重,切实化解系统风险。

(二) 中高端产品国际市场竞争力仍旧薄弱

中国大多数中小企业一直处于产业链的中低端,产品定位一直也较为低端,在国际市场上多采取占有市场份额的低价战略。由于技术不足、研发资金短缺等,中小企业的中高端产品实质上附加值并不高,在产品类型与功能上也没有突出优势,国际竞争力仍旧薄弱。中小企业的利润空间受到多方面挤压,随着转型升级的深入推进,其经营压力不断增加。提升中小企业在中高端产品国际市场上的核心竞争力是今后的主要任务。

(三) 行业及区域产业结构调整仍任重道远

从目前中国中小企业的产业结构来看,大多数行业属于劳动密集型经济,依靠廉价的劳动力获取少量的产品附加值。随着经济发展模式由数量向质量的跃升以及技术创新的不断推进,市场竞争日益激烈,技术缺失会直接导致行业企业的衰退。当前,特别是随着环境保护上升到国家战略层面,国家对废气、废渣、废液的监督力度不断加大,一些不能以产品创新、质量功能提升占领市场的中小企业,在"环保风暴"中面临被行业淘汰的困境。同时,从目前区域产业结构调整的现状来看,东部沿海大中城市密集经济与中西部地区落后经济在发展模式、发展水平方面仍存在较大差距,区域之间发展不充分、不均衡的矛盾仍旧突出。

(四) 满足智能制造与数字经济的人才匮乏

智能制造与数字经济的发展需要大量的专业技术人才来推动,然而当前中国满足条件的高技能人才相对匮乏。据调研分析,目前中国高技能人才仅占劳动力市场总体的4%,普通技能人才占20%,更多的则是无技能劳动者,劳动力整体质量不高。智能制造和数字经济改变了许多传统行业的发展模式,跨界融合的业务呼唤大量新的复合型人才。如首席数字官,不仅需要具备数字技术专长,更需要洞悉行业、企业需求,制定技术解决方案的整体方向。作为未来智能制造与数字经济下的就业主力,相关人才都呈现出需求量大、流动性大的特点。为此,迫切需要建立校企联合培养高端专业技术人才的长效机制。

(五)束缚中小企业发展的机制体制诸问题

中小企业以其灵活多变的经营方式,在日益激烈的市场竞争中,不断拓展其生存空间。然而在过去很长一段时间,中小企业以粗放型的发展为主,管理机制不够健全,缺乏相应的规章制度、组织战略以及有效的激励机制,人才流失较为严重,不利于企业健康持续发展。此外,在市场资源分配与市场准入方面,民营中小企业仍受到中央和国有大企业的排挤。特别是中小企业无法进入垄断性行业,发展空间受限。不少地方政府政策落地难,企业获得感不足。为此,中国中小企业自身需强化管理机制,社会治理体制也需要进一步从各方面释放"大众创新,万众创业"的活力,促进中小企业健康持续发展,支撑新时代的实体经济向好向强。

第二十二章 2018年中国主要城市中小企业综合景气指数测评结果分析

编制中国主要城市中小企业综合景气指数是区域中小企业景气指数研究的重要课题。该研究对于分析把握中国主要城市中小企业发展的现状,探索中国区域中小企业发展的新规律和新课题,都具有重要意义。

第一节 评价对象与评价方法

评价中国主要城市中小企业综合景气指数的思路和方法与研究省际中小企业综合景气指数的思路和方法基本相同,即根据主要城市工业中小企业景气指数、上市中小企业景气指数和中小企业比较景气指数三个分类指数进行加权来计算分析。

其中,工业中小企业景气指数主要采用合成指数法进行计算,其评价对象为主要城市规模以上(主营业务收入达到2 000万元及以上)的工业中小企业。由于考察期间中国经济周期性并不是很明显,因此在运用合成指数进行计算时忽略了经济周期对工业中小企业景气指数的影响,着重对一致指数进行计算与分析,以此来表示主要城市工业中小企业景气指数。上市中小企业景气指数则采用主成分分析法、扩散指数法和合成指数法进行计算,其评价对象为截至2017年12月末在深圳证券交易所上市的中小板和创业板上市中小企业,以及在全国中小企业股份转让系统(NEEQ)挂牌交易的新三板上市中小企业。中小企业比较景气指数主要基于研究机构的中小企业景气监测调查数据进行综合测评。

第二节 样本选取与指标体系

一、样本选取

鉴于中国的直辖市为省级行政单位,在中小企业数量、规模及发展水平上与一般的省级市和地级市没有可比性,所以本研究报告的评价对象界定为直辖市以外的全国主要城市,主要包括中国四大直辖市以外的省会城市,如杭州、福州、成都等,以及部分省份中小企业数量多的主要工业城市,如江苏选取苏州代替省会城市南京,山东选取青岛代替省会城市济南,辽宁选取大连代替省会城市沈阳。由此最终确定了苏州、杭州、合肥、福州、青岛、郑州、武汉、长沙、广州、成都、贵阳、西安、乌鲁木齐、石家庄、大连、昆明16个主要城市。

二、指标体系说明

主要城市工业中小企业景气指数、上市中小企业景气指数的指标体系主要考虑一致指标的影响。前者采用工业总产值、企业单位数、总资产、主营业务收入、利润总额、税金总额来计算工业中小企业景气指数;后者选取总资产、主营业务收入、财务费用、利润总额、税金总额这五个指标作为计算依据。其中,先行指标和滞后指标仅作为参考。

主要城市中小企业比较景气指数指标主要选取中国中小企业研究院的景气调查问卷数据进行综合计算测评,用以反映企业家信心及企业所在城市的总体景气程度。

三、数据收集

主要城市工业中小企业景气指数和中小企业比较景气指数计算主要是基于各年度《中国城市统计年鉴》数据,其中由于统计年鉴中未报告成都、石家庄、昆明的相关企业调查数据,因此在计算主要城市中小企业综合景气指数时根据统计原则做了部分忽略处理。

对于主要城市上市中小企业景气指数,选取中小板和创业板中注册地址位于上述16个城市的236家企业;对于新列入的新三板上市中小企业景气指数,主要根据新三板成分指数及做市指数样本库,选取104家注册地址位于上述16个城市的企业。最后对三个板块的上市企业数据进行综合计算分析。

第三节 指数计算与测评结果

一、计算方法

主要城市工业中小企业景气指数采用合成指数法进行计算。为了使各主要城市工业中小企业景气指数波动控制在0—200,本研究报告以2007年各城市的平均值为基年数据,按前述指标体系,计算获得了16个主要城市工业中小企业景气指数。上市中小企业景气指数的计算,首先将企业数量进行无量纲化处理,其次将合成的景气指数和企业数量与其相对应的权重相乘,最后将获得的结果相加作为反映上市中小企业景气指数的值。中小企业比较景气指数运用专家咨询法,基于中国中小企业研究院的中小企业景气调查问卷数据确定。

主要城市中小企业综合景气指数主要基于上述三个分类指数进行计算。由于计算各分类指数的时间跨度不尽相同,本研究报告在测评计算时分为两个阶段进行数据处理:第一阶段为2006—2009年,采用工业中小企业景气指数作为中小企业综合景气指数;第二阶段为2010—2018年,中小企业综合景气指数综合了工业中小企业景气指数、上市中小企业景气指数和中小企业比较景气指数等三个指数。然后对两个阶段进行综合计算,最终得到中国主要城市中小企业综合景气指数。

二、计算结果

根据以上计算方法,2018年中国16个主要城市中小企业综合景气指数的排名状况如表22-1与图22-1所示。结果显示,2018年,中国16个主要城市中小企业平均综合景气指数达到179.85,较2017年有所上升。其中,苏州、杭州和广州3市仍旧占据中国主要城市中小企业综合景气指数排名前三甲。

表22-1 2018年中国主要城市中小企业综合景气指数

城市	工业中小企业景气指数	上市中小企业景气指数	中小企业比较景气指数	中小企业综合景气指数
苏州	168.11	120.48	103.62	142.61
杭州	124.09	131.00	106.66	125.11
广州	97.98	108.30	104.09	102.72
青岛	81.69	61.26	102.72	75.62
成都	52.60	81.60	100.57	69.00
郑州	46.95	69.93	98.67	61.32
长沙	36.01	79.87	99.15	59.87
武汉	40.28	67.26	99.54	56.99
福州	37.94	65.66	103.73	55.60
合肥	28.25	61.19	97.90	48.39
大连	33.19	54.24	95.64	47.85

（续表）

城市	工业中小企业景气指数	上市中小企业景气指数	中小企业比较景气指数	中小企业综合景气指数
石家庄	29.15	49.14	99.40	44.17
乌鲁木齐	3.83	67.30	95.78	38.42
昆明	15.72	49.69	98.02	37.54
西安	15.63	49.75	97.89	37.50
贵阳	9.24	55.82	98.29	36.78

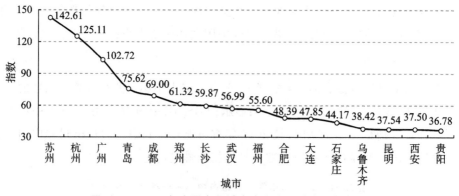

图 22-1　2018 年中国主要城市中小企业综合景气指数

三、指数评价

依据上述结果，中国主要城市中小企业综合景气指数波动主要有以下三个特点：

1. 中小企业综合景气指数城际差异明显，但呈现差距缩小态势

如图 22-1 所示，16 个主要城市可划分为三个梯队。苏州、杭州、广州的中小企业综合景气指数均在 100 以上，平均指数达到 123.48，稳居前三，保持稳健的上升趋势，形成第一梯队；青岛、成都、郑州、长沙、武汉、福州、合肥、大连、石家庄 9 市的中小企业综合景气指数在 40—100，平均指数为 57.65，较 2017 年有所上升，形成第二梯队；而乌鲁木齐、昆明、西安、贵阳的中小企业综合景气指数持续在低位运行，平均指数为 37.56，较 2017 年有所上升，形成第三梯队。其中，主要城市之间中小企业综合景气指数差异明显，最高的苏州（142.61）与最低的贵阳（36.78）相差约 3.88 倍，但差距较 2017 年（3.98 倍）有所缩小。

2. 中小企业综合景气指数东西部城市差异明显,但中西部城市中小企业综合景气指数呈现亮点

测评结果表明,排名前五位的城市中,东部城市占4个,前三甲也全部为东部城市;而排名后五位的城市中有4个为中西部城市。东部主要城市的中小企业综合景气指数普遍高于中西部城市,表明东部城市投融资环境及生产经营能力均具有明显的区域优势。另外,成都、郑州、长沙、武汉的中小企业综合景气指数排名稳居前十,且末位的四大中西部城市中小企业综合景气指数呈现明显的上升趋势。贵阳大数据产业发展势头良好,表明在"一带一路"倡议下,中西部主要城市产业有序转移取得了较为明显的成效,后续上升空间巨大。

3. 主要城市指数排名与省际指数排名分布存在显著差异

与2018年省际指数排名进行比较,可以明显地发现,除杭州市、青岛市与浙江省、山东省在各自排行榜中位次相同,分别为第2位与第4位外,其他主要城市与对应省际指数排名均出现显著错位现象。第一梯队中,广东省超过江苏省位居首位,江苏省则从先前的第1位降至第3位。第二梯队中,石家庄市及其对应的河北省排名差异最大,在各自排行中分别为第12位与第7位;其次为成都市、长沙市与四川省、湖南省的排名差异较大,主要城市指数排行榜中分别为第5位与第7位,而省际指数排行榜中分别为第9位与第11位;再次是福州市与福建省排名差异较大,省际指数排名较为靠前,落差3位;其他城市与对应省际指数排名错位现象也较为严重。第三梯队中,省际指数排名为陕西省、新疆维吾尔自治区、贵州省、云南省,而主要城市指数排名为乌鲁木齐市、昆明市、西安市、贵阳市,两个排名差异显著。

第四节 主要城市中小企业景气指数走势分析

以下通过2014—2018年的时序分析,把握中国16个主要城市中小企业综合景气指数的发展趋势。结果显示,主要城市工业中小企业景气指数的高低对综合景气指数起着决定性作用,但上市中小企业景气指数和中小企业比较景气指数对综合景气指数的修正作用较为显著。

一、苏州市

2018年,苏州市中小企业综合景气指数仍居16个主要城市的首位。2014—

2018年,苏州市中小企业综合景气指数在137—146的高位运行波动,2018年较2017年有所下降,但仍旧领跑全国主要城市(见图22-2)。作为"中国制造2025"国家级示范区创建现场会的召开地,苏州市始终坚持高端化、智能化、绿色化、服务化、品牌化的发展方向,着力建设具有国际竞争力的先进制造业基地。2017年,苏州市"放管服"改革不断深化,企业"多证合一、一照一码"、个体工商户"两证合一"和不动产交易登记"一窗受理、集成服务"等改革措施全面推行,有效降低了中小企业在行政审批等环节的时间成本与费用成本。此外,苏州市加快了"一基地一高地"建设,强化淘汰落后低效产能工作力度。2018年,苏州市开展了"千企技改升级""千企小升规"和质量品牌提升行动,并全面推动"破""立""降"工作,大力破除无效供给,继续关停淘汰落后低效企业,完成省下达的各项去产能任务,多措并举降低实体经济成本及制度性交易成本。由此2017—2018年,苏州市中小企业综合景气指数持续保持高位运行态势。但在落后低效企业淘汰的同时,剩余中小企业仍旧面临原材料成本居高不下,企业用地难、用地贵等发展问题,金融风险抵御能力也无法有效同步提升;再加上传统产业转型升级平台仍处于加固稳定阶段,使得2018年苏州市中小企业综合景气指数有所下滑。

图22-2 苏州市中小企业综合景气指数走势

二、杭州市

2018年,杭州市中小企业综合景气指数维持2017年排名,居16个主要城市第2位。2016年G20峰会之后,杭州市中小企业综合景气指数开始回升,上升态势稳定(见图22-3)。2017—2018年,杭州市深入贯彻实施创新驱动发展战略,推动城西科创大走廊、阿里巴巴达摩院、之江实验室等创新平台建设,并推出《杭州市全面改造提升传统制造业实施方案(2017—2020年)》,强调联动推进"互联网+""机器人+""标准化+""大数据+"在传统制造业领域的融合应用,加速了中小企业的转型升级。此外，杭州市创新实施"最多跑一次"改革，采取"1+N+X"多证合一、证照联办和"商事登记一网通"等措施，有效降低了中小企业在审批环节的时间成本和费用成本，提高了整体业务的开展效率；组织实施"凤凰行动"计划，大力推进企业上市和并购重组，实现了中小企业股权融资、管理经营、市场推广等方面同步先行发展，打破了中小企业"低小散"困局，缓解了中小企业当下融资难的现状。再加上"一带一路"倡议的推进以及首批社会信用体系建设示范城市的打造，杭州市形成了健康良好的中小企业发展氛围。杭州市2017—2018年综合景气指数由此呈现稳中向上的发展态势。

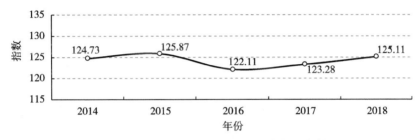

图22-3 杭州市中小企业综合景气指数走势

三、广州市

2018年，广州市中小企业综合景气指数仍居全国16个主要城市第3位。总体来看，继2016—2017年的持续下滑，2018年广州市中小企业综合景气指数触底回升（见图22-4）。2018年，广州市工业中小企业景气指数以及上市中小企业景气指数均有不同程度的回升，从而提高了广州市的中小企业综合景气指数。近一年，广州市大力实施"攻城拔寨"行动，全力推进345个重点项目建设，加快了实体经济的发展与海外市场的拓展，有效促进了中小企业实体业务市场的稳固开拓。此外，广州市全面推出"三去一降一补"活动，积极化解落后产能，全面取缔"地条钢"，完成466家国有"僵尸企业"出清重组，进一步提升了中小企业整体发展质量。而在粤港澳大湾区经济大力发展的氛围下，广州市相继出台了发展先进制造业、现代服务业、战略性新兴产业等19份政策文件，坚持数量扩张与质量提升并举，重点培育发展科技创新主体，有效助力中小企业创新升级。以上措施均使得广州市2018年中小企业综合景气指数触底回升。

图 22-4　广州市中小企业综合景气指数走势

四、青岛市

2018年,青岛市中小企业综合景气指数排名与2017年相同,居全国16个主要城市第4位。2014—2016年青岛市中小企业综合景气指数比较平稳,2017年大幅下降,2018年略微上升(见图22-5)。2017年以来,青岛市大力实施"双百千"行动和"一业一策"计划,整合各类科技资源,支持本地企业的发展壮大;重点推进新旧动能转换,实现1 000个重大项目的突破性进展。伴随着西海岸新区、高新区、蓝谷等重点功能区的快速崛起,青岛市成为新一批"中国制造2025"试点示范城市。此外,青岛市坚持创新驱动、人才支撑,实现全球首个由中国企业主导制定的智能制造国际标准——由海尔牵头制定的大规模定制标准,海信智能交通、光模块技术也走在国内外同行前列,诸多成果共同促使青岛市国家"双创"示范基地获批。青岛市整体千帆竞发、蓬勃向上的集群发展态势,使得其中小企业综合景气指数有所回升。

图 22-5　青岛市中小企业综合景气指数走势

五、成都市

2018年,成都市中小企业综合景气指数排名与2017年相同,居全国16个主要城市第5位。2014—2018年,成都市中小企业综合景气指数整体呈现W形走势

(见图22-6)。其中,2014—2017年成都市中小企业综合景气指数持续下滑,但2018年触底回升,到达69.00。2017年以来,成都市启动电子信息、生物医药等13个市级重点产业生态圈建设,加快以66个产业园区为基础的产业功能区建设,助力中小企业产业升级;以供给侧结构性改革为核心任务,扎实开展"三去一降一补"工作,出台产业新政50条,积极落实电、天然气优惠政策,取消停征减免46项行政事业性收费和政府性基金;深入推进中心城区"11+2"改革,实施中小企业成长工程,并鼓励科技成果产业化,进一步焕发成都市中小企业创新活力。此外,通过全面启动155项改革试验任务,成都市还实现新增注册企业1.92万家,注册资本2 948.74亿元,大力推动中小微企业发展。通过社会服务体系的完善和创新创业政策的支持,成都市中小企业综合景气指数有所回升。

图22-6 成都市中小企业综合景气指数走势

六、郑州市

2018年,郑州市中小企业综合景气指数排名与2017年一致,居全国16个主要城市第6位。2014—2018年,郑州市中小企业综合景气指数呈现动态稳定态势(见图22-7)。其中,2014—2016年稳步上升,2017年有所下滑,2018年又继续回升。2017年以来,郑州市积极贯彻新修订的《中华人民共和国中小企业促进法》,大力推进中小企业公共服务平台网络建设,帮助中小企业开拓市场,切实减轻企业负担,缓解中小微企业经营压力。此外,郑州市坚定不移地推进改革开放,紧扣"四个片区"建设和"五旅"融合发展,洽谈对接120多家国内外知名企业,新签约苏宁、奥山、华润等项目20个,成功引进"四力"型项目3个、"五职"招商项目5个,全部实现开工,大大增强了郑州市中小企业"走出去"的动力。2018年,郑州市中小企业综合景气指数由此得以提升。

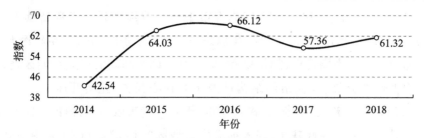

图 22-7　郑州市中小企业综合景气指数走势

七、长沙市

2018年,长沙市中小企业综合景气指数排名居全国16个主要城市第7位,较2017年再次上升2位。2014—2018年,长沙市中小企业综合景气指数呈现W形走势,但总体稳定(见图22-8)。长沙市工业中小企业景气指数与上市中小企业景气指数在2018年均有大幅上升,导致长沙市中小企业综合景气指数有所上升。2017年以来,长沙市深入实施创新驱动发展战略,出台"自主创新33条",实施"3635"人才计划,引进紧缺急需和战略型人才255名;推行科技创新券,设立产业发展母基金,并成功建设小微企业创业创新基地示范城市,大力促进了中小企业的转型发展与创新升级。此外,长沙市深化供给侧结构性改革,统筹推进440多项改革,实施20多项"国字号"试点,并认定多批"专精特新"中小企业进行动态调整与扶持。再加上湘江新区、东部开放走廊"双引擎、双高地"空间格局构建加速,以及中小企业公共服务平台网络建设,2018年长沙市中小企业综合景气指数大幅上升。

图 22-8　长沙市中小企业综合景气指数走势

八、武汉市

2018年,武汉市中小企业综合景气指数排名居全国16个主要城市第8位,较2017年下降1位。2014—2016年,武汉市中小企业综合景气指数保持稳步上升态势,2017年出现大幅下降,但2018年有小幅回升(见图22-9)。自《促进中小企业发展规划(2016—2020年)》发布以来,武汉市加快建设中部金融中心,大力发展科技金融、普惠金融、绿色金融,引进金融机构8家以上,小微企业贷款增速、贷款户数、申贷获得率均进入全国同类城市前列,有效缓解了当前中小企业融资难、资金压力大等问题。同时,武汉市提升全面创新改革试验水平,高质量完成25项国家授权先行先试任务,积极申报全国科技保险创新示范区,加快推广全国创新改革经验,打造全球创新网络重要节点城市,营造了良好的创新创业氛围。此外,武汉市大力开展二次创业,打造"五谷""四都""三港",并全面推进"新两园"建设,进一步做强小微企业经济支撑与产业优化。以上措施均推动了武汉市2018年中小企业综合景气指数的提升。

图22-9 武汉市中小企业综合景气指数走势

九、福州市

2018年,福州市中小企业综合景气指数排名居全国16个主要城市第9位,较2017年下降1位。2014—2018年,福州市中小企业综合景气指数呈现持续下降趋势,其中2017年下降幅度较大(见图22-10)。以上情况主要是由于福州市近年来中小企业融资难、融资贵,创新转型平台不稳定等问题较为突出。2017年以来,福州市着力推进供给侧结构性改革,坚决淘汰落后产能和工艺,鼓励企业增品种、提品质、创品牌,降低实体经济成本;开展中小微企业综合金融服务试点,推动海峡银行、福州农商银行设立普惠金融部门,强化防控措施,守住不发生区域性系统性金融风险的底线。同时,福州市深化简政放权,抓好全国"互联网+政务服务"综合试点工作,健全"多规合一""多评一表""多图一审"、套餐式服务等创新机制,旨在进一步优化投资发展软环境。

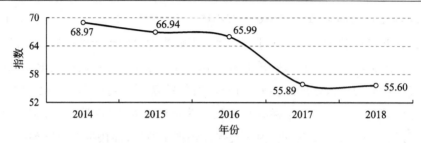

图 22-10 福州市中小企业综合景气指数走势

十、合肥市

2018年,合肥市中小企业综合景气指数排名居全国16个主要城市第10位,与2017年排名一致。2014—2016年合肥市中小企业综合景气指数呈现稳步上升态势,但2017年出现明显下滑,2018年又有所回升(见图22-11)。近年来,合肥市重点深化供给侧结构性改革,在"破""立""降"上下功夫;用市场化、法治化手段化解过剩产能,破除无效供给;积极创建全国质量强市示范城市,深化小微企业创业创新基地示范城市建设,培育共享经济、数字经济、人力资本服务等新业态、新模式,加快壮大新动能;常态化推进"四送一服"双千工程,全面落实减税降费政策,切实降低企业成本;大力发展普惠金融,改善中小微企业金融服务,扩大政策性融资担保、"税融通"等新型融资规模,提升股权投资基金运作效率,以此全面提高金融服务实体经济能力。上述措施使得2018年合肥市中小企业综合景气指数呈现回升态势。

图 22-11 合肥市中小企业综合景气指数走势

十一、大连市

2018年,大连市中小企业综合景气指数排名居全国16个主要城市第11位,较2017年下降1位。2014—2016年大连市中小企业综合景气指数呈现稳定增长态势,但2017—2018年受到工业中小企业景气指数下滑影响,中小企业综合景气指数也持续下滑(见图22-12)。2017年以来,为了破解传统行业产能过剩以及中小企业融资难的困局,大连市深入实施《中国制造2025大连行动计划》,加速制造业与信息业融合发展,实现中小企业技术创新、产业创新与模式创新,不断提升产品质量和效益;进一步提高金融服务实体经济能力,新设金融及融资机构29家,新增新三板、新四板挂牌企业174家;推进多规合一、多图联审、区域评估、行政审批告知承诺制、多证合一等系列改革,全市取消调整行政审批事项1 760项,精简46.6%。由此通过多方面优化中小企业营商环境,以期改善景气状况。

图22-12 大连市中小企业综合景气指数走势

十二、石家庄市

2018年,石家庄市中小企业综合景气指数排名居全国16个主要城市第12位,较2017年下降1位。2014—2018年,石家庄市中小企业综合景气指数呈现倒U形走势(见图22-13)。其中,2014—2016年石家庄市中小企业综合景气指数持续走高,2017—2018年由于受到上市中小企业景气指数与工业中小企业景气指数相继大幅下滑的影响,中小企业综合景气指数出现持续下滑态势。近年来,石家庄市出台了一系列支持和促进中小企业发展的政策措施,但实际工作中仍旧存在信息不对称、行政审批不便捷、两极分化严重等问题,严重制约了各项政策的推动效率。此外,新兴产业与传统产业之间的转型仍处于磨合期,影响了中小企业的平稳发展。对此,石家庄市深化"放管服"改革,在"多证合一"的基础上,实现"四十证合一",并扩大政府投资项目"代建制"改革范围,提高政府投资效益;坚持把构建"4+4"产业发展格局作为主攻方向,大力培育创新主体,实施高新技术企业、科技型中小企业"双倍增"计划,打造产业链配套的创新型产业集群,年内新增高新技术企业150家、科技型中小企业1 300家。多项措施同步开展,有力促进了石家庄市中小企业的健康发展。

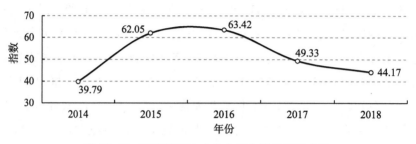

图 22-13　石家庄市中小企业综合景气指数走势

十三、乌鲁木齐市

2018年，乌鲁木齐市中小企业综合景气指数排名居全国16个主要城市第13位，与2017年保持一致。2014—2016年乌鲁木齐市中小企业综合景气指数呈现持续上升态势，但2017年受到工业中小企业景气指数下滑的影响，中小企业综合景气指数有所回落，2018年又有小幅回升（见图22-14）。近年来，乌鲁木齐市作为"一带一路"沿线的重要支点城市，一直努力推动丝绸之路经济带建设，统筹规划中欧（中亚）班列乌鲁木齐集结中心和乌鲁木齐铁路口岸、多式联运海关监管中心、综合保税区建设，打造乌鲁木齐国际陆港区，加快"走出去"步伐，带动中小企业持续成长。2018年，在现有工业实体经济产业园区的基础上，乌鲁木齐市以建立现代化经济体系为目标，以供给侧结构性改革为主线，重点关注《乌鲁木齐市振兴工业经济17项政策措施》的落实情况，加大了对企业有效投资、提档升级、技术创新和降低成本等方面的扶持力度；此外，14个工业实体经济产业园区等一批有特色的工业产业园区的打造，进一步促进了中小企业的高效转型升级。以上举措均有利于乌鲁木齐市中小企业综合景气指数的提升。

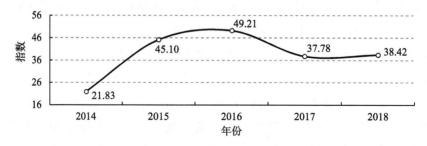

图 22-14　乌鲁木齐市中小企业综合景气指数走势

十四、昆明市

2018年,昆明市中小企业综合景气指数排名仍居全国16个主要城市第14位。2014—2016年昆明市中小企业综合景气指数总体呈现上升趋势,但2017年有所下滑,2018年又有小幅回升(见图22-15)。近年来,为了改善中小企业流动资金不足、转型升级缓慢、产能过剩等问题,昆明市全面实施中小企业成长工程,出台促进民营经济发展的若干政策措施,重点扶持50家新兴产业类中小企业,全年新增规模以上工业企业不少于60家,其中新建投产20家;深化供给侧结构性改革,化解煤炭行业过剩产能24万吨,提前完成"十三五"煤炭去产能任务;"放管服"改革深入推进,出台"最多跑一次"改革、建设"四个一"国际营商环境等实施意见,"一网四中心"建设加快推进,公布102项"最多跑一次"事项清单,取消13项证明材料;认真落实减税降费政策,减轻企业负担353.8亿元。此外,昆明市积极推动政府、企业、金融部门的合作,利用政府引导和市场运作相结合的方式,推动中小企业创新服务平台建设,为创业者提供了更多的创新创业机会,激发了中小企业的创新发展活力,使得昆明市中小企业综合景气指数有所回升。

图22-15 昆明市中小企业综合景气指数走势

十五、西安市

2018年,西安市中小企业综合景气指数排名与2017年相同,居全国16个主要城市第15位。2014—2018年,西安市中小企业综合景气指数呈现W形走势,其中2017年受到工业中小企业景气指数和上市中小企业景气指数偏低的影响,中小企业综合景气指数跌至五年来最低点,2018年有所回升(见图22-16)。2017年以来,西安市全面实施中小企业成长工程,培育扶持"专精特新"中小企业,加强项目扶持、融资服务以及营造良好的发展环境等,促进中小企业加快发展;做好民营经济改革工作,壮大民营经济;支持企业利用好中小企业票据结算中心。与此同时,西安市还围绕硬科技"八路军"产业,每个领域分别设立不少于100亿元的子基金,旨在重点解决西安市在科技型中小企业融资担保、贷款周转、孵化服务等方面存在的社会化服务程度低、成本高、品种少等难题,引导社会资本加大对西安市科技类特色小镇建设的投入力度,推动完善"众创空间+孵化器+专业化园区+特色小镇"孵化链条;支持科技型中小企业(瞪羚企业)和"小巨人"企业持续快速成长;支持各区县、西咸新区和各开发区,结合产业发展和规划布局,优化区域创新创业环境,建设各类创新创业载体和服务支撑平台,实施重大创新项目。这些措施的有效实施均强力助推西安市中小企业综合景气指数的改善与提升。

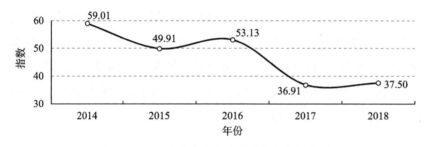

图 22-16　西安市中小企业综合景气指数走势

十六、贵阳市

2018年,贵阳市中小企业综合景气指数排名仍居全国16个主要城市末位。总体而言,2014—2016年,贵阳市中小企业综合景气指数呈现上升态势,2017年受到工业中小企业景气指数排名下降的影响,中小企业综合景气指数跌幅较大,但2018年有所回升(见图22-17)。为了升级中小微企业服务平台及改善中小微企业信用忧虑等问题,贵阳市依托云上贵州贵阳分平台,以聚集"企业全生命周期涉企数据"为核心,加快推进中关村贵阳科技园产业云、贵阳市中小企业云等平台建设,初步实现数据支撑政府决策、数据促进行业升级、数据服务企业发展;推动企业基础信息化提升,以两化融合为重点,鼓励企业开展基础信息化建设,加快制定出台贵阳市中小微企业两化融合专用券管理实施细则,夯实信息化基础。此外,贵阳市深入实施工业发展倍增行动计划,着力打造军民融合、汽车制造、铝及铝加工、医药食品、磷煤化工等五个千亿级产业集群;加大"千企改造"和"千企引进"力度,实施一批工业机器人应用、数字化车间和智能工厂示范项目,改造升级传统企业300个,以此全面推进中小企业产业优化升级。由此,2018年贵阳市中小企业综合景气指数有所回升。

图 22-17　贵阳市中小企业综合景气指数走势

2018年中国中小企业大事记

1月

1月15日,为加快推进智能制造综合标准化工作,加强顶层设计,构建智能制造综合标准体系,发挥智能制造标准的规范和引领作用,中国工业和信息化部、国家标准化管理委员会组织开展智能制造综合标准化体系建设研究工作,形成了《国家智能制造标准体系建设指南(2018年版)》(征求意见稿)。

1月19日,中国工业和信息化部中小企业局、河北省工业和信息化厅与浙江省经济和信息化委员会联合在京组织召开《中东欧(沧州)中小企业合作区建设方案》《中德(慈溪)中小企业合作区建设方案》评审会。

1月24日,中国工业和信息化部中小企业局在广东省揭阳市组织召开中外中小企业合作区建设经验交流会。

1月31日,由中国国际中小企业博览会事务局和日本贸易振兴机构广州代表处共同主办的中日(广东)中小企业论坛在广州举行。

1月31日,国家发展改革委、国家开发银行联合印发《关于加强政银企合作扎实推进返乡创业工作的通知》,进一步指导各地加强政银企合作、搭建贷款承接平台体系、推动贷款项目更好落地,深入推进开发性金融支持返乡创业有关工作,助力脱贫攻坚,加快乡村振兴。

2月

2月1日,商务部新闻发言人高峰在商务部例行发布会上介绍,此次英国首相特蕾莎·梅访华,将推进两国经济发展的战略对接,推动中英在"一带一路"的务实合作,进一步推动中英"黄金时代"经贸关系的发展。中英同意共同建设雄安金融科技城。

2月5日,2018年中马中小企业合作对接会在马来西亚首都吉隆坡举行,80多家中国企业和上百家马来西亚企业参与,涵盖了石油化工、机械设备、生态旅游、物流等多个行业。会上,来自两国政商界的多名人士表示,期待更多中小企业参与"一带一路"合作。

2月8日,国家发展改革委、财政部联合发布《关于进一步增强企业债券服务实体经济能力 严格防范地方债务风险的通知》,要求进一步发挥企业债券直接融资功能,增强金融服务实体经济能力,坚决打好防范化解重大风险攻坚战,严格防范地方债务风险,坚决遏制地方政府隐性债务增量。

2月11日,中国银监会印发《关于2018年推动银行业小微企业金融服务高质量发展的通知》(以下简称《通知》),《通知》重点针对单户授信1 000万元以下(含)的小微企业贷款,提出"两增两控"的新目标,"两增"即单户授信总额1 000万元以下(含)小微企业贷款同比增速不低于各项贷款同比增速,贷款户数不低于上年同期水平;"两控"即合理控制小微企业贷款资产质量水平和贷款综合成本,突出对小微企业贷款量质并重、可持续增长的监管导向。

3月

3月16日,"裂变2018 打造数字贸易生态共同体"2018 APEC中小企业跨境电商峰会在深圳隆重举行。

3月16日,国家工商总局(现已更名为国家市场监督管理总局)局长、党组书记张茅赴北京市政务服务中心调研企业登记注册工作,现场为我国第一亿户市场主体颁发营业执照。国家工商总局副局长马正其、北京市副市长殷勇一同参与调研。

3月22日,2018中国IT市场年会在京召开。工业和信息化部副部长辛国斌结合制造强国建设,针对数字经济发展提出四点建议:一是要以智能制造为主攻方向,加快培育新业态、新模式;二是要以制造业创新中心为核心节点,加快完善制造业创新体系;三是要以工业互联网为重要抓手,持续推动制造业与互联网深度融合;四是要以制造业双创平台为重要载体,积极营造大中小微企业融通发展的新生态。

4月

4月2日,国家能源局印发《关于减轻可再生能源领域企业负担有关事项的通知》(以下简称《通知》),支持可再生能源相关实体经济健康发展。《通知》提出,严格落实《中华人民共和国可再生能源法》要求,切实保障可再生能源产业健康发展;优化投资环境,降低可再生能源开发成本;完善政府放管服等公共服务,激发市场活力。

4月19日，中国工业和信息化部、住房和城乡建设部、交通运输部、农业农村部、国家能源局、国务院扶贫办印发《智能光伏产业发展行动计划（2018—2020年）》的通知，行动计划提出，到2020年，智能光伏工厂建设成效显著，行业自动化、信息化、智能化取得明显进展；智能制造技术与装备实现突破，支撑光伏智能制造的软件和装备等竞争力显著提升；智能光伏产品供应能力增强并形成品牌效应，"走出去"步伐加快；智能光伏系统建设与运维水平提升并在多领域大规模应用，形成一批具有竞争力的解决方案供应商；智能光伏产业发展环境不断优化，人才队伍基本建立，标准体系、检测认证平台等不断完善。

4月23日，中国工业和信息化部副部长王江平听取了第十届APEC中小企业技术交流暨展览会组委会秘书处筹备工作情况汇报并讲话。

4月26日，深圳百事贝集团与马来西亚中小企业公会在深圳签署战略合作协议，结成战略合作伙伴关系，百事贝集团董事长梅建平和马来西亚中小企业公会全国总会长江华强分别代表双方签署合作协议。

4月27日，中国工业和信息化部印发《工业互联网APP培育工程实施方案（2018—2020年）》，旨在推动工业互联网应用生态加快发展。

5月

5月3日，第十五届中国国际中小企业博览会在北京召开新闻发布会。

5月10日，2018中小企业信息化服务信息发布会在北京召开。中国工业和信息化部副部长王江平指出，工业和信息化部将围绕"制造强国""网络强国"建设目标，继续实施"互联网+小微企业"专项行动，按照"政府引导、企业主体、社会参与"的原则，充分发挥大型信息化服务商在技术、人才、资金等方面的优势，搭建对接、培训、应用的中小企业信息化服务平台，服务中小企业政策落地，促进中小企业融资，帮助中小企业降成本、增效益，提高中小企业在新一轮科技和产业变革中的核心竞争力，推动中小企业融入新经济发展，加速经济新旧动能转换。

5月14日，财政部和税务总局发布《关于创业投资企业和天使投资个人有关税收政策的通知》。其中规定，公司制创业投资企业采取股权投资方式直接投资于种子期、初创期科技型企业满2年（24个月）的，可以按照投资额的70%在股权持有满2年的当年抵扣该公司制创业投资企业的应纳税所得额；当年不足抵扣的，可以在以后纳税年度结转抵扣。

5月21日，工业互联网专项工作组第一次会议在京召开，工业互联网专项工作组组长、中国工业和信息化部部长苗圩主持会议并讲话。会议审议了《工业互联网发展行动计划（2018—2020年）》《工业互联网专项工作组2018年工作计划》等文件，研究部署了下一步工作，同时成立了工业互联网战略咨询专家委员会。苗圩强调，要不折不扣坚持好贯彻好基本的发展思路，一是坚持市场主体与政府推动相统筹，二是坚持安全保障与创新发展相同步，三是坚持自主创新与扩大开放相结合。

5月22日，中国银行保险监督管理委员会印发《银行业金融机构联合授信管理办法（试行）》，该办法将在防控重大企业信用风险，优化信贷资源配置等方面产生积极作用。

5月25日，中国西部开发促进会（CWDPA）会长赵霖在北京亲切会见了圣马力诺共和国前国家元首、现圣马力诺国家大议会议长、世界中小企业联盟（WUSME）主席吉安·弗朗哥·泰伦齐一行。双方就共同促进全球中小企业合作，打造权威世界中小企业交流平台，进行了具有建设性的磋商，并达成了多项共识。

5月31日，第五届中国（北京）国际服务贸易交易会的活动之一——"迈向新时代"国际经贸合作论坛在北京举办，乌克兰工商会与北京雅宝路国际贸易商会签署战略合作协议，今后双方将为中小企业搭建桥梁，共享资源和发展机会，促进双边经贸发展。

6月

6月2日，中国工业和信息化部电子科学技术委员会第二届第一次全体大会在北京举行。

6月5—9日，为顺应国家"一带一路"倡议，推动中非"十大合作计划"的实施，促进中非中小企业的共赢合作，2018年中非中小企业大会在上海、宁波两地举办。

6月12日，由工业和信息化部、广东省人民政府、中国银行联合主办的第四届中德（欧）中小企业合作交流会在广东省揭阳市举行。

6月15日，中国—中东欧（沧州）中小企业合作区启动发布会在河北省沧州市成功举办。

6月19日，由商务部、大连市人民政府、中国银行共同主办，大连市商务局和中国银行大连市分行联合承办的2018中国·意大利中小企业经贸合作对接会在大连举行。

6月23日，中国人民银行、中国银保监会、中国证监会、国家发展改革委、财政部联合印发《关于进一步深化小微企业金融服务的意见》，从货币政策、监管考核、内部管理、财税激励、优化环境等方面提出23条短期精准发力、长期标本兼治的具体措施,督促和引导金融机构加大对小微企业的金融支持力度,缓解小微企业融资难、融资贵,切实降低企业成本,促进经济转型升级和新旧动能转换。

6月26日,由北京工商大学商学院主办的国际中小企业发展学术会议(2018)在北京举行。

6月27日,中国工业和信息化部党组成员、副部长王江平在沈阳会见了率团出席第十届APEC中小企业技术交流暨展览会的韩国中小企业部副部长崔寿圭一行。

6月28日,作为第十届APEC中小企业技术交流暨展览会的活动之一,中俄中小企业创新发展论坛成功举办。

7月

7月6日,在国务院总理李克强和保加利亚总理鲍里索夫共同见证下,中国商务部部长钟山与保加利亚经济部部长卡拉尼科洛夫共同签署了《中华人民共和国商务部和保加利亚共和国经济部关于中小企业合作谅解备忘录》。

7月10日,为促进韩国中小企业在中国发展、交流与合作,由北京韩国中小企业协会主办的第八届知识共享研讨会在北京紫霞门韩国料理饭店举行。

7月11日,为进一步支持小型微利企业发展,财政部、税务总局发布《关于进一步扩大小型微利企业所得税优惠政策范围的通知》,就小型微利企业所得税政策通知如下:自2018年1月1日至2020年12月31日,将小型微利企业的年应纳税所得额上限由50万元提高至100万元,对年应纳税所得额低于100万元(含100万元)的小型微利企业,其所得减按50%计入应纳税所得额,按20%的税率缴纳企业所得税。同时,《财政部 税务总局关于扩大小型微利企业所得税优惠政策范围的通知》(财税〔2017〕43号)自2018年1月1日起废止。

7月17日,国家发展改革委联合教育部、科技部、工业和信息化部、人力资源和社会保障部、商务部等16个部门,印发了《关于大力发展实体经济积极稳定和促进就业的指导意见》。

7月16—19日,由中国经济网、韩国中小企业中央会共同主办的"韩企中国行——韩国中小企业中国电商培训团"活动在京举行。

8月

8月8日,财政部会同工业和信息化部、科技部联合制定了《关于支持打造特色载体推动中小企业创新创业升级的实施方案》,旨在通过支持优质实体经济开发区打造大中小企业融通等不同类型的创新创业特色载体,提升各类载体市场化专业化服务水平,提高创新创业资源融通效率与质量,促进中小企业专业化、高质量发展,推动地方构建各具特色的区域创新创业生态环境。

8月17日,中国银保监会下发《中国银保监会办公厅关于进一步做好信贷工作 提升服务实体经济质效的通知》(以下简称《通知》)。《通知》提出,大力发展普惠金融,强化小微企业、"三农"、民营企业等领域金融服务。充分利用当前市场流动性宽裕、银行业和保险业盈利稳定等有利条件,坚持"保本微利"原则,加大对小微企业、"三农"、扶贫和民营企业等领域的资金支持,降低融资成本。对于流动资金贷款到期后仍有融资需求的小微企业,要提前开展贷款调查与评审,符合标准和条件的,依照程序办理续贷,缩短资金接续间隔,降低贷款周转成本。对于主业突出、公司治理良好、负债率较低、风控能力较强的龙头民营企业,要进一步加大融资支持,充分发挥其行业带动作用,稳定上下游企业生产经营。鼓励信托公司开展慈善信托业务,加大对扶贫、教育、留守儿童等领域的支持。

8月23日,由中国国际中小企业博览会组委会秘书处主办、佛山市慧聪展览有限公司承办的第十五届中国国际中小企业博览会智能家电展在佛山潭洲国际会展中心举办。

9月

9月4日,中瑞中小企业交流中心揭牌仪式在青岛国际经济合作区举行。

9月5日,财政部、税务总局联合下发《关于金融机构小微企业贷款利息收入免征增值税政策的通知》(以下简称《通知》)。《通知》称,自2018年9月1日至2020年12月31日,对金融机构向小型企业、微型企业和个体工商户发放小额贷款取得的利息收入,免征增值税。

9月6日,以"深化中非民营经济合作"为主题的首届中非民营经济合作高峰论坛在杭州开幕。论坛发布了《首批中国民营企业在非境外经贸合作区清单》,清单中包括埃塞俄比亚东方工业园、埃塞俄比亚中国华坚国际轻工业城和赞比亚农产品加工合作园3个合作区。

9月8日,第11届中德经济合作对接会在厦门国际会展中心举行。

9月11日,第四届东方经济论坛在俄罗斯远东城市符拉迪沃斯托克举办。马云现身论坛,宣布他创办的阿里巴巴集团与俄罗斯巨头达成战略合作,此举不仅赋能俄罗斯中小企业在全球范围内具备竞争力,也为中国推出的"数字丝绸之路"增添了新范例。

9月12—15日,第十五届中国—东盟博览会在广西南宁举行。

9月14—17日,2018中韩(威海)文化创意产业博览交易会在山东省威海市国际展览中心成功举行。

9月17日,为贯彻党中央、国务院关于促进数字经济发展的战略部署,加快培育发展新动能,促进互联网、大数据、物联网与实体经济融合发展,引导金融机构加大对数字经济的支持力度,国家发展改革委与国家开发银行签署了《全面支持数字经济发展开发性金融合作协议》。

9月18日,国家发展改革委、教育部、科技部、工业和信息化部等19部门联合发布《关于发展数字经济稳定并扩大就业的指导意见》(以下简称《意见》)。《意见》指出,进一步深化新三板改革,稳步扩大创新创业公司债试点规模,支持私募股权和创业投资基金投资数字经济领域,增强资本市场支持数字经济创新创业能力。

9月18日,为深入实施创新驱动发展战略,进一步激发市场活力和社会创造力,国务院颁布《关于推动创新创业高质量发展打造"双创"升级版的意见》(国发〔2018〕32号)。

9月21日,中国工业和信息化部部长苗圩在北京会见欧盟委员会内部市场、工业、创新和中小企业委员别恩科夫斯卡,就继续开展中欧工业对话、加强双方在工业标准化和数字经济领域合作、支持中小企业发展、共同应对全球钢铁产能过剩等议题交换意见。

9月26日,正在中国进行访问的圣马力诺前国家元首,现国家大议会议长、联合国世界中小企业联盟主席吉安·弗朗哥·泰伦齐在北京饭店会见了浙江金廷控股有限公司董事长、欧洲联合通讯社首席执行董事张李荣一行。双方就共同发起并在华设立世界中小企业联盟中国智库中心广泛交流了意见,规划了具体实施方案,并签署了合作备忘录。

10月

10月26—27日,中国工业和信息化部党组成员、副部长王江平率团赴布鲁塞尔欧盟总部访问,并主持第九次中欧中小企业政策对话会。

10月29日,针对目前亟须以市场主体期待和需求为导向,围绕破解企业投资生产经营中的"堵点""痛点",加快打造市场化、法治化、国际化营商环境,增强企业发展信心和竞争力,国务院办公厅发布《关于聚焦企业关切 进一步推动优化营商环境政策落实的通知》。

10月30日,中国银保监会副主席王兆星在国务院新闻办公室介绍银行业和保险业服务民营、小微企业有关情况时表示,银保监会将指导银行业金融机构用好用足财税和货币政策;把握定向降准、宏观审慎评估考核倾斜等政策营造的市场流动性宽裕的有利条件,将新增信贷资源重点投向小微企业贷款;用好人民银行的再贷款和再贴现支持额度,支持民营企业和小微企业的信贷投放;主动对接税务部门,完善内部统计核算系统,依法合规申报小微企业贷款利息增值税减免;享受相关激励政策产生的红利,在小微企业贷款定价和内部绩效考核中要有相应体现。银保监会也将尽快完善金融企业绩效评价办法等制度,将相关考核指标进一步向小微企业金融服务倾斜。

11月

11月1日,由中国工业和信息化部和山东省人民政府共同主办的2018中德中小企业合作交流大会在济南举行。

11月1日,为进一步鼓励创业创新,财政部、税务总局、科技部、教育部就科技企业孵化器、大学科技园、众创空间有关税收政策发布《关于科技企业孵化器 大学科技园和众创空间税收政策的通知》。自2019年1月1日至2021年12月31日,对国家级和省级科技企业孵化器、大学科技园、国家备案众创空间自用以及无偿或通过出租等方式提供给在孵对象使用的房产、土地,免征房产税和城镇土地使用税;对其向在孵对象提供孵化服务取得的收入,免征增值税。

11月1日,中国人民银行营业管理部、北京银保监局筹备组、中国证券监督管理委员会、北京监管局、北京市发展和改革委员会、北京市财政局、北京市金融工作局等部门联合出台《关于进一步深化北京民营和小微企业金融服务的实施意见》。

11月14日,由中国人民银行和欧洲复兴开发银行(EBRD)主办、中国工商银行承办的中亚投资论坛在北京举行。

11月6日,由中国银行承办的中意企业家委员会第五次会议在进博会期间举行。

11月8日,亚太经合组织(APEC)中小企业信息化促进中心云服务平台启动仪式暨中小企业信息化云服务论坛在南京举行。

11月8日,为进一步加强中国政企合作投资基金管理,更好地发挥引导规范增信作用,财政部发布的《关于加强中国政企合作投资基金管理的通知》表示,对民营企业参与的政府和社会资本合作(PPP)项目要给予倾斜。

11月10日,中国人民银行在浙江省台州市召开取消企业开户许可试点工作座谈会,推动银行为民营企业、小微企业提供更优质的金融服务。会议听取了关于江苏泰州和浙江台州优化企业开户服务工作经验的汇报以及相关政府部门、商业银行、企业的意见建议,对试点工作进行了阶段性总结。

11月12日,首届中国—中东欧中小企业合作论坛在沧州举行。

11月16日,由韩国中小企业部和陕西商务厅主办的2018中国(陕西)·韩国中小企业新技术发表会暨投资贸易洽谈会在西安君悦酒店顺利召开。

11月21日,为贯彻落实《国务院关于推动创新创业高质量发展打造"双创"升级版的意见》(国发〔2018〕32号)提出的实施大中小企业融通发展专项行动计划,中国工业和信息化部、国家发展改革委、财政部和国务院国有资产监督管理委员会联合制定了《促进大中小企业融通发展三年行动计划》。

11月26日,为进一步推动民营经济和中小企业高质量发展,提高企业专业化能力和水平,按照《工业强基工程实施指南(2016—2020年)》《促进中小企业发展规划(2016—2020年)》(工信部规〔2016〕223号)和《关于促进中小企业"专精特新"发展的指导意见》(工信部企业〔2013〕264号)要求,中国工业和信息化部办公厅发布《关于开展专精特新"小巨人"企业培育工作的通知》,决定在各省级中小企业主管部门认定的"专精特新"中小企业及产品基础上,培育一批专精特新"小巨人"企业。

11月27日,2018年APEC中小企业工商论坛在深圳举行。

11月29日,财政部、海关总署、税务总局联合发布《关于完善跨境电子商务零售进口税收政策的通知》,宣布自2019年1月1日起,提高享受税收优惠政策的商品限值上限,将跨境电子商务零售进口商品的单次交易限值由人民币2 000元提高至5 000元,年度交易限值由人民币20 000元提高至26 000元。

12月

12月1日,在2018年中国纺织行业投融资论坛上,工业和信息化部消费品司副司长曹学军表示,纺织行业转型发展离不开金融支持,为适应行业新发展,工业和信息化部与中国纺织工业联合会开展深度合作,指导制定了《纺织行业产融结合三年行动计划》,发布了重点培育拟上市企业名单等。

12月7日,为深入贯彻习近平总书记关于民营经济发展的重要指示和党中央、国务院决策部署,发挥知识产权在创新驱动发展中的基本保障作用,大力支持民营经济提质增效、创新发展,国家知识产权局发布《关于知识产权服务民营企业创新发展若干措施的通知》,就知识产权服务民营企业创新发展有关事宜进行明确。

12月12—13日,由中国工业和信息化部与四川省人民政府指导、四川省经济和信息化厅主办的全国首届中小微企业云服务大会在成都举行。

12月13日，由中国工业和信息化部指导，广东省工业和信息化厅、广州市工业和信息化委员会支持，工业和信息化部中小企业发展促进中心、工业和信息化部信息中心、汇桔网和广州市产业园区商会联合主办的2018年"创客中国"国际创新创业大赛总决赛在广州成功举办。

12月19日，为加大对小微企业、民营企业的金融支持力度，中国人民银行决定创设定向中期借贷便利（Targeted Medium-term Lending Facility，TMLF），根据金融机构对小微企业、民营企业贷款增长情况，向其提供长期稳定资金来源；支持实体经济力度大、符合宏观审慎要求的大型商业银行、股份制商业银行和大型城市商业银行可向中国人民银行提出申请；定向中期借贷便利资金可使用三年，操作利率比中期借贷便利（MLF）利率优惠15个基点，当前为3.15%。

12月20日，科技部、国家发展改革委和财政部正式印发《进一步深化管理改革 激发创新活力 确保完成国家科技重大专项既定目标的十项措施》，明确了课题申报和批复程序要求，减少实施周期内的各类评估、检查、抽查、审计等活动。

参 考 文 献

BRAM K, MARIJN J. Realizing joined-up government dynamic capabilities and stage models for transformation[J].Government Information Quarterly, 2009(26):275-284.

CLAVEL L, MINODIER C. A monthly indicator of the French business climate[R]. Documents de Travail de la DESE-Working Papers of the DESE, 2009.

DUA P, MILLER S M. Forecasting and analyzing economic activity with coincident and leading indexes: the case of Connecticut[J]. Journal of Forecasting, 1996, 15(7):509-526.

FISHER P S. Grading places: what do the business climate rankings really tell us? [J]. Economic Policy Institute Washington DC, 2005(9):739-743.

HUMPHREY J, SCHMITZ H. How does insertion in global value chains affect upgrading in industrial clusters? [J]. Regional Studies, 2002, 36(9):1017-1027.

JAFFE A B. Technological opportunity and spillovers of R & D: evidence from firms' patents, profits, and market value[C]. National Bureau of Economic Research, Inc, 1986:984-1001.

JANOWSKI T. Digital government evolution: from transformation to contextualization[J].Government Information Quarterly, 2015, 32(3):221-236.

JEL C C. German stock market behavior and the IFO business climate index: a copula-based Markov-approach[J]. Mario Jovanovic, 2011(4):1-22.

JOSEPH M. Business perceptions indicate slow recovery in economic conditions[N]. The Uganda Business Climate Index,2012.

LUX T. Collective opinion formation in a business climate survey[J]. Working Papers, 2007, 16(12):1311.

MITCHELL W C. Business cycles, v. 1 the problem and its setting[M]. New York: National Bureau of Economic Research, 1927.

MOORE G H, SHISKIN J. Indicators of business expansions and contractions[J]. Economica, 1968, 35(139):189-192.

MOORE G H . Business cycle indicators[M]. Princeton: Princeton University Press, 1961.

MOORE G H. Classification of series according to conformity and timing[J]. NBER Chapters, 1950: 31-45.

MOORE W C. Business cycles, inflation, and forecasting [M]. Cambridge: Ballinger Publishing Company, 1983.

OZYILDIRIM A, SCHAITKIN B, ZARNOWITZ V. Business cycles in the Euro area defined with coincident economic indicators and predicted with leading economic indicators[J]. Journal of Forecasting, 2010, 29(1-2):6-28.

PLUTA P J E. Business climate, taxes and expenditures, and state industrial growth in the United States[J]. Southern Economic Journal, 1983, 50(1):99-119.

SCHMITT N, GLEASON S E, PIGOZZI B, MARCUS P M. Business climate attitudes and company relocation decisions[J]. Journal of Applied Psychology, 1987, 72(4): 622-628.

SEILER C, HEUMANN C. Microdata imputations and macrodata implications: evidence from the IFO business survey [J]. Economic Modelling, 2013, 35(5):722-733.

STEINNES D N. Business climate, tax incentives, and regional economic development[J]. Growth and Change, 2006, 15(2):38-47.

STOCK J H, WATSON M W. Interpreting the evidence on money-income causality [J]. Journal of Econometrics, 1989, 40(1): 161-181.

毕大川,刘树成.经济周期与预警系统[M].北京:科学出版社,1990.

曹继军."互联网+"时代:经济新常态与智慧城市建设[N].光明日报,2015-04-25.

曹爽,叶欣梁,孙瑞红.我国邮轮经济景气评价指标体系构建与实证研究[J].中国水运(下半月),2017(8):53—57.

曹小艳,沈杰.对当前钢铁企业经营状况及其对下游企业经营影响的调研分析——基于宏观数据、工业景气调查和实地调研[J].金融纵横,2018:27—33.

曹晓昂,赵黎.叶盛基.不断努力,强化工作 打造ACI——中国汽车产业景气指数研究品牌[J].汽车纵横,2017(3):66—69.

陈迪红,李华中,杨湘豫.行业景气指数建立的方法选择及实证分析[J].系统工程,2003(4):72—76.

陈国政.上市公司景气指数指标体系构建研究[J].上海经济研究,2017(12):47—56.

陈建华,周健,梁鸿旭.景气模型在交通运输需求短期预测中的应用研究[J].发展研究,2017(10):81—84.

陈乐一,粟壬波,李春风.当前中国经济景气走势的合成指数分析[J].当代经济研究,2014(02):50—55.

陈磊,孟勇刚,孙晨童.2017年经济景气形势监测、分析与预测[J].科技促进发展,2017(11):

9—16.

陈磊,吴桂珍,高铁梅.主成分分析与景气波动——对1993年我国经济发展趋势的预测[J].数量经济技术经济研究,1993(07):34—38.

陈磊.企业景气状况与宏观经济运行[J].管理世界,2004(03):15—25.

陈敏.滞后合成指数在区域经济中的预警作用分析[J].中国统计,2017(04):66—68.

陈文博,余国新,刘运超.基于新疆红枣产业景气分析的抗风险研究[J].新疆农业科学,2015,52(02):386—391.

陈文玲,梅冠群.2017—2018年世界经济的趋势、矛盾与变量[J].南京社会科学,2017(12):21—29.

陈晓红,彭佳,吴小瑾.基于突变级数法的中小企业成长性评价模型研究[J].财经研究,2004(11):6—16.

陈晓红,邹湘娟,佘坚.中小企业成长性评价方法有效性研究——来自沪深股市的实证[J].当代经济科学,2005(05):76—81.

陈越.软件与信息技术服务业景气指数研究——以南京中小企业为例[J].当代经济,2017(25):154—156.

谌新民,葛国兴,李萍.中国就业景气指数及其公共政策研究[J].广东社会科学,2013(03):19—29.

程虹,刘三江,罗连发.中国企业转型升级的基本状况与路径选择——基于570家企业4 794名员工入企调查数据的分析[J].管理世界,2016,269(2):57—70.

池仁勇,林汉川,蓝庆新.中国中小微企业转型升级与景气动态的调研报告[M].北京:中国社会科学出版社,2016.

池仁勇,林汉川等.转型期我国中小企业发展的若干问题研究[M].北京:中国社会科学出版社,2012.

池仁勇,刘道学,林汉川,秦志辉等.中国中小企业景气指数研究报告(2017)[M].北京:中国社会科学出版社,2017.

池仁勇,刘道学,林汉川,秦志辉等.中国中小企业景气指数研究报告(2016)[M].北京:中国社会科学出版社,2016.

池仁勇,刘道学,林汉川,秦志辉等.中国中小企业景气指数研究报告(2015)[M].北京:中国社会科学出版社,2015.

池仁勇,刘道学,林汉川,秦志辉等.中国中小企业景气指数研究报告(2014)[M].北京:中国社会科学出版社,2014.

池仁勇,刘道学,林汉川,秦志辉等.中国中小企业景气指数研究报告(2013)[M].北京:中国社会科学出版社,2013.

池仁勇,谢洪明,程聪等.中国中小企业景气指数研究报告(2011年)[M].北京:经济科学出版社,2011.

池仁勇,周丹敏.数字出版产业集聚与其发展能力关系研究——基于区域环境的角度[J].中国出版,2015(18):52—54.

丛佩华.企业的成长性及其财务评价方法[J].财会研究(甘肃),1997(9):25—26.

崔宇丹,潘佳.新产品开发风险与策略[J].职业圈,2007(02):53—54.

达雷尔·韦斯特著.郑钟扬译.数字政府:技术与公共领域绩效[M].北京:科学出版社,2011.

邓创,张甜,徐曼等.中国金融市场风险与宏观经济景气之间的关联动态研究[J].南方经济,2018(4):1—19.

电商平台 eBay.大中华区跨境电子商务零售出口产业地图[EB/OL].http://www.ebay.com/,2014-04-01.

丁勇,姜亚彬.我国制造业 PMI 与宏观经济景气指数关系的实证分析[J].统计与决策,2016(3):122—124.

董文泉,高铁梅,姜诗章,陈雷.经济周期波动的分析与预测方法[M].长春:吉林大学出版社,1998.

董文泉,高铁梅.Stock-Watson 型景气指数及其对我国经济的应用[J].数量经济技术经济研究,1995(12):68—74.

董文泉,郭庭选,高铁梅.我国经济循环的测定、分析和预测(Ⅰ)——经济循环的存在和测定[J].吉林大学社会科学学报,1987(03):3—10.

冯明,刘淳.基于互联网搜索量的先导景气指数、需求预测及消费者购前调研行为——以汽车行业为例[J].营销科学学报,2014,9(3):31—44.

高骞,徐超,田昀.基于重点行业用电的江苏省宏观经济景气研究[J].经济研究导刊,2018(05):21—25.

高铁梅,谷宇,王哲.中国出口周期性波动及成因研究——基于主成分方法构建中国出口景气指数[J].商业经济与管理,2007,184(2):28—34.

高铁梅,孔宪丽,王金明.国际经济景气分析研究进展综述[J].数量经济技术经济研究,2003,20(11):158—160.

高铁梅,李颖,梁云芳.2009 年中国经济增长率周期波动呈 U 型走势——利用景气指数和 Probit 模型的分析和预测[J].数量经济技术经济研究,2009,26(06):3—14.

高铁梅,梁云芳.我国工业景气调查数据的综合分析[J].预测,2002(4):5—9.

耿林,毛宇飞.中国就业景气指数的构建、预测及就业形势判断——基于网络招聘大数据的研究[J].中国人民大学学报,2017(06):30—41.

龚盈盈.基于景气指数的宏观经济监测预警系统研究[D].武汉理工大学,2005.

顾海兵,徐刚.我国财政预警系统初探[J].计划经济研究,1993(04):39—46.

顾海兵,张帅."十三五"时期我国经济安全水平预测分析[J].中共中央党校学报,2016,20(2):40—45.

郭路,翟大伟,闫绍武.区域经济周期波动与全国经济协同性研究[J].区域经济评论,2017(3):30—36.

国家经济贸易委员会中小企业司、国家统计局工业交通司、中国企业评价协会联合课题组.成长型中小企业评价的方法体系[J].北京统计,2001(5):9—10.

国家开发银行研究院等.经济周期出现微波化"新常态"[N].上海证券报,2015-01-05.

国家信息中心.2017年战略性新兴产业发展提速,七大产业、四大区域实现全面回升[J].中国战略新兴产业,2017(41):78—80.

国家信息中心新兴产业研究组.从"做大"向"做强"转变 2017年战略性新兴产业增速全面回升[J].中国战略新兴产业,2018(9):24—26.

国家信息中心战略性新兴产业研究组.2016年四季度战略性新兴产业行业景气大幅上涨刷新年度最高值[J].中国战略新兴产业,2017(13):17—19.

哈尔滨商业大学商业景气指数研究团队.基于景气测度的黑龙江省旅游业景气指数研究[J].商业研究,2017(9):1—6.

韩兆洲,任玉佩.广东经济运行监测预警指数研究[J].广东经济,2017(4):30—35.

韩兆柱,马文娟.数字治理理论及其应用的探索[J].公共管理评论,2016(1):92—112.

郝君超,张瑜.国内外众创空间现状及模式分析[J].科技管理研究,2016,36(18):21—24.

何勇,张云杰.海南省旅游景气指数构建研究[J].经济研究导刊,2014(1):257—258.

和讯评论网.这个"两办"新文件传递的政策信号不一般[EB/OL].http://opinion.hexun.com/2019-04-08/196756128.html,2019-04-08.

胡佳蔚.经济景气预警研究发展评述[J].现代商业,2016(34):42—43.

胡佳蔚.经济景气指标筛选原理论述——以中关村示范区为例[J].现代商业,2016(33):82—83.

胡萌,孙继国.经济景气评价[M].北京:中国标准出版社,2009.

胡培兆,朱惠莉.需求结构波动的周期测定及与经济波动相关性分析[J].福建论坛(人文社会科学版),2016(2):25—33.

胡涛,王浩,邱文韬.我国国房景气指数与宏观经济景气指数的联动关系——基于VAR模型的实证研究[J].湖北科技学院学报,2016(12):30—34.

胡志坚,苏靖.区域创新系统理论的提出与发展[J].中国科技论坛,1999(6):20—23.

黄隽.解读艺术品景气指数[J].今商圈,2015(5):74—75.

黄玲.基于会计信息的房地产景气指数及预警系统研究[D].长江大学,2015.

黄薇,陈磊.领先指数:对未来经济趋势的推测[J].统计与信息论坛,2012(6):33—40.

黄维成.优序图法在评比中的应用[J].技术经济,1997(03):63—64.

黄伟.中国宏观债务结构与风险分析[J].中国物价,2017(08):6—8.

黄晓波,曹春嫚,朱鹏.基于会计信息的企业景气指数研究——以我国上市公司2007—2012年数据为例[J].南京审计学院学报,2013(5):61—66.

霍晨.浅谈行业景气指数与企业信用评级——以商业企业财务信用评级为例[J].中国经贸导刊,2015(2):33—35.

机械工业信息研究院.我国中小企业"专精特新"发展调查研究[J].中国中小企业,2014(4):24—25.

交通银行.交银中国财富景气指数报告[J].金融博览(财富),2014(2):34—37.

瞿麦生.论层次分析法的经济逻辑基础——兼论经济思维层次性原则[J].天津商业大学学报,2008,28(4):30—34.

康静.我国PPI景气指数的构建研究[J].经贸实践,2017(20):115—116.

孔杰.怎样认识企业景气指数[J].中国统计,2007(02):46—47.

孔宪丽,何光剑.中国汽车工业景气指数的开发与应用[J].统计与决策,2007(5):65—67.

孔宪丽,梁宇云.2016年中国工业经济景气态势及特点分析[J].科技促进发展,2016(5):573—578.

赖福平.工业企业景气指数研究与实证分析[D].暨南大学,2005.

雷英杰,陈婉.首个环保产业景气指数报告发布[J].环境经济,2017(4):34—35.

冷媛,孙俊歌,傅蕾.经济景气指数研究的比较与思考[J].统计与决策,2017(2):5—8.

李柏洲,孙立梅.基于β调和系数法的中小型高科技企业成长性评价研究[J].哈尔滨工程大学学报,2006,27(6):908—913.

李宝娟,柴蔚舒,王妍.2016年环保产业景气分析[J].中国环保产业,2017(6):28—32.

李博,王建国,李静文.基于神经网络的景气预测模型[J].统计与决策,2017(10):43—46.

李兰.企业家对宏观形势、企业经营状况的判断及对未来的预期——2017·中国企业经营者问卷跟踪调查报告[J].经济界,2017(06):92—98.

李玲."一带一路"背景下我国旅游产业的统计监测研究[J].知识经济,2016(17):81—82.

李平.嘉善百家企业"景气"[J].经贸实践,2015(4):42—42.

李思.中国经济景气指数呈现波动[N].上海金融报,2015-04-10.

李文溥,尚琳琳,林新.地区经济景气指数的构建与景气分析初探[J].东南学术,2001(06):79—87.

李晓芳,高铁梅.应用HP滤波方法构造我国增长循环的合成指数[J].数量经济技术经济研究,2001(09):102—105.

李晓梅,李健,张辉.卷烟市场景气指数编制探索与实践——以广西卷烟市场为例[J].中国烟草学报,2017(4):107—113.

李秀娣,郎铖,李南阳,高海霞.跨境电子商务信用评价标准制定的理论基础与未来发展研究[J].标准科学,2017(11):17—24.

李园,刘宁,姜早龙.辽宁省建筑业景气指数波动分析与对策建议[J].工程管理学报,2017(2):43—48.

林汉川,池仁勇,秦志辉等.中国中小企业发展研究报告(2013)[M].北京:企业管理出版社,2003.

林汉川,管鸿禧.中国不同行业中小企业竞争力评价比较研究[J].中国社会科学,2005(03):48 58.

林汉川,魏中奇.中小企业的界定与评价[J].中国工业经济,2000(07):12—17.

刘存信.2015年一季度我国安防行业经济"低调"开局,类似去年同期[J].中国安防,2015(08):8—13.

刘道学,池仁勇等.中国中小企业景气指数研究报告2012[M].北京:经济科学出版社,2012.

刘恩猛,汪波.浙江省存贷比的季节调整与分析[J].北方经济,2011(06):51—53.

刘方.我国中小企业发展状况与政策研究——新形势下中小企业转型升级问题研究[J].当代经济管理,2014,36(2):9—18.

刘凤朝,冯婷婷.国家创新能力形成的系统动力学模型及应用[J].科研管理,2011(08):19—27.

刘改芳,李亚茹,吴朝阳.区域旅游业景气指数实证分析——以山西省为例[J].经济问题,2017(10):115—121.

刘小玄.中国工业企业的所有制结构对效率差异的影响——1995年全国工业企业普查数据的实证分析[J].经济研究,2000(2):17—25.

刘晓明.CPI、PPI与MPI之间传导机制的实证研究——基于VAR模型的经济计量分析[J].吉林金融研究,2011(08):11—16.

刘轶芳,李娜娜,刘倩.中国绿色产业景气指数:开发与测度[J].环境经济研究,2017,2(03):115—131.

刘玉红.当前经济景气波动特点及走势分析[J].财经界(学术版),2017(14):9—12.

刘元春,杨丹丹.市场失灵、金融危机与现有潜在产出测算的局限[J].经济学动态,2016(08):4—12.

刘元鹏.中小企业开展电子商务的模式选择[D].西南财经大学,2013.

刘芸.建好"三个茶淀"提升幸福指数[N].滨海时报,2017-07-21.

陆静丹,张雅文,洪伟芳.就业景气指数实证研究[J].人力资源管理,2014(3):165—168.

吕香亭.综合评价指标筛选方法综述[J].合作经济与科技,2009(06):55.

罗蓉,王昌林,沈竹林.双创景气指数显示:2016年创新创业发展呈现量增质优特征[J].中国经贸导刊,2017(16):24—29.

曼纽尔·卡斯特著.郑波,武炜译.网络星河:对互联网、商业和社会的反思[M].北京:社会科学文献出版社,2007.

冒乔玲.构建企业成长性评价指标初探[J].南京工业大学学报(社会科学版),2002(4):65—67,75.

莫欣达.1月份中色铝冶炼产业月度景气指数报告[J].中国金属通报,2016,965(02):7.

庞淑娟.钢铁行业景气周期预测方法研究[J].中国物价,2015(06):82—84.

彭淼.基于粗糙集与支持向量机的工业企业经济景气指数智能预测模型研究[D].华中师范大学,2012.

彭十一.中国中小企业界定标准的历史回顾及评价[J].商业时代,2009(32):48—50.

彭元正.我国一季度石油产业景气指数分析——石油产业步入新常态,深化改革成为关键点[J].中国石油企业,2015(04):30—32.

戚少成.景气指数的概念、种类和数值表示方法[J].中国统计,2000(11):35—36.

卿倩,赵一飞.全球干散货航运市场景气指数的建立与研究[J].西南民族大学学报(自然科学版),2012,38(2):299—304.

屈魁等.完善工业企业景气监测动态调整机制[N].金融时报,2015-01-19.

任保平,李梦欣.新常态下地方经济增长质量监测预警的理论与方法[J].统计与信息论坛,2017(5):23—30.

任兴磊,谢军占,沈亚桂.分析与展望:中国中小微企业生产发展报告(2016—2017)[M].北京:中国经济出版社,2017.

任旭东.解读大数据反映大趋势——有色金属产业景气指数意义重大[J].中国有色金属,2015(1):26—27.

如婳.北京旅游市场景气指数编制[D].首都经济贸易大学,2016.

阮俊豪.BDI指数风险测度及其与宏观经济景气指数关系的实证研究[J].经济视野,2013(8):228.

赛迪研究院.2013年中国中小企业发展形势展望[J].中国经贸,2013(02):72—73.

上海国际航运研究中心.中国航运景气指数创历史新低[N].中国水运报,2016-05-09.

上海国际航运研究中心中国航运景气指数编制室.干散货海运企业将迎史上最难季[J].中国远洋海运,2016(1):18—19.

史亚楠.基于扩散指数的中国经济景气预测[J].财经界(学术版),2014(07):35.

史珍珍.劳动力市场景气对企业岗位空缺持续时间的影响——基于网络数据的实证研究[J].中国人民大学学报,2017,31(06):36—43.

宋煊懿.中小企业在创新链中的主体作用研究[J].经济纵横,2016(5):50—56.

宋周莺,刘卫东.中国工业中小企业省区分布及其影响因素[J].地理研究,2013(12):59—69.

孙赫,王晨光.山东省旅游景区景气指数研究[J].商业经济研究,2015(1):123—125.

孙凌云.聊城市区域经济发展存在的问题及对策[J].中国经贸导刊,2010(18):47.

孙延芳,胡振.中国建筑业景气指数的合成与预测[J].统计与决策,2015(11):40—42.

孙颖.物流业景气指数与制造业采购经理指数关系的检验[J].统计与决策,2017(12):145—147.

孙泽厚,黄箐.市场预测的景气问卷模糊预测法[J].工业技术经济,1997(02):72—73.

唐福勇.长三角小微企业景气度好转[N].中国经济时报,2015-02-12.

王呈斌.基于问卷调查的民营企业景气状况及其特征分析[J].经济理论与经济管理,2009(3):72—75.

王恩德,梁云芳,孔宪丽.中国中小工业企业景气监测预警系统开发与应用[J].吉林大学社会科学学报,2006(05):124—132.

王桂虎."新常态"下的宏观经济波动、企业家信心和失业率——基于脉冲响应分析的实证研究[J].首都经济贸易大学学报,2015,17(1):3—10.

王红云,李正辉.虚拟经济运行景气监测指标体系的设计[J].统计与决策,2016(4):4—8.

王晖,陈丽,陈垦.多指标综合评价方法及权重系数的选择[J].广东药学院学报,2007(05):99—105.

王继承.中小企业2013年度报告[J].中国经济报告,2014(2):90—93.

王金明.利差能否预警我国经济周期的阶段转换?——基于MS-TVTP模型的实证分析[J].吉林大学社会科学学报,2018(1):85—93.

王磊.基于综合指标体系的江苏省中小外贸企业景气指数及变动分析[J].贵州商学院学报,2017(2):9—14.

王洛忠,闫倩倩,陈宇.数字治理研究十五年:从概念体系到治理实践——基于CiteSpace的可视化分析[J].电子政务,2018,184(04):75—85.

王明鹏.我国中小企业的影响因素系统研究[D].南京邮电大学,2015.

王彤彤.宏观经济景气状况与中国股市收益的相互影响——基于VAR模型的研究[J].经济研究导刊,2016(14):1—3.

王潼,张元生,李凯.景气问卷模糊预测方法及其在我国的应用[J].预测,1991(04):4—13.

王伟明.BDI指数对我国上市航运企业业绩影响的实证研究[J].亚太经济,2016,195(02):117—122.

王亚南.湖北20年文化消费需求景气状况测评——基于内生动力的文化发展民生成效视角[J].江汉学术,2013(04):91—101.

王燕茹,王凯凯.加权马尔可夫模型在企业景气指数预测中的应用[J].统计与决策,2018(3):175—178.

王媛.交银中国财富景气指数走弱[N].上海证券报,2016-02-06.

王志刚,向祎.经济向好态势仍需进一步巩固——2017年上半年宏观经济分析及展望[J].价格理论与实践,2017(06):20—24.

邬关荣,刘婷,唐琼.浙江省广告业景气指数的编制与分析[J].江苏商论,2014(12):18—19.

吴凤菊.江苏省中小企业政策景气指数的现状及原因分析[J].当代经济,2016(1):64—67.

吴凤菊.南京市中小企业的政府融资支持指数研究——基于2014—2016年对南京市中小企业的调研数据[J].当代经济,2017(31):72—75.

吴家曦,李华燊.浙江省中小企业转型升级调查报告[J].管理世界,2009(08):8—12.

吴健辉,洪旺元,郝朝晖.中部六省企业景气指数与GDP增长率的相关关系分析[J].景德镇高专学报,2005,20(4):65—67.

吴君,吴业明.我国货币政策的非对称性效应:基于消费者景气指数分析[J].数学的实践与认识,2015,45(3):30—38.

吴明录,贺剑敏.我国短期经济波动的监测预警系统[J].系统工程理论与实践,1994(03):1—7.

吴劭文.合作应成为中小型出版社发展的主旋律[J].中国出版,2009(10):25—27.

吴卫华,王红玲.工业企业景气指数和预警信号系统构建研究——基于工业景气企业财务调查数据[J].浙江金融,2016(06):51—55.

武鹏,胡海峰.中国金融风险指数FRI的构建及经济预测的检验[J].统计与决策,2016(2):120—123.

肖欢明,张洪哲,陈骥,祝富钧.杭州经济增长质量评价及提升对策[J].杭州研究,2015(02):27—40.

肖欢明.行业景气与行业股价关系的实证研究——以纺织服饰行业为例[J].金融经济,2015(10):154—155.

肖强.对我国当前军工企业管理的思考[J].中小企业管理与科技(下旬刊),2017(11):21—22.

徐广军,张腊梅.基于企业景气状况的财务预测研究——以企业调查数据为样本[J].上海立信会计学院学报,2008,22(5):47—56.

徐国祥,郑雯.中国金融状况指数的构建及预测能力研究[J].统计研究,2013(08):19—26.

许慧楠,吴兰德,顾姝姝.南通市中小企业景气调研分析——以纺织业为例[J].市场周刊(理论研究),2016(03):18+47-48.

许谏.把握经济周期看准"钟点"投资[N].现代物流报,2013-04-28.

许雪.陕西省投资经济景气监测[J].中外企业家,2017(12):47.

许亚岚.产业景气指数助力智慧城市建设[J].经济,2018(1):86—88.

许阳千. 基于景气指数理论框架的广西区域壁经济预警系统构建[J]. 广西经济管理干部学院学报,2013,25(2):81—86.

许洲. 景气分析之物价水平波动[J]. 投资与合作,2013(8):31—32.

薛磊. 金融危机预警研究[D]. 首都经济贸易大学,2010.

学习时报. 百度中小企业景气指数2015年一季度报告[N]. 学习时报,2015-04-20.

闫绍武,王筝. 基于宏观经济政策目标的多维景气指数系统的构建[J]. 统计与咨询,2017(2):17—21.

闫玮胜,陈越,陈涛. 我国房地产景气指数与银行业景气指数关系的实证分析[J]. 南昌大学学报(理科版),2016(6):548—552.

杨婷. 两大指数双双回落 工业生产形势严峻——2015年四季度盐城市亭湖区工业企业景气调查报告[J]. 新经济,2016(12):28—28.

杨婷. 中小企业移动互联网营销模式研究[D] 安徽大学,2014.

杨武,杨淼. 企业科技创新景气问卷调查研究——以深圳市企业为例[J]. 科技进步与对策,2017(5):73—79.

杨武,杨淼. 中国科技创新驱动经济增长中短周期测度研究——基于景气状态视角[J]. 科学学研究,2017(08):122—134.

杨晓光. 高品质、高绩效服务导向型城市公共交通供给侧改革[J]. 交通与港航,2016,3(02):13—15.

姚静. 中小企业信用评级指标体系研究[D]. 中国社会科学院研究生院,2016.

姚燕清. 造纸企业再次提价 行业高景气将延续[N]. 上海证券报,2016-12-16.

叶成雷. 区域中小企业景气指数研究和实证分析[D]. 浙江工业大学,2012.

叶青. 宏观经济波动下三级财务预警指数体系的构建——以江浙沪房地产企业为例[J]. 中国商论,2017(31):95—97.

叶伟锋. 佛山市工业企业景气波动预警系统研究[D]. 吉林大学,2008.

伊军令. 国家统计局:中国经济L型走势可望延续[J]. 汽车纵横,2017(2):50—51.

殷克东,高文晶,徐华林. 我国海洋经济景气指数及波动特征研究[J]. 中国渔业经济,2013(04):46—53.

于德泉. 影响经济波动的国际因素分析[J]. 中国物价,2016,324(04):18—20.

余韵,陈甲斌,冯丹丹. 基于合成指数模型的中国煤炭行业周期波动研究[J]. 资源科学,2015,37(5):969—976.

袁成英. 中小企业经营绩效的宏观经济影响因素研究[J]. 广西财经学院学报,2011(01):74—79.

袁静,李锋. 我国跨境电子商务支付及风险研究[J]. 内蒙古煤炭经济,2017(23):69+149.

袁宁.影子银行、房地产市场与宏观经济景气程度——基于 SVAR 模型的实证分析[J].时代金融(中旬),2016(26):264—265.

岳福斌.继续保持稳中向好发展态势[N].中国煤炭报,2017-11-08(007).

湛泳,王恬.中国经济转型背景的包容性创新[J].改革,2015,261(11):56—67.

张红,孙煦.基于扩散指数模型的房地产市场景气循环研究——以北京市为例[J].中国房地产,2014(24):3—10.

张捷,王霄.中小企业金融成长周期与融资结构变化[J].世界经济,2002(09):63—70.

张金如.2017浙江省中小企业发展报告[M].杭州:浙江工商大学出版社,2017.

张琳.京房景气指数[J].数据,2011(06):7.

张凌洁.9月份中经有色金属产业月度景气指数报告[J].中国金属通报,2016(10):34—35.

张凌云,庞世明,刘波.旅游景气指数研究回顾与展望[J].旅游科学,2009(05):25—32.

张同斌.中央企业发展与宏观经济增长——基于景气合成指数和 MS-VAR 模型的实证研究[J].统计研究,2015(03):14—22.

张伟,朱启贵,吴文元.知识密集型服务与资源型产业创新[J].江苏工业学院学报(社会科学版),2009,10(01):48—52.

张炜,费小燕,方辉.区域创新政策多维度评价指标体系设计与构建[J].科技进步与对策,2016,33(01):142—147.

张言伟.经济景气循环对股市波动的影响分析[J].经营管理者,2017(09):193.

张彦,魏钦恭,李汉林.发展过程中的社会景气与社会信心——概念、量表与指数构建[J].中国社会科学,2015(04):65—85+206—207.

张艳芳,江飞涛,谭运嘉.中国工业景气指数构建与分析[J].河北经贸大学学报,2015(06):88—93.

张洋.企业景气指数与宏观经济波动研究[D].北京工商大学,2005.

张永军.经济景气计量分析方法与应用研究[M].北京:中国经济出版社,2007.

张宇青,周应恒,易中懿.经济预警指数、国房景气指数与 CPI 指数波动溢出实证分析——基于三元 VAR-GARCH-BEKK 模型[J].统计与信息论坛,2014(03):37—42.

赵陈诗卉,祝继常.铁路货运市场景气指数构建与应用[J].中国铁路,2016,644(02):42—47.

赵光娟.企业景气指数的干预模型研究[D].华中农业大学,2011.

赵军利.经济学家信心指数总体回升——2015年一季度中国百名经济学家信心调查报告[J].中国经济景气月报,2015(4):10002—10007.

支小军,王伟国,王太祥.我国棉花价格景气指数构建研究[J].价格理论与实践,2013(01):64—65.

中国出版传媒商报专题调查组."十问"书业景气指数[N].中国出版传媒商报,2015-01-16.

中国柯桥纺织指数编制办公室.产出回缩销售上涨景气指数微升[N].中国纺织报,2015-06-03.
中国轻工业信息中心,张珠峰."一带一路"带来机遇 食企需加大开拓力度[N].中国工业报,2015-11-25.
中国人民大学宏观经济分析与预测课题组,刘元春,闫衍.持续探底进程中的中国宏观经济——2015—2016年中国宏观经济分析与预测[J].经济理论与经济管理,2016,301(01):7—47.
中国社会科学院.2016年钢铁及煤炭行业景气将延续下行态势[J].资源导刊,2016(1):40—40.
中国物流与采购联合会.2015年11月物流业景气指数为54.2%[N].现代物流报,2015-12-04.
中国信通院政策与经济研究所,网宿科技.国内首个网络直播行业景气指数发布[J].中国信息化,2016(12):95.
中华人民共和国国家统计局.中国工业统计年鉴(2017)[M].北京:中国统计出版社,2017.
中信建投.造纸:文化纸景气提升太阳等龙头受益[J].股市动态分析,2017(6):46.
中债资信 2017年水泥行业景气度解析[J].中国水泥,2017(3):25—29.
周程程.8月三大投资数据回暖明显经济企稳信号强[N].每日经济新闻,2016-09-14.
周德全,真虹.中国干散货海运景气监测及预警指标与模型研究[J].交通运输系统工程与信息,2017(05):190—196.
周德全.中国航运企业景气状况分析与预测[J].水运管理,2013(4):38—39.
周科.我国中小企业指数综述和评析[J].国际金融,2017(2):55—64.
周世友.农村金融生态条件下农村信用社风险管理问题探讨[J].生态经济,2009(09):79—81.
朱海就.区域创新能力评估的指标体系研究[J].科研管理,2004(03):31—36.
朱军,王长胜.经济景气分析预警系统的理论方法[M].北京:中国计划出版社,1993.
朱雅菊.基于LVQ神经网络模型的房地产预警研究[J].陕西科技大学学报(自然科学版),2011,29(04):155—158.
朱云英.浅论统计指标和景气指数对工业经济的预测意义[J].中国外资,2013(05):82.
庄幼绯,卢为民,毛鹰翱.土地市场景气指数编制的探索与实践——以上海土地市场为例[J].上海国土资源,2016,37(01):8—12.
卓勇良.积极应对第五个景气时期[J].决策咨询,2018(2):35—38.
邹洪伟.投资景气指数的研究[D].北方工业大学,2002.